高等学校广告学专业教学丛书暨高级培训教材

广 告 制 作

金家驹　　王肖生　　编著

中国建筑工业出版社

图书在版编目（CIP）数据

广告制作/金家驹，王肖生编著．-北京：中国建筑工业出版社，1999

高等学校广告学专业教学丛书暨高级培训教材

ISBN 7-112-03684-4

Ⅰ．广… Ⅱ．①金… ②王… Ⅲ．广告-制作-高等学校-教材 Ⅳ．F713.8

中国版本图书馆 CIP 数据核字（98）第 31500 号

高等学校广告学专业教学丛书暨高级培训教材

广告制作

金家驹　王肖生　编著

中国建筑工业出版社出版、发行（北京西郊百万庄）

新 华 书 店 经 销

北京建筑工业印刷厂印刷

开本：850×1168 毫米　1/32　印张：7¼　插页：4　字数：193 千字

1999 年 9 月第一版　　2002 年 12 月第二次印刷

印数：2,001—3,500 册　　定价：**21.00** 元

ISBN 7-112-03684-4

J·18（8963）

本书是广告学专业教学丛书暨高级培训教材之一。在五彩缤纷的广告海洋中，广告要取得先入为主的难忘印象，制作出高水平的广告作品尤为重要。本书理论联系实际、系统而全面地介绍了广告制作原则、特征、要求、技巧以及创意、美学要求等。全书共分十章，分别讲述了广告制作原则，色彩的运用，平面广告制作，平面广告文字制作，报刊广告制作，平面广告中的图像制作，平面广告印刷，广播广告制作，电视广告制作，展示广告制作，广告剧制作等。

　　本书可作为大专院校、中专、职业学校及培训班广告专业的教材，也可供广大广告从业人员学习参考。

高等学校广告学专业
教学丛书暨高级培训教材编委会

主　任：吴东明　崔善江

副主任：张大镇　陈锡周

编　委：（以姓氏笔划为序）

丁长有　王　从　王　健　王肖生　尤建新

包淳一　乔宽元　吴　平　吴东明　吴国欣

张大镇　张茂林　陈锡周　林章豪　金家驹

唐仁承　崔善江　董景寰

总　序

广告是商品经济发展的产物，同时广告的发展又促进了商品经济的发展。在现代社会中，广告业的发展水平已成为衡量一个国家或地区经济发展水平的重要标志之一。

随着我国改革开放的深入和社会主义市场经济体制的逐步建立，广告正发挥着日益重要的作用。作为现代信息产业的重要组成部分，广告不断实现着生产与生产、生产与流通、生产与消费，以及流通与消费之间的联系，成为促进商品生产和商品流通进一步发展的不可或缺的重要因素之一，推动着现代社会再生产的顺利进行。这种作用随着社会化大生产的发展及商品经济的发展将会变得越来越明显。

正因为如此，改革开放以来我国广告业有了十分迅猛的发展。截止 1995 年底，全国广告经营单位已有 4.8 万家，从业人员 47 万人，全年广告营业额 273 亿元。

但是，应该看到，我国广告学研究和广告专业人才的培养工作还远远跟不上广告业迅猛发展的实际需要。一则，作为人才密集、知识密集、技术密集型产业的广告业对专门人才有着大量需求，而目前的实际情况是，广告教育投入还比较薄弱，广告人才极为缺乏。再者，广告学作为一门边缘性、综合性的独立学科，国内的研究只能说是刚刚兴起。还有，为了适应整个广告业向产业化、科学化、规范化的方向发展，无论是广告从业人员的政治素质和业务水平，还是各种广告作品的思想性与艺术性，都亟待提高。

有鉴于此，在中国建筑工业出版社的支持下，我们组织编写了这套适合于广告学专业需用的系列教材，全套共十四本。《广告学概论》阐述广告学的研究对象、理论体系、研究方法等基本原理，及其在广告活动各个环节中的运用原则。《广告创意》在总结国内外大量成功的创意典范基础上，对广告创意作了系统、深入的理论探讨。《广告策划》结合中外广告策划案例分析，从文化、美学的层面上，重点论述广告策划的内容、程序、方法与技巧，揭示了广告策划的一般规律。《广告设计》、《橱窗设计》、《广告制作》不仅论述了广告设计、橱窗设计的一般程序、广告插图、广告色彩的表现形式和处理方法以及主要媒体的广告设计原则，而且还对不同种类的广告制作的材料、工具、方法、步骤等逐一进行阐述。《广告文案》在分析鉴赏中外广告大师杰作的同时，对广告文案的特征、功能、风格及其文化背景等问题展开研究。《广告传播学》全面系统地论述了广告传播原理、功能、传播过程、传播媒介、传播效果及传播媒体战略和国际广告传播。《广告心理学》阐述了广告心理学的基本理论及其在广告计划、广告作品、媒介计划等广告活动中的具体运用。《广告艺术》阐述了广告作为从现代艺术中分离出来的一种独特形式而具有的自身特点、表现形式和发展规律。《广告管理》结合我国国情，就广告管理的结构、内容、方法及广告法规、广告审查制度和责任、广告业的行政处罚和诉讼等问题展开论述。这套系列教材中还包括《企业经营战略导论》、《企业形象导论》及《广告与公关》，分别对企业的总体战略及相应的职能战略、企业形象的要素和企业形象的传播与沟通，以及广告与公关的区别与联系等诸多问题作了系统的、详细的探讨。

统观这套系列教材，有三个明显的特点：其一，具有相当的理论深度。许多理论融中外广告大师的学说于一体，又不乏自己的独有见解，澄清了许多虽被广告界广泛运用却含义模糊的概念。其二，操作性与理论性兼备，相得益彰。系列教材集中外广告大师杰作之大成，又凝结着著作者的广告实践经验和智慧。其三，具有系统性。全套教材从广告学基本理论、到广告活动的各个环节，以及广告学与相关学科的关系，作了一一论述。它的内容不仅覆盖了广告涉及的各个方面，而且有着较强的内在逻辑联系，构成了一个完整的体系。

在系列教材编写过程中，由于广告专业这个门类正在随着实践的发展而不断深化，加上作者水平所限，编写的系列教材中不当之处在所难免，恳望同行专家、学者和广大读者批评指正。

高等学校广告学专业
教学丛书暨高级培训教材编委会

目　录

第一章　广告与广告制作

第一节　广告制作的发展

　　广告是商品经济的产物，只要有商品生产和商品交换就有广告。随着商品生产和经营的发展，经营者就需要用各种技术手段制作出各种各样的广告来推销商品。在原始社会，由于生产力低下，没有多余的物品供交换，也就不存在广告。随着社会生产力的发展，剩余的产品出现就有商品交换的可能。《易·系辞下》有记载："庖牺氏没，神农氏作……，列廛于国，日中为市，致天下之民，聚天下之贷，交易而退，各得其所。"早在神农时代已经出现了以物交易，各得其所的原始商业。《诗经·卫风·氓》："氓之蚩蚩。抱布贸丝。"其中抱布就是一种广告行为，而"布"就是当时的实物广告。屈原的《天问》："师望在肆，昌何识？鼓刀扬声，后何喜？"师望即姜子牙，鼓刀扬声就是姜子牙在朝歌。屠宰贩肉时的叫卖，是原始的招徕顾客的口头广告。不少中国古典文学作品，在描写当时社会景象时都提到了各种形式的广告。韩非子《外储说右上》："宋人有酤酒者，升概甚平，遇官甚谨，为酒甚美，悬帜甚高。""酒家的"酒旗"望子"，也可称为"青帘"、"招子"，都是当时的户外广告物。宋代张择端的《清明上河图》在描写北宋汴梁的繁华景象时，可以看到酒楼茶肆、商家店号均有精心制作的幌子、招牌、广告灯笼、彩楼、欢门等物用来招徕生意。《东京梦华录》中："季春万花烂漫"，"卖花者以马头竹篮铺排，歌叫之声，清奇可听"，就是一种比较好听的口头叫卖广告。《汉钟离度脱篮采和》中："俺在这梁园棚勾兰里做藏

1

书场。昨日贴出花招儿去，两人兄弟先收拾去了。"《朝野新声太平乐府》九元杜善夫《要孩儿》《庄家不识勾栏》中："正打街头过，见吊个花绿绿纸榜，不以那答儿闹攘攘人多。"这些"纸榜"、"花招"就是那时的海报、招贴。

李白写的："兰陵美酒郁金香，玉碗盛来琥珀光，但便主人能醉客，不知何处是他乡"。简洁优美的诗句，将酒名、产地、香味、色泽、品位与功能交待得一清二楚，读后不由人如闻其香，如见其形，仿佛已飘然成仙，实有一饱口福的欲望。不由使人联想到其另外的佳句"五花马，千金裘，呼儿将出换美酒"的购买行为。同样东坡居士以其浪漫诗句，通过对油馓子制作过程的描写，将其色、香、味和油馓子的外型以及制作工艺的精良，描写得惟妙惟肖，令人难忘，诱发食欲几乎到了垂涎欲滴的程度："纤手搓来玉色匀，碧油煎出嫩黄深，夜来春睡知轻重？压匾佳人缠臂金"。李、苏二位大诗人的广告文案制作的精到，成为中国古代文字广告的绝唱，至今令人叹为观止。由此可见，无论是什么形式的广告，原始的，还是现代的；图像的，还是文字的；平面的，还是立体的；都经过一番苦心谋划，都需要精心制作。

社会生产力的提高，商品经济的发展，促进了广告行业的发达，而广告行业的发展则有赖于广告媒体制作、传播技术与技巧的开发与完善。尽管中国古代广告在当时的经济发展中起到了较大的促进作用，并创造出许多精彩的表现形式，至今仍在发挥着广告的效应，但是，只有依靠广告制作技术的不断发展才能创造出新的广告形式，突破原始广告的传播局限。随着蔡伦的造纸术的发展，创造出众多的平面广告形式，大大提高了"广而告知"的效率。1980 年，在新疆吐鲁番的柏孜柯里克千佛洞，发现了一张南宋时期杭州泰和大街一家店铺使用的包装纸广告。这张小小的包装纸，横向跑了千里之远，纵向诉求了数百年之久。可能杭州泰和大街南，坐西面东开铺的这家店，早已荡然无存，而这张江南印制的小纸片所传播的广告信息和其经营形象，依然保存在遥远的大西北。这张包装广告纸的诉求时空范围成了历史的奇迹。现在博物馆保存的北宋"济南刘家功夫针铺"印刷包装纸用的铜雕刻板，上面商标、店名、广告语一应俱全，设计编排合理。店名在上，白兔儿商标图形居中，广告主题十分突出。下面排列的小字是广告正文，"收买上等钢条，造功夫细针，不误宅院使用；客转为贩，别有加饶。请记白。"经营项目、品质性能、经营方法写得十分简明。两旁较大的字号提示："认门前白兔儿为记"。一张小小包装纸上的广告，当时已采用铜版印刷，制作十分精致。文稿编写条理清晰，广告诉求目的明确。

广告制作运用了印刷技术以及其它科学技术，不仅在广告作品的式样品质上制作越来越精美。而且在制作的理论上也有了很大的发展。1898 年美国人路易斯将市场营销理论、消费心理学的观念引进了广告领域，提出了 AIDA 的广告概念。将广告制作纳入了一个科学的广告理论之中。制作的广告首先能引起消费者的注意（attention），才有可能让消费者深入了解广告的形式与内容，从而产生好感与兴趣（interest），通过广告成功的诉求，使消费者产生购买的欲望（desire），并通过广告增加对商品消费的信心，进而产生购买的行动（action）。明确了广告的功能对制作提出的要求，奠定了广告制作的理论基础。

从奥地利的施纳菲尔特发明了石版印刷技术后，广告制作在印刷领域中又跃进了一大步。批量印制形象富有立体感、色彩鲜艳的广告招贴的出现，引起了广告界的轰动。揭开了平面广告"黄金时代"的序幕。随着大众印刷媒体的发展，广告成了报纸、杂志的老主顾、座上宾。由此，广告发展成为正式的社会专门行业。

1853 年美国纽约《每日时报》采用摄影照片做广告，手工绘制的广告画逐渐被摄影照片所取代。生动逼真的形象，给广告宣传增强了可信性。一直到本世纪 80 年代，这一百多年中，由于照相技术与电子印刷制版技术的密切配合，平面广告制作表现出令人瞩目的诉求魅力。使用摄影制作的广告画面，在全部广告画中的比例上升到 90% 以上，有人称之谓"摄影与广告正处在蜜月时期"。毫无疑问，这是广告制作技术的发展给平面广告带来的成功与辉煌。

当人类文明进入电子时代，广告也同时迈进电的世界。广告制作充分运用电子新技术，使广告的历史翻开了最为辉煌的篇章。当电灯发明没多久，美国人第一个使用1457只电灯连缀成一幅巨大的图案广告，在当时颇为新奇壮观。1910年巴黎皇宫上出现世界上第一架霓虹灯，这项技术很快被用来制作广告。1926年上海南京路伊文斯图书公司的橱窗内出现"皇家牌打字机"霓虹灯广告。1933年，美国芝加哥"百年进步博览会"上，数万个霓虹灯组成的广告，创造了广告历史上最辉煌的场面。

随着电讯传播技术的发展，美国的费森登利用三极管增幅原理，第一次用无线电广播播放了音乐和讲演，引起了社会轰动。人们感到神奇，感到刺激。1912年11月2日，美国建立了以定时播出为标志的世界上第一座广播电台。无线电广播事业一开始就具有浓厚的商业性。商业信息被插上电波的翅膀，广告的时空被再一次拓宽，1928年一年中美国投向广播广告的费用达1050万美元。

1935年11月2日英国的BBC国家广播公司在伦敦的亚历山大宫播出了世界上第一个电视节目。法国在1938年7月开始播出电视定时节目。在几十年的时间内，电视已发展成为最有影响的传播工具，电视除了播放政治、文化娱乐节目外，商业广告成了其重要的经济收入。

电视广告制作集中文学、音乐、美术、表演等艺术手段，运用现代化电讯技术创造逼真、生动的视听广告形象。在真实的环境中，配上令人信服的图形、音响等，进行视、听一体的超级广告诉求，塑造了一个又一个成功品牌的形象，掀起了一波又一波的消费热潮，左右着商海的潮汐起落。

在商家必争之地的消费点，一种在新概念下重新组合而成的广告形式——POP广告——即商品销售现场广告应运而生，采用传统与现代相结合、平面与立体相结合、室内与户外相结合等传播形式，实行广告终点诉求，在最后一刻再次激发消费者的购买冲动。

如今商品经济越来越发达，市场规模越来越大，商家企业的竞争也越来越激烈。应该看到，广告行业已进入到一个崭新的历史阶段。由于科学技术的高度发展，世界正迈入一个高度信息化的社会，广告媒体正随着信息流量的增加而发展和扩大。广告的空间不断拓宽，新开发的广告信息传播渠道已远远超出原有的大众宣传媒体，向着多样化、多层化的方向发展。在电子信息技术高速发展的今天，传统的广告传播媒体正在被重新认识。新的广告制作技术的发展，不断开发出新的广告传播形式，并取代原有的传播手段。正如英国《金融时报》的一篇文章中提到："广告的光明前程的关键，在于它的开拓者能采用新技术，以最高的质量满足顾客的要求，并能以神奇的速度将各种信息传播出去。"最新广告制作技术的运用仍是广告发展的重点。

广告制作是一个生产广告作品的过程，也是一门具体可操作的实用性学问。广告制作需要运用各种技术与技巧。根据广告的主题和广告目标，将广告创意具体化、形象化、直观化、规范化、数量化、可操作化，把无形的广告设计构想转化为实物形态的广告作品，通过发表和传播，使促销活动成为可能。因此，广告制作不能脱离作为观念形态的广告创意与设计意图。无论制作什么形式、什么规模的广告都必须明确广告主题、广告的目标、广告的诉求对象、广告投放的区域、发布的时机、选择的媒体、使用的策略、政策的范围以及竞争对手的广告实施情况等。从整体上把握整个广告活动的运作。从战略规划到实施策略，都应该在广告制作中准确地体现。在运用广告制作的一般规律的同时要结合具体实施情况精心制作出成功的广告。

第二节 广 告 分 类

广告信息的传播在原始状态时，除了实物展示就是口头吆喝。随着对广告传播重要意义认识的不断深化，人们逐渐在广告制作中不断融入了新的技术，制造一些声响来吸引人，制造一些可视的生动的形象来招徕顾客。随着科学技术的发展，越来越多的新技术被用作广告信息的制作与传播，出现了种类繁多的广告信息传播的媒体。

1. 报纸类广告：报纸根据不同的时间、区域和阅读对象分成不同的类别。日报、晚报、周报；中央报、地方报、行业报，中国除了中文报还发展外文报，美国的华人社区则发行中文报等等。报纸是大众传播媒体，也是广告的重要诉求工具。一般说报纸广告制作较为简便，而且传播面广，广告信息表达具体详尽，较易保存，时效性强。

2. 杂志类广告：杂志有周刊、半月刊、月刊、双月刊、季刊等。杂志的分类一般定位比较明确，专业理论性强的有专业杂志、学刊、校刊、学术理论杂志；生活性比较强的有各类画报、画刊、老年杂志、妇女杂志、青年杂志、少年儿童杂志等。杂志广告的特点是广告信息诉求针对性强，形象效果比较好，广告制作精良，印刷质量上乘，图像精致，文字详尽。

3. 广播广告：主要指无线电台广播的广告。我国广播事业发展比较快，有中央广播电台和各地方广播电台，在频率的选择上有综合台、商业信息台、交通信息台、音乐台、戏曲曲艺台，还有儿童节目专栏等。有的节目是用标准普通话语言广播，有的是用方言广播以及其他不同语种广播。

4. 电视广告：电视台可分为中央台、地方电视台、有线电视台、闭路电视网，其中可分为文艺台、音乐台、综合台、教育台、商业信息台、军事台、农业台、电影节目台、体育台，节目上还可分老年专栏、少儿专栏、法律专栏以及电视商店和电视导购等。

5. 户外广告媒体：广告路牌、招牌、灯箱、霓虹灯、大型电子显示屏、海报、商业信息传单、激光云层广告、空中喷绘广告、汽艇广告、气球广告等。

6. 交通广告媒体：公交车辆的车身广告，车厢、船舱、机仓内广告招贴，闭路电视广告等，还有地铁、出租汽车、火车、轮船、飞机以及自行车和其它人力车也都可作为广告信息宣传的媒体。乘坐交通工具的客票也可用做有效的广告信息载体。这些广告在旅途中可以被人们仔细阅读，普及面广，广告效果比较好。

7．邮递广告：通过邮递传播广告信息，投递各种产品宣传资料、劳务信息、广告明信片、产品小样，包括广告邮票等。

8．销售点广告：店面、招牌、旗帜、商品包装纸、结扎带、商品手袋以及各类标签、产品介绍、视听资料的播放、促销礼仪人员等。

9．礼品广告：在商务交往和促销过程中赠送的礼品也是一种有效的广告信息载体。广告服装、服饰、帽子、领带、胸针、手表、烟具、钢笔和其他办公用品、玩具、气球、纪念章等广告工艺品与实用品。

10．展示广告：在促销活动中举办的各种商业展览会、橱窗广告、广告演出、广告游行以及体育项目赞助等。

从广告制作形式上来进行分类，广告各种传播形式主要可分为平面广告、空间展示广告以及电子广告几个大类。印刷制成的广告，如报刊、画册、挂历、标签、路牌和非特殊造型立体广告灯箱、车身广告等都可归入平面广告。电影、电视、广播广告、霓虹灯广告以及大型电子屏幕广告、电脑网络广告都可以归入电子广告类。广告展示陈列、POP广告，包括橱窗广告、广告剧表演、时装表演、广告立体雕塑等都属空间展示广告。无论是平面广告、电子广告还是展示广告，其初始设计草图都是在平面上先进行规划，继而再按照具体要求分别制作平面画稿与立体模型来体现制作方案与模拟效果。

广告制作也可根据商品导入市场的周期分类。当新产品、新品牌刚导入市场之时，一般采取大叫大喊的策略，强化广而告之的效果。以形式新颖有趣，色彩鲜艳夺目，标题富有刺激，图形感受强烈来吸引消费者，提高知名度，可称其为即时性报导型广告。

当产品在市场已逐步被消费者接受，处于产品进入市场后的成长阶段，广告制作一般采取贴近生活、亲近消费者的策略。根据消费者的心理特点，采用各种形式的广告，有理、有利、详尽地传递商品与企业的有关信息，阐明广告宣传企业的产品与服务的利益点，深化、强化广告受众对产品、品牌的认知，采用一些理念性较强的广告语，为消费者提供选购商品的依据，不断提高品牌与企业的美誉度，增强消费信心，不断为消费者进行良好的消费前景的劝说。这类广告属理性劝导型广告。

在产品导入市场处于成熟时期的广告，则需要经常性地向消费者进行品牌提示，并对消费者不断进行商品的优秀品质、性能与良好服务的认知补充，使广告受众逐步形成品牌定向性的消费习惯。比如有的广告语就用诸如"我一直用什么牌子的……"，"我喜欢用……"，"我只用……"等，同时不断在广告的情感上加重份量，建立品牌与广告受众即消费者之间的融洽的、亲和的关系。促使广告受众的消费倾向由理智性向情感性转化，从而加速完成品牌从一般品牌发展成为真正名牌的创建过程，这可称其为情感型的品牌提示性广告。

第三节　广告制作的原则

广告的效果是广告的具体表现内容通过一定的广告表现形式经过传播而取得的。因此广告制作也就是根据广告具体内容，制作与此相应的表现形式。广告表现形式制作是属于版面、插图、色彩，字体、标题、正文、编排规划等造型问题，广告表现内容的制作是对具体广告诉求信息、策略、文字的表述以及图形等所作的有目标要求的处理与确定。形式是属于视觉的，内容则属意念的范畴。形式与内容结合后产生的效应属心理的，通过广告具体内容与广告表现形式的配合制作而达到统一与完美，就能形成一定的视觉效果、一定的情绪、一定的印象，使广告作品成为能准确快捷的、富有审美情趣的、具有感官冲击力度的广告信息的传播符号，具有真实性、价值性、科学性与艺术性。

1. 形式新颖吸引力强。广告制作首先要能吸引消费者的注意，要采用富有创意的诉求策略，在主题形象、色彩构成、文案写作、字体选择、空间处理等方面必须独具匠心，出奇制胜，以强烈的刺激强调商品的特点和名牌的个性，吸引消费者的注意力，特别是要吸引目标消费者的注意力。只有引起消费者的注意才能继续深化广告诉求。

2. 主题明确，通俗易懂，沟通力强。制作广告的主要功能是在商品与消费者之间架起一座桥梁，沟通信息。广告主题要集中突出，广告的形式内容要容易理解，一看就懂，简洁明确，易记不费力，容易上口，容易模仿，利于传播，专业术语不宜太多，图形构成和语言文字不要太深奥，要雅俗共赏，扩大沟通面。

3. 个性鲜明，能辨度强。在商品社会里，广告无处不在，成功的广告个性强烈，在众多广告中脱颖而出，容易被消费者辨认。只有在对商品与企业的性能、特点等充分认识的基础上，才能制作出具有个性的广告。

4. 富有情趣、可读性强。广告制作要善于结合时尚热点、民风习俗、时节特点、生活情趣和相应的情感吸引消费者的兴趣，制作出消费者喜闻乐见的形式，增强广告的诉求力度和信息传播的渗透力。

5. 引发欲望、增强信心。广告制作要通过富有感染力的广告主题形象和富有说服力的广告标语，实事求是地宣传商品的各种性能、特点以及销售服务等利益点，以理来说服受众，以情来感化受众，以利来诱劝受众，以美来陶冶受众，为消费者描绘出美好的、实在的、有利有益的消费前景，使消费者在潜移默化的广告劝说中对广告产生信任，诱发消费欲望，萌生购买动机，在接受广告不断诉求中增强消费的信心。

无论什么形式内容的广告制作，从内涵到形式都要符合社会认同的道德观念、行为标准和价值观，正确把握广告传播的特点，把社会的消费心理纳入正常健康的轨道。在广告促销过程中一定要以事实为标准，体现商品及消费的真、善、美的本质，真正使广告成为沟通信息、促进生产、拓展市场、组织流通、指导消费、陶冶情操、改善消费观念和生活方式，推动社会物质文明与精神文明的发展。

第四节　广告制作的基本功能

广告作品是商品信息传播的载体。信息就是广告制作的主要

9

内容。通过科学与艺术的手段构建一定的广告信息传播样式，对接受者进行有效的诉求，使广告信息在传播中转化为指导消费、促进生产、组织流通以及向生产、销售、消费等社会大众提供的一种服务。发挥广告信息的功能和效率，实现其经济价值和社会价值。

广告制作必须研究信息的输入、存贮、处理和输出的基本理论。广告制作活动就是获取信息，加工处理，物化广告信息，使之成为生动、可信的有较强传播力的广告作品。

广告制作必须注意广告信息的有效性和新颖度，使广告传播具有价值意义。同时还要注意分析、研究广告接受者对广告信息的可接受程度，把握传播内容的可理解程度，使广告传播流畅，保证广告诉求的实际效果。

广告制作是将广告信息纳入一个科学的认知结构体系。根据广告制作规律，将构成的元素及物质材料结构成形，按一定的诉求模式唤起广告接受者的经验、体会，激发广告受众主观意识中对广告内容的进一步认识的积极性。广告并不仅仅依靠题材内容使接受者了解其意义，而题材内容只有在一定的结构安排中才能真正发挥广告诉求作用。广告制作就是通过对广告作品结构的构筑，为客观视听感觉制作一个特定的样式，在感官刺激的基础上产生心理上与此相应的张力的投射。具体就是运用点、线、面、色彩的排列秩序以及面的分割等产生方向性的张力，来把握"分离"与"组合"、"整体"与"局部"、"引力"与"斥力"、"对比"与"协调"等在心理与知觉上的作用。通过位置、力场的经营在广告信息整体传达的基础上掌握结构在样式形成中的作用，而不是对感性材料的机械复制，也不是基本元素的简单罗列，更不是不经调查，不作分析，没有创意的主观上的想当然的编造。应该遵循广告诉求的法则和艺术创作的规律，把要素从材料中分离出来，加以提炼，以接受者的认知为目标，以增强广告诉求力度为目的，建立一种特定的认知逻辑联系结构，使广告信息变成为可传播可接受的特定的信息符号，这就是广告制作中的诉求宣传结构体系。

广告是将商品信息编制成符号进行传播的活动，人类社会是通过编制符号与运用符号来认识世界、解释世界、进行推理、进行创造的。广告制作是一种特殊的符号形式的创造活动，是符合科学技术、文化艺术、经济发展、商品促销、销售服务、情感表达等规律的特殊创作活动。广告作品是表达消费利益和消费承诺、具有吸引力的广告语汇和视听符号。广告作品不是品牌、产品外形的简单再现，即便是一幅广告摄影作品，也不是商品的在视觉的直观重复。广告制作不是被动地纪录事物，加以复制，而是以广告构成的规律去创造生动的吸引人的形象，有较强说服力的信息符号。在广告目标的规定下，把握广告内容的本质，以超越一般的认知水平，用客观的尺度去权衡，在组合广告读解秩序的过程中揭示广告信息内容的价值和美的存在，使广告作品中宣传的内容较一般陈列的实物更吸引人，更容易被消费者所接受。广告作品中的商品形象应该具有较强的广告诉求力，能说明其优良的品质与功能，能实行自我促销宣传。因为成功的广告符码不仅具有商品物质性能的说明功能，而且具有商品文化性能的宣传功能，是商品物质价值与文化价值的综合体现。广告制作成功的广告作品在流通领域中起着点化与催化的促进作用。依靠广告作品的信息传达，生动形象地将良好的消费体验预先告知消费者，在真实可信的诉求下广告成为一种可靠的承诺，给消费者树立一个新的消费导向，使消费者全面了解和接受商品。广告作品应该是理性思维与感性直觉相融合的艺术化、科学化的形象符号，一种既有很强的吸引力、感召力，又有严密的逻辑性，具有说服力的复合符码形式，其魅力就在于以简洁说明复杂，以通俗说明深奥。

美的创造在广告制作中是十分重要的内容。审美感受在广告中是一种特殊的心理活动。美是一种价值，它不仅使广告作品具有审美意义，并且通过广告接受者的思维，使审美情感扩展到对商品、服务、企业等与广告内容有关的方面产生美好的联想，对广告促销、陶冶情操具有积极的作用。广告作品在广告信息传播中增强感染力的同时满足人们心灵上对美的需求。

广告制作中美的创造，来自广告制作者所具有的审美意识与审美表达力。广告制作者对广告内容本身要有创作热情，善于在事物的本质中作出美的判断，通过制作手段创造出吸引注意力、娱悦耳目、具有审美情趣和美学价值的广告作品。

在广告制作中对广告内容、感性材料客观分析判断时，要作审美的筛选，多角度开发其审美价值。在充分了解、把握广告传播内容各方面特性的基础上，选择最佳视角来展示其内在美的本质，强化其美的情趣。

广告制作中除了广告内容信息的材料美的把握外，制作本身所运用的物质性的材料美也是十分重要的。在确定广告内容形式的美的体现式样后，正确选用适合其表现内容的美的制作材料，用以辅助表现广告内容的本质美而形成统一的整体美。

广告作品形式美，因其不同的目标和内容而呈现出各种形态。广告制作根据不同的内容、不同的本质以及不同的审美对象对广告的各类元素编制合理的秩序，在科学的、合乎逻辑的结构基础上，制作出具有审美价值的形式，并体现其在内容表达上的确切性、传播的流畅性与感受的愉悦性。

广告制作美的创造除了体现在制作的内容、材料的筛选、创意结构上的经营、表现式样上的裁剪外，还体现在发布手段与方法上。广告行为也存在美的判别和审美的价值取向，虽然行为是一种达到目的的途径，但行为的本身就存有审美情感的倾向。

广告制作要在内容、形式、表现方法与情感表达上体现广告作品的美感价值，只有美的事物，才会引起注目；只有美的事物才具有感染力；只有美的事物才会被大众接受。广告作品应该是科学与美学的结晶。

现代广告制作是一项非常具体的工作。涉及面广泛，运用技术复杂，表现形式多样。同时它又是一项目的性强、讲究实效的工作，因此它是一个完整的广告信息采集和编辑制作的系统工程。作为一项已有既定的具体目标的系统作业，广告制作必须在整体概念的指导下系统实施广告的具体制作。

原始广告处在低级的、简单的、个体推销的状态，而现代广告是综合经济、科学、文化、艺术、技术、传播等学问的一门新兴学科。现代广告不论是哪一个阶段的工作都必须依据广告运动的整体来把握具体实施操作。特别是广告制作，广告作品在传播广告特定信息时必须明确体现广告的目的，符合广告战略意图，执行广告具体表现策略，达到广告预期的目标。古人曰："先计而后动，知胜而后胜"。广告制作在把握广告指标、战略与策略之前必须了解产品，了解市场，了解消费者，了解竞争对手，了解广告投放时间、区域、媒体特点，从而突出创意要点，制作适当的表达方式，真正使广告制作的作品成为特定的信息集成块，正确全面地传达广告信息。

第五节　广告制作的准备阶段

广告制作的准备阶段主要是明确广告主（客户）提出的广告要求，确定广告的课题（项目）。所谓广告课题就是要确定在广告活动中要宣传什么内容，达到什么目标。如何进行操作实施，通过制作将销售信息、产品信息等进行精炼和强化，成为规范化的广告信息集成符号，作用于传播媒体进行广告诉求，来刺激消费者产生对产品品牌认知态度的变化，促进消费行为朝广告目标方向发展。然而作为广告制作的内容，即广告客户要求制作发布的商品、劳务以及其它类的广告信息必须是真实可靠的，内容符合社会道德标准与政策规范。

1. 首先，广告客户必须具有对广告活动负有法律责任的资格。广告制作发布单位必须验证广告客户的由工商行政部门颁发的《企业法人营业执照》，或者是机关、团体、事业单位的有关单位证明。个人申请广告制作发布，也需提交政府有关部门的证明，以保证广告课题的可靠性与合法性。有的广告内容要具体审核，如药品、酒类、食品、化妆品、家用电器、保安防卫器材，必须持有生产许可证明，有的还必须持有广告许可证明。在我国，对卷烟广告还有一些具体的规定和限制：香烟广告发布是有范围的，广告形象也有所规定，不可出现烟支、烟包以及吸烟的形象等。

2. 广告课题确立必须符合市场的需求，使广告真正成为拓展市场、指导消费、给消费者带来利益的承诺。一些被现代科技所淘汰、已经没有市场的商品，广告没有必要再为其作嫁，充当消费者不欢迎的推销角色。有利于社会发展，有利于消费者的商品信息、劳务以及其它信息是广告课题确立的基础。广告课题的可行性取决于产品质量和产品服务，产品在现有市场或未来市场中的位置，产品能否给消费者带来利益，以及产品的消费前景和可供开拓的前景。

3. 广告课题的确立也是广告制作的战略依据。广告课题的确立主要根据商品、品牌的准确定位，在与市场上同类商品进行比较中明确品牌基本特征，确立广告诉求的信息重点，同时在比较中分析消费者对品牌形成态度的观点、价值倾向、对产生消费满足感的利益点所在。根据商品的特点、销售网点的分布、促销方式的分析、消费方式的分析与消费者群体的能力分析，对销售的市场、市场目标、销售方式等作出明确的判断。根据消费者的利益、价值取向与市场竞争所处的具体位置作出相应的广告目标实现策略。

广告课题一般可分为短期目标与长期目标。短期目标就是通过广告的宣传改变消费者原有的消费价值观和消费习惯，推行新的品牌观念与新的消费模式。或在一定时间内继续巩固已形成的消费观念，进一步构筑企业、品牌在消费者心目中的良好形象。这类广告主题以宣传产品功能特点和消费者利益点为多。长期目标是通过广告宣传突出企业存在于社会的价值取向、经营服务的宗旨与系列产品，以及企业的整体形象和完美的品牌形象，最终赢得消费者对企业、品牌的信任度和美誉度，在市场竞争中重点建立优秀的品牌形象与企业形象，从市场发展的战略上来制作广告。

第二章 广告制作中的色彩运用

　　广告制作中色彩的运用，是构成广告作品的十分重要的因素，直接影响到广告作品的成功与否。在视觉传播中色彩具有第一性的作用，人们对色彩的感觉是一般美感中最普遍的形式。各种不同的色彩以及不同的色彩组合能直接影响被感受者的感觉，并直接有效地吸引注意力，启发记忆，产生想象，进行联想，左右情绪，形成感情的倾向，产生一定的心理作用，形成相应的视觉冲击力与形象感染力。

第一节　广告制作中色彩的特性

　　在广告制作中对具体色彩功能的理解与运用，不同于普通绘画，有其艺术性与功利性。

　　1. 色彩的注目性。运用色彩的对比手法产生与众不同的色彩感觉与色彩组合，有助于广告作品形象区别于周围事物与环境。可以是鲜艳夺目、明亮活泼，也可以是庄重高雅、雍容华贵，形成色彩视觉冲击力，引发注意，在作品与消费者接触的一刹那中，打动消费者，增强注意的力度，在形成广告的第一印象时，色先夺人，留下深刻印象。

　　2. 色彩的提示性。广告制作中运用不同色彩的象征意义，通过有机的组合，创造个性化的广告形象，在强化广告作品的视觉辨别力度的同时运用色彩的象征性产生联想，辅助广告文字不断对广告的具体内容、品牌、企业的形象进行提示，深化消费者对广告内容的理解，增强产品品牌、厂家企业的形象力度。

　　3. 色彩的逼真性。在广告制作中有时要求严格遵循广告形象诉求策略，以生动逼真的色彩再现商品及其他相关的形象，以色彩丰富的形象来吸引消费者，打动消费者的心。色彩的成功表现能强化广告作品中的具体物体形象的真实感，在鲜艳度、真实度方面具有令人信服、令人心动的感召力。广告作品中色彩的逼真性能使消费者在接触商品之前就对该产品产生良好印象，建立某种信任，能起到较好的产品形象促销作用。

4. 色彩的煽情性。由于色彩具有象征功能与联想功能，因此可以诱发人们的多种感情，有时一些微妙细腻的感情连文字都难以阐述，而色彩却能借助适当的组合表现得维妙维肖。有时较大的画幅色彩具有强烈的心灵震撼作用，广告作品的制作利用色彩的煽情作用，根据不同的广告目的可以在传播商业信息的同时，发挥感情攻势，刺激需求欲望。

5. 色彩的陶冶性。人生的丰富多彩形成了人们对色彩的审美需求，美丽的色彩令人向往追求。因而产生美的感受、美的联想，寄托美好的想法和希望，取得精神上的审美享受。精美的色彩制作的广告不仅能使受众从美的形式上认识、了解广告内容，有效地达到广告促销目的，而且能在精神上享受广告作品本身的审美情趣。不少广告作品在实施广告促销活动中，由于制作精美而被人们长期保留，仔细品味，成为有价值的艺术作品，成为一个历史时期广告审美情趣的代表，成为物质生活与精神生活的一种享受，一种高尚的美的陶冶。

第二节 广告制作中色彩的象征性

不同的物体对不同波长光的辐射通过眼睛作用于人的视觉神经产生色彩感觉。太阳光通过三棱镜的折射，可分析出从红经橙到黄经绿到蓝到紫的可见波长的光谱，色彩学称其中的红黄蓝为三原色，也就是最基本的色彩，其无法用其他色彩配制而得，但这三原色却可按不同的比例的相互配合可调制出其他各种色彩。

色彩普遍存在于客观物质世界中，并通过人的视觉被感受。深层次的感觉通过具体视觉感受，由此产生一系列心理上的活动，是对长期生活积累的经验的再体验。不同的色彩与色彩组合可以成为人的不同精神感受、不同感情的激发契机，也可以成为人们主观意识、精神、感情的传递媒介。因此色彩在广告制作中就成为激发广告受众感情的必不可少的重要因素，而广告受众对色彩感觉产生的联想则是煽情的关键。由于人类在社会中是以群体为生存形式，在相同的生活环境中的人们就有共同的联想基础和基本相同的象征概念。

鲜艳明快的色彩给人以欢乐、光明的感受，呈兴奋感。

灰暗沉重的色彩给人以忧郁、迷茫的感受，呈沉闷感。

暖色鲜明的色彩给人们幸福、温馨的感受，呈温暖感。

冷色鲜明的色彩给人以清爽侠意的感受等，呈明快感。

色彩能给人以各种联想，时辰的联想，季节的联想，环境的联想，具体物体的联想，事件的联想，情绪的联想等。一般由具体物体的联想基础发展到抽象的理念象征，如红使人联想到具体的太阳、火、血、炼钢、红旗、红苹果、红花等物与事，抽象的理念象征是温暖、热情、兴奋、革命、喜庆、危险。橙红色使人联想到桔子。秋天的树叶、红色的砖块瓦片、灯光、火苗等，理念象征是温暖、热烈、快乐等。黄色的物体有香蕉、柠檬、月亮、黄金等，其象征光明、活泼、轻薄、病态。绿色的物体有树林、草地、麦田、青山绿水，象征和平、生命、春天、安全等。蓝色事物天空、海洋、泉水等，蓝色象征理智、清爽、冷静、消极。紫色的物体有葡萄、紫罗兰、紫水晶等，象征高雅、优美、神秘、浪漫，视觉的心理情绪是不安。白色的物体有雪霜、白云、白天鹅、小白兔，给人的感觉纯洁、高尚、明快、朴素，中国人是丧事的用色。西方观念中是婚事用色。黑色的事物如煤、炭、黑夜，给人严肃、沉默、悲哀、恐怖、死亡的感觉与象征。介于白黑之间的灰色在生活中也有阴天的云层、水泥、铅块等，其象征失望、消极、沉闷、滞重等。

色彩的联想与象征在其共性的基础上形成了色彩的视觉语言，广告制作要把握、运用这种语言表达的技巧，配合广告促销，制作出符合目标消费者心理需求的广告作品。

第三节 广告制作中色彩对比规律

在广告制作中色彩的运用还要掌握对比规律，不同程度的对比，会产生不同的心理感受。如对比强烈些，心理上会感到兴奋、刺激，对比弱些则感到柔和、协调。对比是色彩唯一的表现手段。在色彩表现技巧中一般可分为：

1. 色相对比：色彩有许多品种，诸如赤、橙、黄、绿、青、紫等，如同人们不同的相貌，具有不同的视觉表象特征。它们之间的差别形成的对比称之为色相对比。在三棱镜折射出的光谱中邻近的色相对比较弱，间隔一个原色后对比就比较强烈。如红色与橙黄对比比较温和些，红色与绿色对比间隔一个黄色就显得比较强烈；黄色间隔蓝色与紫色对比也显得比较强烈。三原色红、黄、蓝之间是标准色的色相对比，比较简单，间色、复色之间的对比的排列就比较丰富，表达的意味相对也细腻些。运用色相对比在视觉心理感受上显得直接、通俗也显得丰富多彩。

2. 色度对比：色相之间可以形成对比，在同一色相概念中也存在对比，就是在同一色相基础上的饱和与不饱和所形成的对比，通俗的说法是深与浅、浓与淡的对比。单纯的色度对比的运用往往给人以协调、统一的感觉，容易产生柔顺平和的效果。

3. 纯度对比：是色彩的纯度差别之间的对比，色彩鲜艳，明亮度就高，色相明确醒目。杂质成分多就减弱其纯度，就显得灰暗，色相特征弱。如在阳光下近处一面红旗迎风招展、蓝天、白云、红是红，蓝是蓝，白是白；在 500m 处也有一面红旗，但对比之下就显得没有那么鲜红耀眼；在 3000m 外也有一面红旗在飘扬，但几乎辨别不出其色相，近乎于一个小点，远处的天空也没那么蓝，显得有些紫灰，当然，最白的云还是在头顶上。这就是自然界中的色彩的纯度对比。

4. 色性对比：色彩除了色相、纯度外相对存在着色性的概念，这是由于人们对不同色彩所产生的习惯的联想而形成的。红、橙一类属暖性，青、蓝一类属冷性，这二种性质的色彩对比就称为色性对比或者称色彩的冷暖对比。橙红与蓝的对比是绝对的冷暖对比，橙红与玫瑰红对比就是相对的冷暖对比，有的相对色性对比是非常微妙的，能产生较好的、明快和谐的画面效果。

5. 补色对比：在十二色的色相色环上直线对应的二种色彩的对比可以称为补色对比，在视觉感受色彩的同时也会产生互为补色的效应，当你注视一个红色方块时，随后闭上眼睛，你感到眼前的视觉残留形象是一个同样形状的绿色方块。反之，是一个红色方块。又如同样是一块灰色纸片（灰色呈中性），放在红色底板上，它呈绿灰色；而放在绿色底板上则呈红灰色，这在广告制作中要注重控制与运用。

6. 面积对比：不同面积的色彩组成的对比，称面积对比，有些色彩的对比由于面积的差别形成不同的效果。如等量的红与绿的对比视觉刺激性大，趣味不高。如果在面积上调整就会取得较好的视觉效果，如万绿丛中一点红，情趣就高雅许多。又如有些国家的旗帜是三种颜色组成，为了取得视觉上的平衡，三色匀称，不得不在面积三等分的基础上有的放大些面积，有的缩小些面积，因为某些色彩在面积的感觉上有较强的扩张力，有的则弱一些。有资料表明红、橙、黄、绿、青、紫之间的面积平衡比是6:8:9:6:4:3。色彩对比是广告制作中彩色表现的重要手段，对于生动的个性化广告形象的创作，整体化、系列化的广告形式的表现都起着直接的视觉作用。广告作品中统一与对比、平衡与变化、渐变与节奏、柔和与强化等，色彩也相应通过其对比的不同的组合，表现出其独特性与整体性、变化性与连贯性、丰富性与系统性、阶段性与延续性。

第三章　平面广告制作

　　无论是原始社会还是现代社会，只要有商品交易就有广告活动，从原始的口头叫卖与实物展示发展到各种媒体的广告信息传播，都是与社会的生产力发展、传播技术的发展分不开的。

　　古代的腓尼基人、迦太基人以及古庞贝人，都把交易的物品刻画在贸易的大道两旁的山岩上或者建筑物的墙壁上，保存至今的有古埃及的织布匠哈甫在莎草纸上书写的悬赏追捕奴隶的广告。在历史记载与考古发现中有许多用文字、图形乃至商标符号的广告资料，奶品厂以山羊作标记，酒店在西方是用常青藤作标记，中国则用酒旗作标记等。但这些广告传播范围有限，制作也不成规模。纸张的发明和印刷术的运用使文字、图像的传播技术得到了较大的发展，平面广告才有了长足的进步。中国北宋济南刘家功夫针铺的广告印刷雕刻铜版，新疆千佛洞发现的南宋杭州某店的木刻印刷广告包装纸，长沙出土的元代广告包装纸从文字排列组合，包括广告标语、图像、装饰纹样、文句写作都已达到比较成熟的程度，文字虽然不多，但产品介绍，消费定位，促销策略等，一目了然。在西方，1450年德国人古腾发明了金属活字印刷，1826年法国人发明了照相制版术，1883年美国发展成照相网版制版印刷。商业发达了，在船期、商情频繁报道的基础上，商业信息以及其他信息的印刷传播发展成为定期出版的报纸，各种广告成了最初报纸的主要内容。随着印刷阅读物的发展，杂志广告、邮递广告、购物点广告等越来越丰富，制作越来越讲究，广告宣传手册越印越精美，平面广告发展了，发达了。业余制作广告的画家开始专业化经营，广告画家卡桑特尔为巴黎至阿姆斯特丹的高速列车所作的广告画《北方的星星》收到了轰动效应；

《我的肥皂》的作者隆维尼亚红极一时。平面广告制作的理论日趋完善，从美国的威廉·莫里斯主张的画面二度空间形式开始，到荷兰的彼埃特·蒙德里安对点、线、面、色平面四大构成元素的确立，德国"包豪斯"设计思想的出现，对艺术实用意义的肯定，现代视觉艺术新观念的出现，有效地促进了平面广告朝专业化、深层化发展。彩色摄影在平面广告的运用，增强了平面广告的真实感、生动感，使广告的诉求能力大大加强，以一种全新的社会专门学科，区别于传统的平面绘画与装饰美术概念而独立存在于社会。平面广告从历史上的初级阶段发展到现在，已成为现代广告中的主体形式：报纸广告、杂志广告、邮递广告、POP广告、路牌广告、灯箱广告、广告手册、挂历广告、广告传单、广告招贴、商品包装等。进入电子时代，广播广告、电视广告纷纷登场，先进的印刷机械、电子制版技术的便捷仍使平面广告以其特有的广告诉求魅力处于不可忽视的主流地位。在近代任何一个历史时期，任何一个社会的经济发展高潮中，平面广告总是那样活跃，那样多姿多彩，促进商品的流通，引导着消费的潮流。

第一节　平面广告的制作原则

1. 平面广告制作中的信息原则：在日常生活中，人们的信息获得主要靠人的视觉、听觉、嗅觉、味觉与触摸感觉获得，而视觉占其百分之七十以上，由于形象的直观性很强，所以被记忆的效率很高，平面广告是视觉广告的主体部分，其制作按信息综合、筛选、集中、强化的原则，组合多种构成元素，根据一定的广告目标、策略进行创意，然后通过一系列制作活动，创作可视的广告作品来体现广告的主题去达到预期的广告信息传播效果。

2. 平面广告制作中的形式美的原则：平面广告制作运用一定的技巧去处理特定的广告内容，题材经过适当的安排和加工，使原始素材、自然因素，得到提炼、强化，产生具有广告诉求力度的组合，形成一定的审美样式，使受众在美和愉快的感受中接受广告的诉求与说服，达到广告诉求的目的，此即平面广告的形式美的原则。

第二节　平面广告制作的表现规律

协调与和谐：在一定的形式下各视觉要素的组合有其秩序性和一致性，形成一种审美的节奏，大的统一中包含着有分寸的对比，具有较强的整体感，较强的组合对比之间安排着多层次的过渡，变化细腻。从广义来认识，是形、色、质的组合给人一种愉快、优美的感觉，狭义方面指各种对比形成并不十分强烈，比较调和，但主题倾向明显，整体感强。

1. 对比：在平面广告制作中要运用各种视觉元素进行对比组合，无对比则无变化，无表现力。明与暗、大与小、鲜明与灰暗、黑与白、远与近、冷与暖、疏与密、轻与重、硬与软、长与短、粗糙与光滑等等，强烈的对比可以表达出动人心弦的情绪，具有视觉震撼的效果。有序而细微的对比可以表达柔顺细腻而丰富的感觉。

2. 平衡与统一：平面广告中构图的平衡，色彩对比的平衡，形与量的平衡都是产生画面安定、平稳、完整、统一的因素。画面上各种形（包括点、线、面）和色彩，在不同的位置都形成不同方向的张力，产生各种动势，要在平衡中求变化，在平均中有突破，在等衡中求发展。平衡是对立的因素在某一点上达到的统一与平谐。

3. 对称：在形式上存在对应的等形、等量的相应排列，如水平对称：在中心点的左右两侧形状、色彩、位置相同的对称。垂直对称：上下对应的图形，象平静的水面上倒映的实物影像与其真实物体。放射状对称：不同位置的对称成放射状。蝴蝶的翅膀、小鸟的翅膀、人的四肢、树叶等是自然界存在的对称，对称的形象有平稳感，有亲切感，将纸对折剪出个喜字翻开即成双喜字，也是一种对称的心理满足在习俗上的表现。

4. 渐变：形的渐变指相同的形状按一定的秩序以反复的形式由浅到深，或由大到小。色的渐变指由冷渐暖，由红按光谱渐变到蓝到紫，由深色到浅色，是视觉刺激强度的逐步递增。渐变可以产生无痕迹的对比，形成一种较为特别的视觉感觉，使人感到适意，印象深刻，因为在自然界明显渐变的现象较少，有就很美丽，如雨后的彩虹等。

5. 律动：在造型上，色彩上同一单体成规律的反复出现，产生一种等量的韵律感，形成以数理秩序为基础的组合样式。在平面广告中容易在视觉上产生特别效应，能促成意念的冲动，形式感强，较引人注目。

6. 比例：建立在一定数与量的秩序基础上的对比组合形式，是审美要素之一。任何事物都讲比例，讲均匀，头重脚轻就是比例失调。在平面广告的编排中比例尤为重要，美与舒适在视觉感受中也存在于正确适当的比例组合之中。在平面中重要的美学比例法则就是黄金分割。黄金分割几何学法则：如图 1，*ABCD* 正方形，在 *BC* 的中心定一点 *M* 为圆心，以 *MD* 为半径画圆，与 *BC* 的延长线交于 *E*，以 *E* 画垂直线与 *AD* 的延长线相交，即成 *ABEF* 长方形，即为黄金比长方形。这二边的比例就是黄金比例。长边是 *a*，短边是 *b*，*a* 与 *b* 的比就是 *b* 与（*a* + *b*）的比，其计算值为 1 比 1.618。

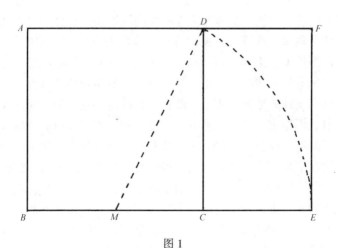

图 1

第三节　平面广告制作中的点、线、面

在本世纪初，画家 P·克利（Paul. Klee）、W·康定斯基（Wassily Kandinsky）、M·那（Moholy Nagy）等人，尝试创造出以机能为目的的新的审美的形式和以构成主义的几何学、数理学的抽象形象来表达合理的功能为主体的艺术表现理论。该理论将自然界中的具象形态提炼为抽象的点、线、画、体等作为视觉传达的基本要素。

1. 点：只有零度空间存在的位置，没有大小，线与线的交叉形成点，除此以外点只有在其它条件相比较下才具有意义。点可以通过运动形成线，两点可连成线，三点或四点以上即可封闭构成三角形面或四方形、多边形的面。点具有文字与图形的组成作用，特别在印刷方面，印刷的网版就是通过点的疏密变化表现色彩的浓淡与明暗效果。点的特殊排列、分布还能产生一定的意义：自由点的构成，具有张力与动感；间隔不同的点的变化，大小点的变化，能产生视觉的韵律效果。垂直或水平排列的点具有平衡与导向的感觉。

2. 线：是点的运动的轨迹，有长度的特性，有方向的特性与力的运动感，线也是面的边界或面的转折相交。直线给人的感觉单纯、爽快、理智、坚强，特别是较粗的直线有阳刚的气质。曲线显得优美、柔和，富于情感，有旋律感。细的曲线呈女性化，水平方向的线具有平稳、均衡感、安定温顺感。垂直方向的线，具有支柱的象征、庄重、硬直、权威的感觉。斜方向的线具有放射、不稳定、活动的感觉。由此可知，不同方向的线的组合具有不同的象征意义。同时线还具有空间分割作用和类别区分作用，这在平面广告中较多运用。线还具有最原始、最有力的图形塑造功能，原始绘画的基本造型手段是用线来构画形象，现在的电脑绘图基本方法也是先用线来绘制图形，包括最复杂的图形。

3. 面：是具有面积的形，是线横向移动的轨迹。点具有零度空间的方位性，线具有方向性基础上的长度为一度空间存在，

而面是具有横向、纵向的二度空间的形的存在。直线几何形：个性突出，正方形、长方形、三角形、梯形等，数理性强，简洁有序，也呈安定感。曲线几何形：呈现高贵、自由、饱满。易于理解，有变化但显得实在。曲线自由形：秩序感弱，散漫优雅，柔软。直线自由形：强烈、直接，但有破碎不完整感。有各种面组成的形是平面广告中的基本内容之一，面可以是图形，也可以是成片的文字组合后形成的面的感觉。大小面的组合，不同形的面的布局，与点和线的搭配、面的分割等都是在广告具体制作过程中需要反复推敲、斟酌的。

第四节　平面广告视觉传达的应用要素

1. 商标：是企业或商品品牌的代表，是特定的、受法律保护的重要资产，是企业、产品的识别标记，代表着一定科技水准、商业信用、性能特性、品质保证在市场的知名度与美誉度，是消费者选择购买的依据。美国最高法院对商标的定义：商标是一种厂商运用于商品的确定标记，用以表示区别。优质的产品与成功的广告提高了商标的信誉，大大增强了商标的形象力，促进了商品的销售，名牌商标对企业来说举足轻重。随着市场经济的发展，商品的竞争加剧，为了保护企业的知识产权、注册商标的合法权益，我国也同世界经济发达国家一样颁布了《中华人民共和国商标法》与《中华人民共和国商标法实施细节》。商标是平面广告制作重要的内容之一，没有商标就不是广告。

2. 品牌名称：也称文字商标，在市场经济中商品的品牌名声就是财富，对企业来说品牌名称是营销成功与否的关键，是广告宣传的重点。在现今科技发达的社会中，企业竞争角逐的重点就在品牌的知名度和美誉度。例如同一个"盆"。有人说这是"瓦盆"，只能放垃圾杂物，放在墙角。有人说这是"聚宝盆"，于是搁在紫檀木雕架上，供在客厅之中。同样一件产品名称不同，待遇也就不同。品牌的意义已超越商品的实用意义而更具文化品位，品牌是广告制作宣传的重要内容。

3. 广告插图：插图的形式较多，绘画插图、图案、漫画、摄影、喷绘、图表等，在平面广告中比文字更容易表达广告主题。通过具体生动的形象，构成不同主题的广告形式与风格，用形象逼真来吸引人，用形象的趣味来诱导人，用形象的特征来加强印象，充分发挥图像的功能来阐明广告创意，使广告作品容易理解和接受。广告插图要与广告文字配合默契，起到相辅相成的作用。平面广告中图像有具像形式（体现真实性）、抽象形式（体现哲理性）、图表形式（体现可靠性）、直述形式以及幽默的形式、比喻的形式等。不论什么形式，都需巧妙构思，都需精心制作。内容要表达透彻，形式要有个性，构图、色彩、造型要创新，视觉效果要强烈，用艺术形象的感染力来增强品牌、产品的魅力，来刺激消费者的购买欲。

广告文案是具体表达商品名称、性能、效用等较为详细的内容文字。广告文案制作中心要突出，简明易懂，内容真实通俗，客观，要吸引人，要明确消费的利益点。能启迪消费者、指导消费。

4. 标题：平面广告中的标题要能吸引注意力，能激发读者继续阅读的兴趣，是文案中精彩之处、点睛之笔。字数要简短，十个字左右。字型、字号要按比例放大，字体选用要与广告内容统一，与产品属性一致，位置要适当，要留足周围空间以便突出醒目。

5. 说明文：文字精炼，表述真诚肯定，要点突出，文字编排有序，面积注意形状。行文不宜过长，字体选用整齐清晰为准。字号比例恰当。

6. 标语：广告标语一般作为说明文的结尾，具有刺激性、简短、有力、易记，承上文之意，最后再次提示品牌或企业名称以及相关的企业精神，加强品牌与企业的形象宣传。优秀的广告标语与商标可以相媲美，琅琅上口，广泛传播。

7. 落款：在广告下方的编排，厂名或公司名、地址、电话号码、传真号码、邮政编码、办事处、联系地址等，各企业有自成格式的编排式样，还配有小型标记，有的是企业识别系统中的标准组合。

第五节　平面广告的编排法则

报纸广告、杂志广告、招贴海报、广告传单、广告路牌、灯箱、车箱广告宣传册以及 POP 广告等，都需要将广告的各种视觉传达要素：商标、商品名称（品牌名称）、色彩与各种插图、装饰图案、纹样、广告正文、广告标语、厂名、地址等，根据广告主题宣传的需要，予以纯视觉的整理、组织在一定的平面空间（版面）之内。建立合理、有序、有效的一定的视觉平面结构，使各部分互相衬托，组合成广告信息传达完美、统一的整体，吸引人，打动人，诱导人，形成有效的广告视觉冲击力。平面广告编排，通过预先的规划、推敲来把握高效率的广告诉求力，减少各种由于缺乏规划而造成的不必要的经济上、广告信息上的浪费和损失。广告编排是艺术创作规律技巧在广告编码系统中的运用，也是广告定位策略、传播策略、形象策略的具体形象体现，是直接运用平面广告的基本视觉传达要素和构成应用要素组成强烈醒目的视觉画面。平面广告编排要讲究平面构成中认知的哲理性与视觉直观性、认知的寓意性与形式的情趣性。价值的二重性，即在实现广告的信息价值传播的同时体现一定的审美欣赏价值，使消费者形成良好的视觉印象，深刻的广告记忆。

1. 平面广告制作整体形式感要强：通过平面空间的有序合理的规划配置，组织新颖的符合具体广告主题内容的结构形态，感觉鲜明，文字内容有味，形象生动别致，内容与形式高度统一，在整体样式上与众不同，在视觉感受上具有先声夺人的吸引力。整体形式注目性强。

2. 信息集中准确：平面广告传达的广告信息要准确清楚，浓缩集中，开门见山，编排版面简洁明了，条理清晰，因此要求信息内容与信息表达方式互相配合，才能达到一目了然的瞬间视觉识别效果。模糊不清、模棱两可的文字，画面过于复杂，形式过于造作，过多渲染都是要力求避免的。

3. 广告主题明确：平面空间配置要结合视觉心理特征编排规划，各构成要素要根据人们视觉阅读的习惯和视线浏览规律，按逻辑组织有序的视觉诱导，自然有序地铺垫出视觉的兴奋中心，突出广告主题的视觉重点位置。如版面位置的安排，字体、字号的选择，图像画面的处理等都要为广告主题的表达明确统一设定。

4. 诉求重点突出：平面广告的具体编排内容，虽然都经过反复推敲，精心提炼，但具体编排的应用要素在面面俱到的基础上一定要重点突出。作为广告诉求策略的体现，必须有所侧重，重点突出才有利于视觉传达。有的编排形式由于具体广告内容较为抽象或缺乏可宣传的正面具体形象，就把重点放在商标、品牌名或者广告标语上，强化文字内容、表达方式和字体形象的理性穿透力，大字号，语气惊人的广告标语同样很显眼，很吸引人。有些成功的广告虽然文字不少，但条理有序，广告承诺可靠，消费利益突出，使消费者一时的、无意识的兴趣或即兴式的注意，变成有意识的阅读，并产生对广告内容深入了解的心理要求。这类广告编排的空间多一些留给说明文字当然是值得的，必要的，有助于深化广告内涵的理解力。有的广告内容具体形象突出，把空间安排、色彩渲染、图象处理的重点放在产品的造型、质感的表现，并配以优美的背景与底色，强化视觉形象的感染力与吸引力。只要有助于诉求重点突出，在具体的内容要求下，图文并茂也不乏为一种富有表现力的编排形式。

5. 位置排列有序：编排是平面空间科学分割的学问，对于广告内容各种要素的排列安置应根据主次决定比重大小，注意编排空间中力的方向、量的大小、面的大小、形的虚实、感觉的轻重、疏密的组合，运用视觉艺术的表现规律，使布局、构图在主题突出、目标明确的基础上清晰流畅，达到形式上组合的和谐，产生结构紧凑、层次分明、富有视觉韵律和良好的广告信息表达样式，增强平面广告的视觉表达力度。

6. 平面广告基本类型：平面广告由于广告具体内容不同而形成不同的诉求类型，基本上可以分为两大类。第一类称为理性类产品认知性的广告，直接将产品的功能特性、造型外观、消费利益作为诉求重点，宣传用语较为理性，详细客观，直述明了，以良好的形象、实在的利益打动消费者的心，广告以可靠真实的产品信息来激发消费的兴趣与购买的热情。第二类是情感诉求类型的广告，重点宣传产品给消费者带来的良好的情绪反应，一般用于产品功能和特点较难在短时间内表述清楚，需借助感情的抒发传达广告信息，或者是比较高档的商品，其功能品质体现在生活的精神情趣方面，为了表现其高贵、典雅的品质，借助于周围的环境、气氛、情绪来衬托和点化。在艺术中美和情是天生的孪生姐妹。广告的最佳诉求手段是煽情。煽情作品容易打动消费者的心，容易被认可接受。当然在平面广告中也可以情理并用，各有侧重，图文并茂，雅俗共赏。但是在市场营销中，目标消费群广告定位越具体，促销越容易成功，好的广告作品只要目标消费者的消费购买欲被鼓动起来了，基本上也就成功了。

7. 内容真实可信：平面广告编排中的广告文字内容一定要真实，包括产品图形一定真实逼真，生动可信。标语和正文中所用的文字、数据都要仔细斟酌，认真核实。言过其实，夸大其词都可能造成广告的虚假宣传，引起消费者的误解，到头来是企业的信誉扫地。广告用字用语要真实客观，要有根有据，要遵守广告法及有关规定。

第六节 平面广告的编排

平面广告在编排制作前，必须根据广告内容、战略决策、实施策略收集有关的文字资料与图象资料。如：产品分析报告、样品实物、图片形象、企业介绍、消费状况、市场份额、价格定位、政策范围、消费群体、竞争对手情况等。为把握平面广告诉求定位的准确，必须对产品、消费者市场作透彻的了解，从而完成产品、市场、消费群的定位，广告诉求重心的定点，风格形式上的定向。

在掌握平面广告的具体构成材料的比重后，依据基本元素平面构成的规律及广告目标的宣传需要，决定版面的大小式样和画面的重心及主题，并就各要点设定适当空间比例、构图样式、色彩方案。

平面广告的构成内容是比较丰富具体的，广告受众不可能一眼就通观全部，如同一碗米饭得一口一口吃完一样。平面广告所编排的内容也只能被视觉按其观察习惯、阅读规律逐一读解。因此，如何按照广告内容的特点结合人们视觉感受规律来编排平面广告，是成功传达广告信息的关键。通过视觉要素的组合构成一定的诉求形式，将广告创意具体化、视觉化，将不能同时感受、阅读的材料按视线流动顺序来阅读理解。这种视线流动似乎具有随意性，但是有规律的，可以用来诱导规划视线通道，按广告主题表达要求发挥其客观积极作用，为主观广告意图服务。

在平面广告的版面空间内，点、线、面等基本构成元素不同形态的聚散、分割、布局，造成心理力学的不同变化，引导着视线作方向性的流动。

点：在版面中单个点在射线作用上有由外向内汇聚的力度，二个点就有距离的概念出现，三个以上不在同轴线上的点就有方位的意义与面的潜在意识。较多的点因疏密排列就产生由内向外的放射力度。

线：各种线除了具有分割作用外，还有视觉方向引导的效应，垂直线在平面构图中除了分割左右空间外还引导视线作上下流动的运动。水平线就是一种视线左右流动的通道，心理力学上显平稳状态。斜线较之以上的垂直线在视觉上更具刺激性，心理力学上具有强烈的不稳定性，视线通道的诱导力较强，呈发射状。转折线与曲线对视觉通道的流动方向有较强的牵引力，特别是曲线形成的视线较为优美流畅，所以"S"型的构图比较抒情。方形（正方形、长方形）的视觉感受是较呆板，对视线的流动呈封闭状。三角形的视线运动是随顶角向下倾泻，比较方形活泼但更具稳定性，容易使人联想到山的形象。圆形的视线流动虽然是封闭的，但是圆内的运动流畅，呈饱满、向外的张力感。由于视线的流动有方向性，有力度感，有伸，有缩，有滞，有畅，有折，有直等特性与变化，在视觉感受中就会形成韵律，如同听觉一般会激发情绪，左右情感。

在平面广告编排中视线流动受视觉刺激的强弱形成视线流动的顺序，先大后小，先弱后强，先长后短，然而，这种视线流动还受到人的生理构造与心理习惯的左右。由于人的两只眼睛是水平横向排列，水平运动较便捷，所以对水平运动的视觉流向较习惯，先左后右，先上后下，所以形成视觉注意优先区域除了画面中心偏上部位外就是版面中的左上与右下，形成视线流向的偏执性。

由于人在观察实物时，视线善于搜索与选择，这是人类在长期生存进化中形成的视觉本能。生理上是强刺激的先感觉，即喜欢挑有兴趣的看，因此容易忽略其余的内容，形成视而不见的可能，或者是视而不记。这是心理上的主观性与生理上的被动性造成的视线流动的随意性与不稳定性。这些视觉心理因素都是平面编排制作中所要重视的和利用的。

第七节　编排中的视觉节奏感与认知的逻辑性

疏密在平面广告编排中决定着版面视觉的节奏感觉，各构成要素之间的间隙疏密的排列，各要素内部空间间隙疏密结构都要适当调节，既要严格讲究分寸，又要灵活合理，配置手笔要大；既要工整规范，又要生动活泼，间隙稍宽大些，视觉流动感受从容些，格式显得舒展气派，风格上稳重大气；适当的密度感可增加视线流动的速度，显得严谨紧凑。视线流动的快慢，视觉感受的疏密，视觉心理的舒展与紧凑就形成了空间分割组合上的节奏感。值得注意的是过大的间隙，给人以孤立、涣散的感觉，不能构成呼应与视觉的力的联系，结构上形不成气韵，感觉上是"泄与漏"。然而间隙过小，视觉感受板结，不透气，视线流动滞淤，感觉上形成"阻塞、板结、窒息"。疏密在平面构成中是至关重要的，中国传统绘画理论中讲究的就是"章法"、"位置经营"，运用对立统一的辩证哲理性思维来运作配置，"宽可走马，密不插针",虽显夸张,但这是对平面构成中疏密节奏的最高境界的揭示。

时空与认知逻辑

人的视线流动可以因兴趣、爱好、个性等主观因素影响而形成随意性与选择性、无顺序性,但也会受具体环境、具体视觉对象的刺激影响而呈客观被动性、规律性。

人对客观事物的认知,思维活动的发展是有顺序性与规律性的,即总是由表及里,由感性到理性,由不懂到理解,由浅层到深层,由初级到高级,由欲望到行为,这就是视觉认知思维的逻辑性。认知逻辑在平面广告的视觉流动通道规划是体现在时间的顺序安排上,先看什么,再看什么,最后看什么,在空间上体现在位置的配置上,什么是主要的在显眼的部位,什么是次要的在从属位置等等。当然,还存在"时空"的量的调控,主要表现在编排组合时可以吸引视线多停留一些时间,信息量多接受些,感觉印象深刻些,分析理解透彻些。平面编排就是根据广告的具体目标需求,运用视觉艺术的创作规律及视觉认知的逻辑顺序,重组各具体构成要素,形成具有视线导向认知的时空结构,在一个合理的、有个性的、富有创新性的式样中,使广告主题与形式达到高度的统一,形成目标集中、清晰、流畅、富有美感、诉求力强的广告作品。

第八节 平面广告编排制作基本步骤

平面广告编排是制作的关键工作,是一个具有在明确目的指导下的、计划有序的积极思维,是对内容材料的反复筛选,对表达形式策略的不断修正,对版面空间经营、规划、实施操作的过程。具体通过各种尝试性的组合配置方案,由小到大,由粗到精,由偶然到必然,由简单到成熟,逐渐达到广告主题传达形式的完美形成。

1. 草稿阶段:是编排原始起步阶段,就是通过构想的拟定,集中各种思路与表达形式的可能,把广告中的主要构成要素作多种方案，用多种形式的示意性粗略编排，不断进行客观测定，反复征求有关方面的看法、意见（客户、消费对象等），不断进行制作者的主观自我论证、优选与完善，拓宽思路，勇于自我否定，善于积极筛选，捕捉灵感，发掘契机。质的基础是量，在反复的思考，不断的勾画中，记录创意的思维轨迹，较为成熟的方案在深思熟虑中会脱颖而出。

在多张编排草稿中优选出较理想的方案，深入考虑各种细节安排及表现手法，标出标题、正文、插图的大致方位与空间分割，文字较多的说明可用直线来示意。线的长度、距离表示段落语句的排列与字体的大小间隔。

2.粗稿阶段：是对编排方案作理解性草稿，是在成熟的草稿基础上对空间分割编排形式的初步认可，对具体视觉图形选择的肯定，对方案中标题、正文占用空间、位置、字体大小的明确表示。同时可根据色彩规划方案用颜料进行绘制底色与图形及其他用色，显示原先的色彩编排意图。理解性草稿的尺寸基本上应该与完成稿的标准一致，以便随时进行适当调整各构成要素的尺寸比例关系，最终在完稿上获得满意的效果。一般带色彩的理解性草稿可配合广告方案及有关资料向广告客户展示，同时应该作出相应的阐述，使客户理解、认可此创意体现的方案。当然应该在发现不足之处后作多次修改，以便达到编排设计的标准。

3.正稿阶段：平面广告作品的文案内容、形式、色彩编排的空间比例等与预定的完成品几乎完全一致，达到预计的编排效果。所有的文字大小比例，字体的确定，图形的清晰程度，色彩的准确表示，标点、符号的校正等所有稿件制作的细小部分，要都严格规范，标准化制作，不容许有极细微的差错。所有构成要素之间的间隙包括字间、行距都要作出精确的尺寸限定，文字要用照排或激光制作。标准化字体大小尺寸、字号要明确，并作认真规范的拼贴。图形要用能达到良好制版、印刷效果清晰度高的照片或其他高品质复制品，严格按尺寸标准，准确方位配置，尽可能达到完稿的表现效果。在客户与有关主管部门认可后即可制作完稿。

完成稿制作，这是平面广告编排制作案头工作中最终一道出成品的工作。无论文字、插图等一切都要以制版或其他传媒正式传播标准为规范。完成稿要完全体现广告目标的广告宣传要求标准，要能代表高品位的广告制作水准，要具有强有力的视觉冲击力度，这一切都应该具体表现在制作体现的精确化与图形、文字的标准化，以适应批量制作生产的标准需要。对印刷制作的效果要有准确的预测与十分的把握。根据印刷要求，还要制作黑白标准稿与分色稿（见图2）。

完成稿简称完稿。完稿制作要整齐、工整、挺括，上、下、左、右字体或插图的编排，要注意整齐，水平，垂直的标准是严格的，要用直尺标齐，不可歪斜。画面制作要保持高度清洁，色彩要标准，文字、插图要合乎比例尺寸，完整，干净，不能污损，残缺，呈破旧感（除专门要求外）。画面讲究"光""挺"感，粘贴时最好用生胶、胶水，不易污染画稿，且容易撕揭。各标准要精确到位，插图画幅尺寸要准确标明，放大缩小要画缩尺线，尺寸框或角线，色彩变化要有标准，要标上色彩标准代号或者贴上色标、色标。要仔细校对检查细节，图形拼接要注意衔接过渡，要仔细修补接拼、镂空等造成的痕迹与庇瑕。数据、地址、电话号码、邮政编码、标点、符号再复核，决不能有半点差错，因为这是最容易被忽略的部分。要把握最终批量印制的效果，制作完稿要熟悉了解印刷，懂得印刷的原理和工作流程工艺，如分色制版、拼版、纸张的品类、张数、裁切、规格、标准、油墨、装订加工以及印工、材料成本等。

完成稿的装裱与保护：平面广告制作的完成稿是广告创意的精心体现，是经多方认可的批量制作的标准依据，需要妥善保护以便发挥其积极效应。辛勤制作的精美稿件，往往需要在设计制作者、客户单位、承制单位之间往返传递，极易损坏、玷污，因此完成稿在绘制上要选择优质坚硬及光白的双面机白卡，表面光滑，质地洁白，具有一定的硬度，而且对于制版照相能产生较好的拍摄效果。

为了保护完稿的光挺完整与增强视觉的完美感，可将画稿裱

贴在尺寸稍大的硬质纸板或塑质多孔板（俗称万通板）上，一般选用全黑色为好。

在完稿上覆盖一层半透明的纸，既可以防止画稿因摩擦造成的污损，又可以在上面作修改标记，而不影响原稿。这类用纸一般采用半透明的拷贝纸，但受潮后容易起皱。薄型透明胶片是较理想的材料，透明度高，光挺不怕潮气，使用油性笔可以书写标识记号。还有一种半透明、无反光、磨砂感觉的亚面胶片是最理想的材料，使用顺心，感觉适意，效果比较完美。

装裱完整的稿件可请广告客户认可签字，正式投放批量制作。

第九节　平面广告编排的几种常用的样式

平面广告就是将必要的信息通过各种广告平面样式的制作，成为广告信息的载体，用以直接面对消费者（广告受众）进行广告诉求。信息诉求样式的不同组合构成直接影响广告读解的效果。成功的样式制作，广告主题表达简洁明了，内容（文字、图像）真实生动。广告利益点突出，诉求对象定位及广告切入点准确，形式具有强烈的注目力，内容具有深刻的吸引力，能通过较强的视觉感受留下难忘的记忆，能激发广告受众的消费欲望与购买行为。

文字标题型：将文字标题安排在平面空间中最有效的视觉位置，可以在画面上端，也可以在画面中心，根据具体广告内容、材料特点，巧妙编排。同时采用大字号、吸引人的色彩与字体，增加视觉力度，使广告主题明显突出，依次配上插图与其他说明图形、正文色彩衬托处理等构成要素，在视觉感受和读解逻辑上围绕标语主题作深入说明与辅助强化。这类编排式样通常用于理性诉求类广告，视觉吸引力聚焦在标题上，符合人们通常先看标题再读内容的阅读习惯。标题的文字一定要吸引人，广告利益点突出。

商品图像型：通常见到较多的广告形式（也被称为标准型）将广告宣传的商品图像配置在版面的中上方，依次是广告标题、文字说明等，格式比较规范，显得工整。这种类型将商品形象置放在最佳位置，以形象来吸引消费者，也是一种视觉直观性强的诉求策略。将标题文字安排在图形下方，恰好是在中心部位，可谓图文并茂，是一种较通俗的诉求形式，俗话说"看图说话"，老少皆宜。由于属通俗型，是较多被采用的广告形式。因此，编排时要注意创新求变，在一般中见奇巧，在通俗中显高雅。

全图型：随着现代照相制版技术的发展，印刷质量的不断提高，广告中的图像运用也越来越多。有时为了在众多的版面形式中拉开差距，全面加大图像的视觉强度，整个广告版面就是一张制作精美的图像，配以简洁有力的广告标语，适当组合标记与少量其他说明文，叠印其上，充分运用彩色对比的力度，醒目，挺括，视觉感受整体大气，艺术味浓，环境装饰作用也强，这种形式一般用于抒情性广告（见彩图 1）。

全字型：没有插图，全部是文字编排，标题、正文、标言、落款等根据视线流动规律，讲究大小变化、疏密节奏。商标是唯一可以运用的图形，适当穿插、点缀，就显得十分突出，因此位置安排需要慎重。这类广告虽说形式生动性不强，但如果编排精致，色彩搭配适当，字体选用合适，就能显出一种书卷气，适用于较为正统，严肃的广告内容。

交叠型：在版面编排中，图形之间的交叠处理，文字交叠在图形画面上，各构成要素可根据设计意图适当交叠，有时还强调交叠的空间投影，使平面广告增加一些立体空间感觉。适当的交叠也可以在构成上破一下"方块豆腐干"式的呆板排列，使画面活跃，有变化。连续适当的交叠，在视觉感受上容易产生节奏感，也是一种特色（见彩图 2）。

中轴型：以版面垂直中线（无形）等分空间、标题、广告正文、插图、商标、标语、企业落款等，使之互相在沿象征性中轴线两旁编排，形成有对称感的比较——文字对比、图象对比、色彩对比，中轴线无形之中成为串联各构成要素的主干，使画面对比中有规范，变化中呈平稳（见彩图 3）。

偏轴型：以版面中偏向左或右的垂直轴先作一划分，在某一边留有一定的空白，所有构成要素沿偏轴线的另一边排列，形成单边齐整形，另一边则参差自然的布局。此类布局平衡上好象有所失重，实际上只是单边的参差，总的分量上不应有过大倾向，基本上是平衡中略显偏向。由于单面呈刀切整齐状，颇有不对称美感，一般文字说明较多的广告采用这种类型，形式上似乎更有条理性（见图3）。

线型交叉型：一般是成线或带状的文字排列之间的相交叉，或者是线、带状的图形相交叉，亦可图、文相交叉。可水平垂直相交叉，也可倾斜状相交叉。交叉类型是运用线的交叉形成视觉重心的原理以加强广告主题的视觉表现力度。一般交点上的物体是由线对视觉的诱导而形成视线的聚集。交叉型式样表现的广告内容相对比较单一、集中。如果交叉点多了就散了，就失去了原来的特点。

集锦陈列型：着重在商品形象上作广泛的介绍，罗列丰富的形象说明广告具体内容，其编排技巧表现在组合、排列方面，不能杂乱，丰富而有条理，量多而有秩序。此类式样繁花似锦，琳琅满目，同样具有较强的视觉冲击力，吸引人看个究竟，看个仔细，看个明白。

箭头指示型：将有关图形资料或广告文字组织成引人注目的箭头形，箭头指向部位，形成广告读解的视线焦点，然后在此配置主题图形或关键文字，视觉导向性强，画面主题集中突出，形式整体有力度感。

英文字母型：英文字母与方块汉字外形不同，形象差异较大，将图形文字编排成水平-垂直相交型就如同字母 T，可根据画面排列需要上下倒置，可使画面产生不同的张力。T 形上平下直，有下坠感与不稳定感，⊥形下平上直较平稳有向上的力度，如果将图形-文字作 S 形编排，视线通道的规划较显柔美，比较抒情，阅读程序连贯性强，秩序感流畅。A 形呈三角形具有稳定感能使人联想到金字塔、山脉，有份量，引人注目。还有 Y 形，H 形，V 形等，都可根据具体广告要素的表现需要适当运用。

几何图形：将插图、文字组织成几何图形，适当配合其他编排技巧，画面感觉整体大方，也较生动。由于一般广告版面呈长

小宝宝也需要维生素

快要做妈妈了，你肯定很兴奋，心中描绘着一个健康可爱的宝宝。随之而来的是一丝淡淡的忧虑和恐惧，因为这毕竟是第一次。您不知道这样才能使宝宝健康地成长。上海施贵宝了解您此刻的心情。我们特别为您准备的安尔康，含有孕妇和哺乳期妇女所需的十种维生素和四种微量元素，全天然结构，无任何副作用，每日二粒，母子平安。

安尔康 和母体环境一样安全
中美上海施贵宝制药有限公司
沪卫宣字(1991)第00-074号

上海施贵宝 健康之瑰宝

治疗皮肤病

皮肤病的起因在于真菌的滋生，细菌的感染和各种过敏反应。
上海施贵宝生产的复方康纳乐霜，含有确炎舒松-A、制霉素和短杆菌肽四种独特成份，消炎、止痒、抗真菌、抗细菌，对付各种皮肤疾病，疗效卓著，同类产品难以比拟。加之采用进口乳化剂，手感细腻，吸收更为迅速、完全，无愧为治疗皮肤病的首选霜剂。

复方康纳乐霜，对付皮肤病菌，决不留情
中美上海施贵宝制药有限公司
沪卫宣字(1991)第00-075号

上海施贵宝 健康之瑰宝

你能尝到的最好"食物"却不是食物。

而是一种营养品：施尔康。因为在提供营养方面，没有一种食物比施尔康更全面、更均衡。高效施尔康，含有人体每日所需的十种维生素和六种微量元素，服用方便，每日一片，即可满足您每日所需的营养，是上海市优秀运动队专用维生素。

高效施尔康 每日一片 健康泉源
中美上海施贵宝制药有限公司
沪卫宣字(1991)第00-073号

上海施贵宝 健康之瑰宝

图3

方形，因此利用方型多层重叠也能使平面画面具有厚度感、立体感。各种几何形由于在视觉上封闭感强，特别是圆形，要设法采用叠交分割等方法，打破封闭的外轮廓线。

字图型：在编排中可以将物体图形巧妙地组合在中文字体或西文字母中，形成字中有图，使广告主题的表现富有趣味性与联想性，给人的视觉感受以新鲜感，造成印象也较深刻，但这需要巧妙构思，一般称其为图形字广告（见图4）。

节奏型：广告中同一单元的图形或简短的文字，作多次的重复，可以重叠重复，也可以不重叠重复，或等大重复，或大小依次变化重复。重复在广告信息传达中有强化视觉效果、加深印象的作用，在形式上可产生节奏和流动的美感。

倾斜型：广告的构成要素可在画面中作一定角度的倾斜编排，可以突破一般文字图形水平或垂直编排的习惯，造成较强烈的动势感，显得与众不同，富有活力，引人注目。但倾斜的方向角度要讲究，一般要有运动感而不要有倒塌感，要有腾跃感而不要有滑坡感，除非因广告内容有特殊要求。

艺术型：广告编排的类型很多，但商业味重，许多形式一看就知是广告，似乎广告的编排式样、类型早已为大家熟悉，似乎一露面就不屑一顾。所以艺术型是借助绘画各种流派的表现方法和表现观念，形式上似乎是表现生活中非广告形式的事物，在内涵中却注入广告信息，如一幅绘画作品，一幅摄影作品，一张维修单，一张写上内容的富有情调的信纸，一幅书法作品，或漫画连环画、某报纸杂志的版面等。这些一反常态的广告类型会引起读者注意，引发兴趣，在兴趣与好奇中获得广告信息。彩图4是一幅花生的广告，即为较好的例子。

由于广告信息是多种多样的，广告诉求的目的也各有不同，因此平面广告的编排类型也千变万化。以上的编排类型仅仅是一些常见的基本构图样式，对于具体编排设计只能起到参考与启发作用，平面广告构成要素不多，如同音乐中1、2、3、4、5、6、7一样屈指可数，但经过不同的组合配置，可以创作出千变万化的样式和曲调，用以表达不同的内涵。

多年来，德国设计的大众轿车陪伴它同它的可靠性在众多的
轿车中独树一帜，享誉全球。
上海大众桑塔纳轿车，您最可信赖的伙伴。
上海大众桑塔纳，最完美的驾驶体验。
上海大众汽车有限公司　电话：九五一二八一五
传真：九五六七八○

上海大众

钱君匋　书

上传这经而买您将现上
海且价了今来海的
大其格年车桑驾会
众人如来的塔驶现
汽心果将"纳风桑
车动您到价最仪塔
有了后它值完体纳
限吗您将。美验的
公？将来上的依驾
司上深的海驾旧驶
电海深价大驶。风
话大感值众体仪
九众到。桑验
五桑它塔
一塔将纳

上海大众

陈佩秋　书

图 4

41

第四章　平面广告文字制作

　　广告文字制作是指广告文稿写作，也称广告文案制作，是广告制作中的重要组成部分，是广告具体信息内容中商品性能、材质、使用方法、售前、售后服务、技术水准、信誉保证等以一定的诉求格式所作的文字语言表达。具体表现形式有：广告的标题，广告内容正文（广告说明），广告口号，广告附文（广告主落款）。广告文字制作是对广告信息进行提炼和深化，对广告需求策略作文字的规划与实施，对广告用词进行规范修饰，对表现的文章风格样式进行选择与完善。广告文稿制作是广告创意的文字体现，也是广告设计、图象制作的文字依据。广告文字制作属功能性强、目的明确的应用写作范围，具有实用意义，有明显的信息传播特征，要求具有绝对的真实，不能夸张。要有切实的科学依据和相当的审美价值，是以商品促销为目的，以商业信息为内容，形式与内容的完美统一，主题与风格的精致结合，富有感情色彩，逻辑性强的具有较强诉求力度的文字体系。

　　广告的发展从一开始就与文字结下了不解之缘，在历史发展中经历了辉煌与成功，促进了生产发展与社会文明，不少作品至今显示出其感人的诉求魅力，叫人拍案叫绝。中国唐代李白的"兰陵美酒郁金香，玉碗盛来琥珀光，但使主人能醉客，不知何处是他乡"，仅短短20字，将产地、品名、质地、作用、品位等商品具体信息分说清楚，逻辑性强，优美动人，印象深刻，感官刺激强烈，欲望油然而生，至今使人感到如果兰陵尚有此美酒，一定要去尝一尝。这是中国广告文字写作的绝佳范例，历史上不乏类似文字佳作，如前文所提的苏东坡的描写油馓子的诗句等等。宋、元、明、清时代的小商品包装用纸上的广告文字写作已达到一定的水平，如前文叙述的北宋济南刘家功夫针铺，雕刻铜板印刷的广告内容，南宋杭州泰和楼大街某店铺雕刻木板印刷的包装纸广告的文字以及湖南出土的元代广告包装纸上的说明。如"潭州升平坊内的白塔街大民寺相对住，危家自烧洗无比鲜红紫艳上等银朱，水花二朱，雌黄，坚实匙筋。买者请将油漆试验，便见颜色与众不同，四远主顾请认准门首红字高牌为记"，广告写作在内容介绍上表达清楚、详尽，而且文字简练、生动，诉求对象明确，语言通俗明白，与现代广告文字十分相近。

当然，现代经济发展迅速，市场竞争异常激烈，广告文字制作显示出特有的魅力。不少广告作品以其文案制作的精到，巧妙而驰誉世界，为产品的销售拓宽了市场，树立了良好的品牌形象。如大卫·奥格威制作的"劳斯莱斯"汽车广告。广告画面简洁、概括，一辆该品牌的汽车为主体印象，配上绝顶巧妙的广告文字令人信服的点示出劳斯莱斯汽车的绝对优势，使该广告成为现代广告史上的佳话。广告标题："这辆新型"劳斯莱斯"在时速60英里时，最大的声音是来自电钟"。

第一节　广告文稿的意义

一切不可能用视觉图象直接表达的广告信息，广告意图都要用文字来表述。许多广告作品中的图像经广告文字点话，在表达效果上即可起到画龙点睛的作用。广告文字制作的优劣，直接影响到广告诉求的效果。在现代广告中对文稿制作历来是十分重视的，一句成功的广告语会带来一个新的消费观念，开拓一个新的消费市场，带来营销的成功，创导新的消费时尚潮流。

广告文稿制作必须突出广告传播的基本性能。

1.注目性与兴趣性。广告文稿要能吸引消费者的注意力，引导深入阅读的兴趣，在继续阅读中产生好的广告印象，引发消费欲望，促进购买。

2.主题性与创意性。广告文稿是广告主题与广告创意的具体表现，是广告信息的载体，必须主题明确，信息集中，具有鲜明的广告形象，在广告创意的诱导下，使消费者对广告内容充分了解，记忆深刻，产生良好的广告印象，有效的传播广告信息。

3.目的性与效益性。广告文稿制作必须有明确的广告目的。广告文稿对消费者进行有目的、富有创意的诉求与说服，在宣传新的消费观念，进行消费指导的同时，发挥广告的促销作用。从对消费者的引发注意，激发兴趣，萌发欲望，加深记忆到购买行动的过程中，产生广告的心理效益、经济效益与社会效益。广告文稿在宣传物质消费文明的同时也促进了社会精神文明的发展。广告文字在广告作品中极为重要。

第二节　广告文稿语言的特征与要求

广告文稿语言的特征：言简意赅，语言形式简洁，内容表达深刻、全面、透彻，语气肯定明确，语调爽洁优美。对具体广告信息要善于提炼，根据定位目标突出重点。文体结构安排要紧凑，形式新颖要有趣，广告文稿的遣词、造句要贴切、凝练，要富有联想和情感，表现力强，有回味的余地。

广告文稿是广而告知的文字，要自然、质朴。自然就是本质，朴素就是真淳，真实的语言是广告的力度，自然方显其特色。"话须通俗方传远"，越简单，越通俗的大白话才是最有力度的广告语，给人的记忆印象深刻，容易上口，流传最广。因为，谁都明白，谁都能说。这类成功的广告语有的已经成为一定品牌的变体形式。习惯性的联想语言，长期流传，根深蒂固，难以替代。"味道好极了！"这句广告语盘据中国咖啡市场二十多年，给企业拓展了市场，赢得了利润，令竞争对手心机费尽，难以超越，无可奈何。

广告文字要生动，要有趣味。幽默能吸引人，产生兴趣，是一种通俗而有品位的广告形式。广告画面仅是一张空白保修单，"本公司负责产品维修的人，是世界上最'孤独'的人。"是此广告画面上唯一的标语文字，这是德国西门子公司的广告。文稿显示出一种淡淡的幽默，一种广告上的趣味，使你真正相信了该公司产品的质量。幽默与趣味常常来自换一个视角的观察，对平凡的再发掘。使表达形式有新意。

广告文稿语感要美，要有诗韵，音义兼美，朗朗上口，引人入胜。《健康》杂志的广告标题："乘一叶小舟，沿生命溪流。采健美浪花，寻健康源头。"该杂志的征订广告诉求优美顺口，文气振作，区区订阅之事说得头头是道。另有澳大利亚长途电话公司的广告语"WHEN YOU THINKING AT HOME, GO HOME ON TELEPHONE。"同样通俗流传，诗韵味足，情感动人。

广告文稿语言要求表达准确，通过对商品，劳务或企业的了解，以及对市场了解，将其广告信息通过语言文字准确无误地表达出来。同时要根据目标消费者的不同具体情况，根据不同性别，不同年龄，不同职业，不同文化层次，运用对他们具有吸引力的，并且乐意接受的语言形式，有的放矢的进行传达。广告文稿的语言要准确、贴切，要真实客观，要有条理，说明说透，符合逻辑使人相信，使人理解，同时又要有情感诉求的情真与意切。"文者情之着也，情不婵则文敝"情感是广告与消费者之间沟通的重要因素。是广告艺术感染力的体现。广告中的情感体现在文字的优美、清新、热烈、浓丽、细腻、真切，要倾情畅怀。广告文稿要有"登山则情满于山，观海则意溢于海"的感染力度。

广告文稿要根据不同的传播媒体特点进行制作。在信息传播中视觉传达与听觉传达形式不同，语言形式也不尽相同。书面语言文字性强。报纸与杂志书面语言也有不同。报纸节奏快，广告文字要求简明，有力，要大众化，通俗化。杂志广告文稿可以详细些，具体些，文化性强些，也可以用些专业文字广播广告，电视广告与戏剧广告由于收听，收看，观看的方式不同也有所不同。广播、电视家庭化，近距离化，不宜用文字化的语言，要用口语化的语言。而戏剧中则可以用较规范的具有号召力的语言。前者是劝说性语言，后者是演讲鼓动性语言。

总之，广告文字语言要简明准确，浅显易懂，通俗易读，短小有力，优美动听，情真意切，真实可信，幽默有趣，有利促销，提示性强。

第三节 广告文稿制作中形式与内容的统一原则

广告文稿制作是将已经明确的广告宣传内容（商品、劳务、企业以及其它信息）、具体广告诉求对象（年龄层次、性别特征、文化水准、经济收入以及宗教信仰等等）、广告投放的市场（市场的容量、营销状况、有关政策法令等）、广告投放的时间（具体时机、季节等）以及人、时、事、物、环境等诸多客观因素，经过全面分析，准确判断，结合整理，从中找出规律性的东西，作出相应的决策，确立广告文稿的表达主题和宣传重点，选择诉求的策略。这些都是在对客观感性材料把握上作出的理性结论。在具体文稿制作阶段，在对具体广告内容进行构思创意、组织传播的逻辑顺序、构建表现风格样式中溶入了制作者的主观经验、感情倾向，形成具有对客观广告内容认知、符合逻辑的理性内涵，又富有主观情感色彩的表现形式。广告文稿制作具有感性与理性相结合和主观与客观在表现形式上的统一性。

成功的广告文稿具有独特的个性特征，既有广告所共有的传播功能，又能区别于其它形式的广告，形成较强的广告诉求力。这是由于制作者对广告内容能准确理解，能把握它的固有的个性形态。如同一个优秀的画家能够准确把握对象的轮廓、气质和形象特征一样。所以文稿的风格特征是由广告内容本身的个性所决定，同时又是制作者在此基础上进行自我体验产生富有创造力的想象而形成的结构形式上的个人感情与性格的表现。结合具体广告内容的特点，发挥制作者的个性创造力所完成的文稿写作，具有客观事物的个性与广告文稿制作的共性的统一。

广告文稿写作不同于文艺作品写作，广告文稿具有明确的针对性与目的性，讲究广告投放后所产生相应的效益。但广告文稿写作也不能以简单的说明条文，赤裸裸的进行使人反感的枯燥无味的文字诉求。要创作出式样新奇、引人注目、内容富有情趣、能产生阅读兴趣、风格形式优美、给人印象深刻、能诱导消费者行为的文稿。必须以理性的诉求内容与恰当的艺术性的诉求式样结合起来。在喜闻乐见的形式中有效地传达广告信息，使读者在接受消费指导的同时又得到审美的愉悦，使广告传播的效益性与广告表现的艺术性在广告文稿制作中相得益彰，达到有效的统一。

广告文稿是由广告的具体内容与表现形式相结合而成的。风格、样式决定于具体内容的表达需要。一定的广告内容必然有相应的表现形式。在文稿制作的规律中，内容决定形式。"文附质也""质待文也"（《文心雕龙·情采》）指的就是形式因表达的内容而存在，内容必须依附于相应的形式才能表达。广告文稿的内容就是广告宣传的商品信息。表达不同的商品信息要用不同的文稿语言，针对不同的广告诉求对象也需要用不同的语言文字方式，广告文稿的文字还应符合时代潮流。因此，在广告文稿制作中，内容是主导，决定形式的表达方式和外表形态。相反，形式又促进了内容的有效传播。如何准确发挥内容在文稿制作中的主导作用并制作出能表达准确、完整的形式，必须通过对内容的透彻分析，找准重点，掌握内容的本质特征，确定适当的广告诉求策略，从文稿结构的设计，到具体表达用语的贴切，巧妙构思，不断优化。如同量体裁衣一般，可以在广告内容轮廓特征勾画准确的基础上，裁剪出表达分寸准确到位、外表心态恰如其分的完美成功的表现形式，增强广告内容的传播力度、深度与准确度，发挥形式的积极作用，达到良好的广告效果。

传播广告信息的广告文稿有一定的规范性。这是广告传播的客观规律在广告信息文字载体制作中的科学体现，是信息传播准确、有效的保证。广告文稿结构上通常由广告标题、广告征文、广告口号及附文构成。标题用于突出要点，吸引读者，强化个性。正文用于广告主题内容的表达或说明。广告口号，是具有广告观念宣传倾向性的文字的精练表现，一般代表长远的销售利益并具有广告诉求特点的相对固定的语句。附文，是对读者关于企业、商品、销售的有关信息的必要提示，便于消费者进行联络或购买。广告的具体内容（文字、措词、用语）要符合广告文字宣传的规范性，同时还必须符合广告传播的有关法律、法规。

文稿的制作可在文稿结构上根据不同的内容相应有所侧重，有所变化，文字比例上分别处理，形成不同的风格。文体上可运用多种式样。用字，用句也可以多种变化。在广告文稿制作中，以传播的规范性保证广告宣传的可行性、有效性，以制作样式的多样性增强广告诉求的趣味性。广告文稿制作应该章法有度，变化无穷，但广告的规范性与多样性在文稿制作中达到统一。

第四节　广告文稿中的广告主题

广告文稿制作首先要根据企业营销目标、广告战略与广告具体信息内容、广告诉求对象、广告投放的市场状况，确定具体的、明确的广告主题。

广告主题是文稿制作的依据与中心。广告文稿制作的创意构思应深刻地表达广告主题，要有说服力。文稿制作要善于从独特的色度有创造性地发现广告信息的个性特征，使人耳目一新，使广告主题吸引人。广告文稿中的广告主题要鲜明，要以条理有序的结构与文字来突出重点，使人一目了然，形成深刻的印象。

广告主题的确立与体现是属于文稿制作中富有哲理内涵的、本质性的理念思维。要从营销学、心理学、传播学、哲学、决策学与美学等方面来进行思考、勾画和提炼。文稿中的广告主题必须真实可靠，讲究效益，利于传播，真正成为体现广告中心思想和内容实质的主导与核心。

第五节　广告文稿的写作技巧

广告文稿的写作是广告制作中的一项重要的创造性工作。文稿的写作必须建立在丰富的形象思维与严密的逻辑思维的基础上，需要运用自然科学领域与人文科学领域中的各种知识，创造出目的明确、讲究效益、利于传播、形式新颖的文字形式，用于影响读者的思想行为，达到广告的宣传目的。因此，广告文稿的制作不是凭空拍脑袋的产物，也不是各方资料的简单剪辑拼凑，必须在深入调查的基础上尽可能详尽地掌握资料。如：商品的性能、特点、材料、质地、技术优势、市场销售形式、同行竞争状况、生产状况、销售渠道、企业经济实力、社会消费习惯、消费群体资料（性别、年龄、文化程度、民族、收入、地位等）、广告促销环境、广告竞争态势、广告投入规模、广告投入时机、广告媒体资料等。对已有的信息材料，要作分析判断与提炼。

1. 经验判断：运用专业知识及积累的经验作主观上的判断，这是通常运用的方法，其有效与准确取决于知识水平和经验的可靠程度。

2. 逻辑检查：根据事物互相之间的关系对多方资料运用逻辑检查的方法进行分析判断。对事物的把握往往理性分析的准确度较高，主观判断与客观现实存有一定距离。如果结合不同角度的资料，在鉴别判断时互相参照，交互推理，效果比较好些。

对调查资料的分析，鉴别，筛选要按文稿制作的需要进行提炼，要"真"：实在，真实，准确，有可信度；要"精"：特征明显，具有典型意义，对主题的揭示与表达具有深度和广度；要"新"：内容新鲜，时尚感强，能吸引读者；要"趣"：生动有趣，能从另一角度反映主题，能吸引人；要"值"：价值感强，利益点明确，有利于从消费者心理上进行说服。

广告文稿制作的目的，是让消费者能够通过文字的阅读了解广告的信息，提高企业、产品的知名度与信任度，达到促销的目的。因此，要充分利用文字的心理效应。针对读者的不同消费心理来进行情感型的广告诉求或理智型的广告说服。

情感是人们对客观事物所作出的一种心理反映。不仅是对事物本身的反映，更重要的是对事物于自己的联系上的情趣反映。没有感情这个品质，任何笔墨都不可能打动人心。

情感型的广告诉求文稿，将人们复杂的情感变化加以提炼强化，结合广告的主题突出诉求重点，注重情感的力量，利用爱和情的人性力量来进行广告诉求。文稿制作主要宣传人与人之间的亲情和友爱：深深的舐犊之情的母爱。拳拳报国心的民族之爱，温馨甜蜜的家庭之爱，小辈对长辈的孝顺，敬爱之情，同辈之间的相互尊重与平等，博爱之情等。用爱，用情来表达广告主题，建立产品品牌和企业的良好形象，不乏为一种上策。将企业对社会的作用，产品对消费者提供的利益转化为一种爱的奉献。一种爱的关怀，立意较高，容易打动消费者的心。将广告诉求活动转化为一种不同于物质欲望的情感。就会感到这种消费是一种有品位的行为。

也有用恐惧与憎恨之情制作广告文稿。对病菌、害虫的憎恨，对疾病痛苦的恐惧心理等都是消费者客观存在的心理。一些药品广告，牙膏广告，灭虫剂广告等往往以此来强调产品的特点。不少文稿中的字句，从消除病痛，除害灭菌效果博取消费者的良好广告印象，有些农药广告在用字上大开杀戒。"一扫光"、"死光光"，以解消费者的心头之恨。当然，在痛快之余，购买时的犹豫就少了，从文稿中得知能消除病痛，心情爽快时掏钱也爽快了。这就是文字的心理效应。

在市场的激烈竞争中，广告除了以情感人外，还要以理服人。过去，生产力尚不十分发达，市场商品匮乏，消费者对商品没有选择的余地。现在，商品种类繁多，各类商品各种品牌都在争夺市场，消费者在购买商品前就有了选择的自由。在选择购买中，理智性购买动机是形成购买行为的重要因素。消费者要从商品的性能、品质、价格、服务、必要性、可靠性等方面进行权衡，这就为理性广告诉求提供了机会。如：台湾一书籍广告就是为消费者提供购买的选择所作的理性诉求："书与酒，价格相同，价值不同，与书为友，天长地久"。说理性的广告文稿制作就是根据具体市场状况和广告所宣传的商品特点，针对消费者可能由此产生的购买心理变化，协助消费者进行生理上的、安全上的、人格上的全面分析，从商品性能上、品质价格上、制造工艺上、消费品位上，以及消费信任上进行一系列比较，着重宣传广告产品能给消费者带来的好处，品牌的好处，价格的好处，质量的好处，功能的好处，从消费观念确立，广告商品信息宣传的真实，到有关权威的评价等进行论点明确、论据充分、条理清楚的广告说服。如一则杀虫剂药水文字广告：我们宝贵的血液，为什么供臭虫果腹？仅仅讲明一个道理，就可使你作出决定，具有较强的理性说服力。另有一则广告"全世界六分之一的买主选择美国通用汽车，现在，您也可以作同一选择"。广告是在进行消费分析时提供一个关键数据，帮助消费者作出合理的选择。说理性的广告文稿很少使用形容词，只是以一种客观的具体事实或通俗易懂的道理来进行说明，提供选择。当然，这种道理与选择有着逻辑的必然性，这就是理性广告诉求的作用。广告要使消费者形成必然的选择，应建立在对消费者心理的有效把握与文字在表达力度的基础上，如《中国证券报》的征订广告抓住社会热点，紧扣炒股人的心理，突出诉求重点，点明读报的知识作用，在提问中引导消费者作必然的选择：小钱变大钱买股读报，三角钱能变成多少钱。广告文字简练，没用什么漂亮动人的形容词，只是在讲一件读报的事情，告诉一个价格信息，但是提出一个饶有兴趣的问题，诱导消费者通过思考作出订阅的必然行为。

广告文稿要强调"趣"，就是广告的文稿制作技巧中的幽默感，以风趣、诙谐、含蓄的艺术手法来表达广告诉求信息。寓庄于谐，引人发笑，在巧妙的构思中以奇思异想引人注目，以机巧之智诱发消费者的兴趣，以深刻寓意令人深思。将深层的道理，用浅显的比喻来阐明，也是广告中肯定性情感的表现，令人在轻松愉快的阅读之中感受到精神上的愉悦，同时受到富有哲理的启迪，接受广告的诉求。幽默是人的智慧的产物，才能的表现。广告文稿制作中的幽默有多种表现手段，如滑稽、讽刺、反语、机智、诙谐、怪诞、调侃等等。在广告美学范畴中，幽默具有独特的审美特征，并具有较强的广告信息的传播力。幽默趣味的广告内容除了对消费者有较强的吸引力以外，还能在消费者心目中形成深刻的印象，产生过目不忘的广告诉求效应，同时也容易在消费群中作为趣闻笑料广泛传播，造成广告信息内容的二度口头传播，再一次扩大广告的影响。许多成功的幽默广告可以流传几十年，并被翻译成各种语言，在世界范围内传播。

广告文稿制作中的滑稽，是将广告内容中某些具体事物的现象与实质或内容与形式之间形成一种有一定寓意的倒错。虽然乖讹，背理，使人直觉上感到荒唐可笑，但在可笑的背后是在说明一个道理。广告文稿制作中的滑稽要有品位，不能庸俗，否则就会影响广告的效果，有损品牌的形象。夸张也是广告中的幽默，从文稿构思到语言都可以进行夸张强化。从外形、性能特征到内容实质的独特，都可以选择重点，进行夸张。如灯具公司广告："太阳唯一的对手。"这是对产品的夸张。在广告文稿制作中也可以运用"正语反说"的幽默手法。赫伯·特鲁在《论幽默》中说："抓住一个情况，把它由里往外翻，或从下往上颠倒过来。站在新的角度去看它，看到它趣味的一面——即便看来似乎没有什么趣味的东西也均可如此。"在洞察事物的本质之后，以逆向思维的方式写出诙谐的语言文字，道出其中的道理。如一家餐厅的广告："如果您不进来吃，我们都要挨饿，"从倒过来的反话说明正面的意思，在阅读后的恍然觉悟中产生忍俊不禁的诙谐之趣。又如："我们会治好您的痔疮。否则保留您的钱，也保留您的痔疮"。广告文稿制作中的幽默需要运用机巧的智慧，化平常为深刻，借巧妙显机智，产生值得回味的情趣。"一毛不拔"用于牙刷的广告，以人的品行语言倒错用于产品品质上虽显荒唐倒也有老词重注之趣。颐发灵的广告用语"聪明不必绝顶"也不乏为人生风趣潇洒中引出饶有情趣的广告诉求，令人惊赞文字技巧之智。有的幽默型广告以机敏的思维透视内心世界和客观世界，以一种乐达的精神来营造一种广告宣传气氛，将广告的说服蕴含于嘻笑戏虐的轻松愉快之中。如一则交通广告："阁下驾驶汽车，时速不超过30公里，可以欣赏到本市的美丽景色；超过60公里，请到法庭作客；超过80公里，请光顾本市设备最新的医院；上了100公里，祝您安息吧！"广告读完，不由使人产生轻松、谐趣的微笑，是一种愉悦性很强的广告说服文字。

幽默广告中有时需要文字与图象组合运用，相互衬托的形式引起的乖戾来吸引消费者，产生惊奇疑问。用文字的合乎情理来进行释疑所获得的广告效果，正如康德所说的"一种紧张的期待突然归于消失，于是发生笑的情感。"有一则德国出口啤酒的广告，画面上是一个德国人面对着几瓶德国啤酒嚎啕大哭。使人感到惊奇，而广告标语点明了其中的缘故："这么好的啤酒，怎么舍得出口！"富有风趣的诉求形式说明了产品的优良品质，给人印象深刻。幽默是广告文稿中的"趣"的具体表现，是智慧和美的灵巧的结合，在嘻笑中体现深沉与含蓄。汉语是一种表意性很强的文字，汉语的幽默趣味表现在"言"与"意"的关系上。诙谐幽默的广告语言的特点是话中有话，意在其中，一言双意，或者是话中有话，意在言外。广告制作中常常用以小喻大、由此喻彼、夸张、乖戾、错位、怪诞等手法进行广告诉求。幽默的趣味在于谐趣必愈幽隐，越幽，越默，越有妙趣。广告中深邃的道理以幽默方式说明，既透彻，又有趣，能有效地调节消费者的购买心态。

"美"是一种普遍的心理需求。"美"是由感知，想象，理解互相作用，产生精神愉悦感。俗话说，爱美之心人皆有之，美的事物，人人都想多看几眼。广告文稿制作通常十分注重美的功效。没有美感的广告是不能生存的。广告文稿制作用美来满足消费者对美的心里需求，是一种明智的广告策略。美的语言，产生美的联想，美的形象，美的意境，使人一见倾心。广告文稿制作要以语言文字美、结构形式美、表现形态美来体现广告内容的真、善、美，用美来吸引人，用美感来获取好感，用美来增强广告的传播功效，提高广告的文化格调。许多其貌不扬的商品都有一个美丽动听的名字，因为，在美的面前，消费者似乎失去了戒备和抵抗。

生活中对方便快捷、健康舒适、价廉物美等追求，也是人之常情。广告文稿的理性说服常常突出这方面"利"的心理宣传，直接以商品的功能和价值说明强调实际消费给生活带来的利益，唤起消费者对商品的注意和兴趣，启发消费者产生深层的"利"的联想。诚恳的语言，真正的实惠，逻辑性强的说服，促进消费者的购买决心。

文稿制作要根据具体消费对象的情况，采用不同的诉求策略。要有情，有理，有利，情理并重，要追求情理之中、意料之外的文稿表现。要有丰富的想象力，调动、配置广告的各种因素。文稿结构要新要奇，要有敏锐的洞察力，善于发现消费热点。广告要点，应能及时捕捉广告灵感，深化广告的力度。要了解社会，熟悉市场，通晓人情世故，风俗习惯。广告文稿要雅俗共赏，既有较强的促销功能，又有较高的审美价值和艺术品位，既有传播的广度，又有诉求的心理。广告文稿必须浅显易懂，简洁明了，合于时尚，方便阅读，容易流传，重点突出，引人入胜，语调口气要连贯统一，能准确完整表达广告主题和内容，有一气呵成的完整感与整体感。

广告的文稿制作基本结构因媒体的种类不同各有侧重。报纸广告和杂志广告文稿中标题显得比较重要。特别是报纸，标题是吸引读者注意的重要因素。杂志广告的正文要比报纸详尽。广播广告一般不用广告标语。电视广告就没有广告标语。正文部分，广播广告正文比重大，用叙述、对话等形式，广告口号作用较大。电视广告因受时间局限，正文部分的内容主要都由画面表述，语言比较简短，主要是广告口号或少量对白与旁白，加上提示性文字。路牌、灯箱广告、霓虹灯广告的文字都比较简洁，广告口号突出，包括销点广告、广告手册、广告传单等广告传播媒体的文稿比较完整，标题、正文、口号、附文等，面面俱到，阐述详尽。在文稿制作中的附文，也称随文（企业落款）。虽然排在最后，篇幅不大，但非常重要。不应该忽略任何一种广告形式，随文不随便。有家黑芝麻糊的广告影响很大，由于原电视广告的制作原因，在正文部分没能突出企业，在广告后面，也没有强调表现有关企业的文字随文（企业落款），以致播出后，市场上黑芝麻糊销售额上升很快，而投放广告的厂家的销售情况变化却不大，大把花钱，为他人作嫁。

第六节　广告标题制作

广告标题是区分不同广告文稿内容的标志，它把广告内容进行浓缩，再提纲挈领地表示出来。标题尤如美人传神的明眸，美的气质精华全集中在眼神之中，频送秋波，读者理所当然要多看上几眼，多注意一阵。好的标题不仅引人注目，还能点化广告文稿，使之焕然增色，使消费者阅读之兴聚增。广告标题具有广告阅读的诱导作用，帮助消费者对广告信息的迅速认定。据测定，广告标题的阅读是广告正文的五倍。在现代信息社会中，广告信息大爆炸，在铺天盖地的广告宣传下，消费者几乎没有认真阅读的可能，主要是视觉大浏览。广告标题是方寸之中做文章，短小精干，倾刻之间决胜负。标题文字要简洁易懂，要新颖有趣，富有创意性和刺激性。在当代信息世界中广告的效果 50% ~ 70% 取决于大标题的力量。对于广告传播来说，标题就是机会。标题制作要具有利益性、新奇性、新闻性、明确性、通俗性。

一、标题制作的类型

广告内容丰富，标题表达形式多样，根据诉求方式不同，基本可以分成四大类。

1. 直接告知类标题：以直接告知的形式开门见山地把商品（品牌）、企业名称等作为标题，也可以简炼的文字将商品优点直白陈述，实实在在，明白易懂。文稿制作简明不简单，实在有分量，蕴力于平常中，一般之中崛奇峰，其力度在于直述的内容不一般，都是有效成分。优势所在、与众不同之处表现在名、优、新、趣，直白陈述的内容本身就具有阅读的兴趣与吸引力。用作标题的品名当然知名度高，具有品牌优势。告知的企业是名企业，大企业，百年老店，国家级著名企业集团，国际著名跨国公司。要不就是新产品，新功能，新概念，前所未闻，新奇有趣。还有就是消费热点，兴趣热点的实况大报道。如季节性降价50%，转产大清仓等迎合普通消费者的求廉，求实惠的心理。但是，小企业、名不见经传的普通商品，直白陈事，效果绝对不佳。

2. 间接祈使类标题：用富有趣味情调的文字，婉转劝说，真情关怀，情浓意绵地进行广告诱导。如："当你打第一个喷涕时……"。对美好感受的感叹，真切希望的祈使，进行广告诉求，使你产生美好的联想。如："……舒服极了"，"……的确与众不同"等。有时直接用鼓动性强的语言进行时效、情绪的消费敦促，不少娱乐广告中的"……先睹为快"就是渲染急切的心理情绪，达到诉求目的。

3. 设疑类标题：可分为直接提问类与间接提问类二种。直接提问在形式上容易引起消费者注意。好奇是一种普遍的心理，是求知的天性所致。对人的行为有很大的左右力。好的设疑类，标题提出的问题，如果不去穷其究竟，会长时间的牵肠挂肚，好一阵子遗憾。因为这疑问提得具体，提到关注的热点上，也提得有趣。如："年终奖金何处去？"是储蓄广告标题。"人寿能与树寿比吗？"是保健品广告标题。设疑，不是什么都可以提问，无价值的、没趣味的读者就没有兴趣去探究。成功的设疑广告不断的重复宣传，会在消费者心里形成条件反射，诱发广告的潜台词。实行含蓄的广告提示："星期天哪里去？"对于郑州人来说，其反应就是："亚西亚"。

间接设疑类的标题文字不构成问题，只是一种直接的表述，但阅读后会使读者在心理参照上形成疑问，构成一种趣味性强、忍人寻味、有一定思想深度的不是问题的问题。俗话说，不是问题才是真正的问题。在阅读诱导上产生转折后的再理解、再注意，在吸引人的基础上再想一想，形成较深刻的广告印象。如："小两口子也需要第三者"是家电广告，宣传小两口子结婚需要买家电。还有前文提及的德国西门子公司的品牌形象广告，都属于转折后的再理解、再注意的类型。

4. 复合补充型标题：由二种以上的标题按阅读逻辑进行组合诉求的标题，由引题，正题，副题组合而成。顾名思义引题是对主标题阅读的引导，起衬托、引导作用。此类标题结构上逻辑顺序清晰，层层推进，内容上点明背景，烘托气氛，强化主标题信息。主标题是整组标语的中心，更加简炼，突出。副题对主题作补充说明，进行拾遗拓展。复合补充型标题由于构成部分较多，富于变化，表达形式灵活，诉求内容全面，常常被报纸广告、霓红灯广告、灯箱广告作为文字诉求的主要内容。如"四川特产口味一流（引题，点名产地，说明品质），天府花生（正题：标明品牌，简明精干），越剥越开心（副题，补充说明消费情趣)"这种复合补充类的标题对于具有广告美术设计能力的人来说，即刻可以编排出成功的霓红灯或灯箱广告的设计样稿来。

二、广告标题的形式制作

标题的形式要精炼，短小，最好不超过10个字，重点突出，便于记忆，使读者看到标语就能对广告内容有所了解。要突出主要诉求重点、品名、性能优势以及由此产生的兴趣，吸引读者继续阅读广告。用字用词针对性强，诉求目标要集中，集中才能有力度，要根据内容特点和广告重点，选择合适的形式。

1. 新闻式标题：时效性强，广告信息新鲜，以新闻报道形式将最新的广告信息通过标题告诉消费者。一般用于季节性的促销、新产品的上市宣传、新店开张、商业展览、展销会剪彩等广告。

2. 颂扬式标题：以赞誉的文字从正面直接表现商品的优点、特点。关键是实事求事、合情合理，使人产生良好的印象。适用于名牌优质产品，需要品牌具有一定的知名度。如"从孩提时代起，人们就认识拜耳，在医学界，人们赞扬拜耳。"由于是老牌名牌企业，可以这样说。"东方第一瓶，××老窖，中华的骄傲"就有所不妥。因为一般人把"茅台"认作中华骄傲的酒，在国际上获过金奖，可称东方第一瓶。

3. 悬念疑问式标题：广告标题设置一个值得探究的悬念或提出一个于消费者有着切身体会的问题，引起消费者的注意，产生兴趣，去寻根求源，达到广告诉求的目的。标题刺激，出乎意料，答案就是购买，但立意深刻，值得玩味。如"两块钱与生命的抉择"（速效救心丸广告标题），"您能尝到的最好'食物'却不是'食物'"（维生素广告标题），"有比脸面更重要的吗？留住青春，除去痘，不再是梦"（药品广告标题）。

4. 对比式标题：通过运用巧妙的对比，突出商品的特点，从而加强消费者对商品的认识。俗话说，不怕不识货，就怕货比货。当然，优劣的比较不能指名道姓，以免虽损害他人名誉。比较要实事求事，要有分寸，否则消费者会反感。比较成功的广告标题有打虫药肠虫清的"两片"简短，明晰，二个字点明药品的特点，形成与其他不同药品的强烈对比，造成简洁深刻的广告印象。

5. 比喻式标题：标题制作运用文字中修词手法，以比喻、象征来表达广告的主题。可以明喻、暗喻、借喻等手法使标题别开生面，通过想象，将抽象比喻为具象，使意念清楚，形象生动。"法国第一夫人与你同行"（法国雷诺汽车广告），"给你一个宁静的天空"（郑天丸广告），通过比喻将比较难以说明的功效，用简明、准确的方式表达清楚，比喻适当，利益点突出，形成较深刻的印象。

哲理格言式标题突出商品主要优势，巧妙运用寓意深刻的格言揭示深层次的消费利益。如"恶梦醒来是早晨"是美国火险公司的广告标题，准确深刻，利益点突出，文字美感强。也可以在将商品优点、性能强化的基础上进行文字提炼，制作一种类似格言的标题"犯了再吃，不如常吃不犯"（速效救心丸广告标题），读后感到很有道理，文字通俗，阐述富有哲理。

6. 楹联式标题：中国的文化十分丰富，楹联是一种具有较高的文学修养和文字审美价值的语言形式，历来受到广告制作的重视，是比较流行的抒情形式，富有对应的格律趣味与韵味感。"五月黄梅天，三星白兰地，"是三星白兰地酒的广告标题。另一则"皮张之厚无以附加，利润之薄无一附减，天下第一厚皮"（鹤鸣鞋帽厂的广告标题），风趣地表明了货真价实，树立了良好的经营形象，形式有趣、别致，便于传诵，给人深刻印象。

三、广告口号的制作

广告口号也可以称广告标语。可以独立施用，也可以与标题正文组合使用。是一种富有鼓动性的、简炼有力的语言，并以强烈的情感倾向宣传某一种观念，可以较长时期反复运用。应注意用字通俗，口语化，便于流传。形式要生动，具有流行时尚特色。功能上要能推行一定的消费观念，引导消费时尚，达到广告促销目的。广告的标题与广告口号的制作虽然用字都比较精炼，但在功能、形式和表达内涵上却绝然不同。标题放在广告的开头，位置是固定的，起着引导阅读的作用，具有吸引消费者注目和表达广告文稿主题及主要内容的功能。除此之外，广告的标题是用来区别其他广告的特定标志，有着与广告正文不能分割的相辅相成的关系，具有与广告内容统一的整体特征。广告标题还可以根据广告诉求重点的转移，变换标题内容。广告标题要求鲜明、生动、富有刺激性，可用复合补充形式。广告口号一般放在正文的后面，是带有结论性的文字。口号一经形成不宜变换，相对稳定。好的广告口号可以成为商品品牌的代用词。广告口号中一般不出现品牌或商品企业的名称，可以在文稿中多次出现。广告口号字句通俗、朴素、自然，但内中力度较大。口号要口语化，简短上口，叫的响，俗不伤雅，贴切生活，语调亲切，距离感小。"上上下下的享受"（电梯广告口号）通俗简单，给人一种舒畅的感受。广告口号属观念性文字，一般不宜作具体描写用，如"让我们作的更好"是电气公司广告口号，是企业经营理念的文字表达，是树立企业形象的广告口号，给人一种诚恳可靠、值得信任的良好感觉。"国际著名影星的香皂"是品牌形象的广告口号，宣传高品位的商品品牌形象，提倡一种品牌消费观念。"第一只也是唯一在月亮上佩戴过的手表"是旨在宣传手表质量的广告口号，也是突出产品的高科技品质的品牌形象的口号，一种消费品位的赞叹。有的广告口号感情色彩较浓，"味道好极了"，感情倾向明显，但不夸张不造作，是一种自然的流露，朴实无华，口号力强，容易记忆。"只溶在口，不溶在手"（巧克力广告口号）无疑是一种新的品质观念的宣传和消费特点的倡导，是与传统巧克力的质量的对比，文字朗朗上口。好的品牌都有通俗上口的口号，经反复宣传形成了著名品牌的联想语。口号的感召力除了商品本身的品质优势外，还利用民风习俗，加强流传的广泛性，提高品牌知名度，增强消费者的好感。"万事如意好事齐来"（万事好白兰地广告口号）与"品全兴，万事兴"（全兴酒广告口号），以一种吉祥美好的祝福作为消费导向，宣传品牌，这类口号当然会被消费大众所喜欢，因为这是一种吉祥的消费，管它是否真能带来好运，主观心里上首先有个好的祝愿。中国红双喜香烟，在香港的广告口号是"喜上加喜"。一般此类口号的感召力来自社会通俗文化的心理积淀，是提倡一种良好的喜悦舒畅的消费心理状态。消费者心态良好，还有什么生意不好做呢？市场上常有一句话，钱只要花的开心就值得。这是注重精神要求消费心理的表现，也是名牌消费的心理基础。一般来说，名牌都有一个好的名称，能产生好的联想，有一句好的广告口号。

广告口号的制作是市场竞争在文稿制作中的反应，口号的形式与内容贴切，相得益彰。要完美统一，要能在竞争中凭籍创意的巧妙，新观念的提倡来赢得消费者，赢得市场。

第七节　广告正文制作

广告正文是广告的中心部分。正文的制作要集中广告的信息内容，解释标题中的广告承诺，作好广告口号的铺垫。正文与广告标题、口号加上随文在广告信息传播上是一个完整统一的整体。正文除了在认知的逻辑次序上与文稿的其他成分有着结构上的关系以外，在文字表现风格和样式上也有着统一存在形态。

广告正文制作内容要真实具体地反映商品的各种信息、优点，特点、性能、质量、产地、服务方式等。当商品质量与广告宣传的内容一致时，当广告中的主观感情诉求同生活中消费者的真实感受产生共鸣时，广告可以获得巨大的效应。真实性是正文写作的根本，唯有真实才可信。具体来说，当广告标题提出的吸引人的承诺，在正文中得到有效证实时，当广告口号富有情感的鼓动性语言在正文中得到确信时，对于消费者来说，剩下的问题是到哪里去购买。有时商品没有绝对优势，广告正文不能以顶级用词来进行过分的宣传。不能怎么好听怎么写，怎么高大怎么写，你"省优"，我"部优"，他"国优"……。有如一则广告笑话一样：英国伦敦某条街上有三家缝衣店，第一家说本店是全伦敦最好的缝衣店，第二家说本店是全英最好的缝衣店，第三家店不能再夸大为全世界，全宇宙最好了，只能说是这条街最好的，反倒真实可信，超过前二者。在广告正文中适当道出商品的不足之处更加显得真实可信。如日本有则手表广告："这种手表走的不太准确，24 小时会慢 24 秒，请君购买时深思。"手表推销广告虽说是日误差 24 秒，但在当时也属相当准确的表。此正文制作首先表达真实，随后取得优势，在感觉上取得个"真实，诚恳"。例如 1991 年 1 月的前苏联《消息报》的征订广告的文稿：

亲爱的读者：

从 9 月 1 日起开始征订《消息报》。遗憾的是，1991 年的订户将不得不增加负担，全年订费为 22 卢布 56 戈比，订费是涨了。在纸价涨价、销售劳务费提高的新形势下，我们的报纸将生存下去，我们别无出路。

而你们有办法。你们完全有权拒绝订阅《消息报》，将 22 卢布 56 戈比的订费用在急需要的地方。

《消息报》一年订费可以用来：

在莫斯科的市场上购买 924 克猪肉。

或在列宁格勒购买 1102 克牛肉。

或在车里亚宾斯克购买 1500 克蜂蜜。

或在各地购买 1 包美国香烟。

或购买 1 瓶好的白兰地酒（五星牌）。

这样的"或"还可以写上许多。

但任何一种"或"只是一次享用。

而您选择《消息报》——将全年享用，

事情就是这样，亲爱的读者。

市场上最怕涨价，但该广告提出涨价的事实，并提出一系列的真实可供选择。广告正文制作以真实作比较。最后以一次享用与全年享用的比较优势突出了广告诉求的重点，语言平实，给人以可信感，有说服力。广告正文的结尾略带幽默，显得有力度也有回味。

广告正文制作重点要突出，虽说正文的文字篇幅相对可以比标题、口号大些，但条例要清楚，重点要突出，商品的优点要突出。消费层面比较广，要针对主要消费者，要紧紧围绕一个广告主题，内容表达才能深刻。有些广告宣传商品的优点很多，功效很多，广告文稿中心较多，看上去能满足消费者很多需求，事实上就成了无的放矢了。蛇就是蛇，画上两之脚就什么都不是了。不少衬衫广告好话说尽，典雅、卓越、永恒，千锤百炼精品中的精品，有品位的选择，甜蜜的选择……卖衬衫成了卖高档首饰，不如××衬衫耐脏免烫，××衬衫领子永久平挺，产品特点明确，实在，广告重点突出，文字精炼爽洁，上口易记。

广告正文语言要准确，要新要有美感，要能确切反映商品信息，用字用词要贴切。专业性强的商品信息的阐述不能说外行话，对不同消费层面的祈求，要采用相应的语言，不能语言错位。不同的商品种类的广告用语也不尽相同：宣传老年人化妆品的文字就要考虑老年人的心态特征，而绝不能用于少女化妆品的广告宣传。若干种商品功效实质都是抗衰老，美容护肤，但对象不同，文字就不能同用。正文虽说是说明、阐述性文字，但也要有美感，要有结构美、联想美、语音美，美才有兴趣阅读，才能产生良好的消费心态，某种意义上可以说，广告是消费前的心态调理。美才能形成良好的印象，只有美的事物，才能被人接受。江西罗峰茶广告文稿："罗峰茶，条索微弯如眉，紧细秀丽，色泽翠绿，白毫显露，内质香气浓郁，醇厚甘美，汤色清澈，滋味鲜爽，回味无穷，独具一格，具有提神明目，清食去腻，生津止渴，延年益寿之功能。"文字优美，认知条理清楚，从茶叶的条索形、色，到内质香、味，从沏泡后茶的色感，口感，到该茶的品位功效，眼前的短期效果和长期消费的美好诱人的前景，都作了详尽的表述。语言虽说显得文雅之气高了点，但符合目标茶客的文化标准口味，看不懂的人是不会去买的，看得懂的人自然在品茶之前已品出广告的茶香了。

广告正文的写作结构，一般为开头、中心段与结尾。正文的开头要与广告标题在阅读的认知逻辑顺序上有紧密配合，广告标题提出的祈求与问题要在正文的开头部分衔接性地说明和解释，紧接引出后文的具体祈求说明内容，结构上要紧凑，文字上要概括，手法上要灵活多变。好的开头是起承上启下的作用，加强标题与正文的连贯性。如美国的一则猪排广告，广告标题："肉使得你所需要的蛋白质成为一种乐趣。"正文"你能不能听到它们在锅里丝丝的响？……是那么好吃……"这一段开头衔接性强，形象生动地回答了标题上中心段对肉的说明"……是那么的好吃。那丰富的 B1，那么合适的蛋白质。这类蛋白质对正在长大的孩子会帮助发育，对成年人能再造你的健康。象一切肉的蛋白质一样，它们都合乎每一种蛋白质所需要的标准。"

中心段的写作在开头的导引下，要能及时将商品的性能、特点深入向消费者进行广告的阐述。如上文所提到的猪排广告用的连续三个"那么好……，那么丰富……，那么合适……"将产品特点表达出来，是重点的层层推进，阐明商品的与众不同。揭示其功能作用，指明消费导向。"……对正在成长的孩子会帮助发育，对成年人能再造你的健康。"最后推出一个符合逻辑的结论："……它们都合乎每一种蛋白质所需的标准"。条理清晰，目标明确，阐述逻辑性强，结论肯定。最后，通过美国医学协会食品营养委员会，对广告的宣传内容确认的图章来说明广告的承诺，打出鼓动性的广告口号："美国最高级猪排"这是三十年代的美国广告，现在看来有些用词不当。这种陈述文字几乎没有用形容词，仅仅是"丝丝的响"以及三个"那么"已经生动，形象，说明清楚，文字似乎简单，但蕴意深刻，说明有力，鼓动性强。

广告正文的结尾要保持或继续激化消费者的兴趣，使之有意犹未尽的感觉，并对广告中心段的阐述、论证产生的效应起催化作用，形式上是再提示，文字上是情绪性的，经常伴随广告口号、标语对消费者再次的鼓动，促使消费者的消费决心，形成及时购买或激发潜在的消费欲望。如：美国的奥尔巴克百货公司的广告标题："慷慨的旧换新"，副标题："带来你的太太，只要几块钱……我们将给你一位新的女人"文案："为什么你硬是欺骗自己，认为你买不起最新的与最好的东西？在奥尔巴克百货公司，你不必为买美丽的东西而付高价。有无数种衣物供你选择——一切全新，一切使你兴奋。现在就把你的太太带给我们，我们会把她换成可爱的新女人——仅只花几块钱而已。这将是你有生以来最轻松愉快的付款。奥而巴克，纽约，纽渥克，洛杉矶"，口号："做千百万的生意，赚几分钱的利润"正文中"现在就……，仅只……而已。这就是你有生以来最……"都是敦促型语言，充分利用消费者的求廉求实惠的心理，造成一种急切的兑现心情，马上去，否则错过机会。最后的口号感到很实在，有诚意。整个结尾给消费者留下深刻印象，鼓动性文字将广告诉求推向高潮，起到有效的促销作用。

广告文稿的随文制作。随文即附文，指广告的附属文字部分，也可称为企业的广告落款，标明广告投放的广告主，标明广告主的具体情况：名称、司标、地址、电报、电话、邮政编码等。文字篇幅不大，但十分重要，是广告战役中的具体战术瞄准点，如果有误或者遗漏，没能引起重视，被广告激发出来的消费者的消费兴趣，欲望都将失去意义，造成广告投放上的重大损失。前文提到的黑芝麻糊广告就是典型的事例。广告随文的内容可根据具体广告宣传的目标和主题有选择性的编写。广告随文制作的原则是向消费者作最后的购买引导。要真心为消费者购买着想，要让他们看得清，记得牢，文字要简单、清楚，必要时注明交通路线，具体方位，特别是电话号码比较难记，有的文稿对电话号码结合广告口号，进行谐音处理，有趣容易记。如一家净水供应公司将其电话号码"八九一四一九五"处理成："不久要水要叫我"，从用水通知的行为意义上来加深企业电话号码的印象，足见对随文作用的重视。

广告文字制作的内容是多方面的，形式也是多种多样的，不同的广告内容可以运用不同的文字表现形式，如诗歌、散文、戏剧小品、歌词、相声、快板、寓言等。不同的广告媒体对广告文字制作要求也不尽相同，广告诉求对象年龄层次不同，文化水准不同，风俗的不同，信仰不同形成审美品位的不同。当今广告竞争激烈，文稿制作当然要标新立异，以奇制胜，以新制胜。从原来广告中的"省优，部优……"到感情诉求，从"誉满全球，实行三包"到真实的承诺，中国的广告文稿制作在短时间内已得到了很大的发展。广告文稿制作随着商品经济的发展和市场竞争的需要而发展变化。广告文稿制作的理论与技巧，要在实际操作中去理解和领悟。愿更多更好的广告文稿在市场经济中发挥更大的作用。

第五章　报纸杂志广告制作

第一节　报纸广告制作

　　我国北宋时期毕升发明了活字印刷术，四百多年后，欧洲德国才开始运用活字印刷。由于信息传播的需要，17世纪初德国的报纸面世了。17世纪60年代英国的"伦敦时报"刊登了大量的寻人寻物广告，开创了报纸广告的先河。随着资本主义经济发展，市场竞争日趋激烈，为了获取更多的商业信息，扩大产品销路，谋求更大的市场空间。商业信息刊登占据了报纸很大的比例。由于报纸覆盖面较广，信息传播迅速，在资本主义经济掘起时期很快被商人用来刊登大量的广告。17世纪中叶，大众消费品的广告如：咖啡、巧克力、茶叶等广告出现在报纸上。英国的报纸广告相当兴旺，后来转移到了美国。当时"纽约时报"上刊登的广告的篇幅占据整个报纸6版面的62%，大量的报纸广告费收入刺激了报纸行业的发展。到了电子时代，虽然报纸面临广播、电视的挑战，但仍不失为媒体大户，在信息传播上以其固有的优势，成为世界公认的最主要的广告媒体。在我国通过邮政部门发行的各种报纸数以千计，作为十三亿人口的大国，人均报纸拥有量达1.3份左右。因此报纸是占第一位的最广泛、最主要的通用媒体。

　　报纸广告的类别较多。

　　商品广告：介绍商品的制造技术水平、材料质地、生产厂家、外观造型、使用方法、规格型号、售后服务、产品知名度、信任度、质检、技检数据、各级评奖的荣誉、上市价格、销售时间地点、促销活动等等。有的是品牌形象广告：不介绍具体商品情况，只宣传品牌的美誉和品牌的理念口号，著名品牌常做这类广告。有时这类广告用较大的篇幅只宣传一句广告主题语。

企业形象广告：宣传企业的经营规模、历史优势、技术水准、经营理念、服务规范等。

新闻发布广告：大型商务展览展销、企业庆典祝贺、开业、周年通告、大型招商、投资活动、文艺演出等等。

声明启示广告：律师声明、服务招聘启事、寻人寻物启事、招领、征婚启事、作废启事、搬迁启事等等。除此以外还有个人广告，团体广告，联名广告，商业广告，公益广告等。

报纸广告规格：大报每版左右八栏，小报每版左右四栏，每栏十五个六号字为标准。一般俗称整版、半版、四分之一版、通栏、半通栏、四分之一通栏，各报均有自己的标准尺寸。"报眼"在报头、报名边上的部位，版面面积不大，但十分明显，价格较高。

报纸广告的发行量大，传播面广，城乡厂矿，企业家庭，学校，一份报纸可以互相传阅，实际看报的人数大大超过报纸发行的份数。现在报纸种类较多，大多是日报、晚报，基本上能及时报道最新消息，有的能报道当天的消费，因此信息传播迅速。由于报纸长期发行形成可靠的发行网络渠道，信息传播有可靠的保证。

报纸在中国作为舆论工具具有严肃性，有的报纸长期以严谨、真实的传播获得读者信任，增强了报纸的权威性。报纸的面积较大，版面多，广告在空间选择上有较大的余地，可以对商品特点等作详尽的介绍，文字表现力强，可读性大。如运用整版或半版篇幅作广告，声势大，影响大。报告广告可保留，资料性强，比较广播广告、电视广告更便于保存和查找，不受时间限制。而且阅读方便，不受条件限制，室内，户外，车，船，飞机等，只要有空就可看报。

报纸广告费用较低，首先是报纸广告的制作成本低，其次是报纸售价低。广告费用以报纸发行数来取其平均值，费用是不高的。报纸的特点是应时编辑印制，发行快，数量大，制作不可能精美，文字表现力较强，图象印制质量有所局限。目前，尽管有彩色版报纸，但图象色彩、立体感、质量仍比不上杂志等印刷品。

由于报纸阅读随意性强，如果广告没有吸引人的标题和图象，在阅读时通常就被忽略了。有时报纸新闻内容精彩、丰富，广告平淡无奇，那么也会被忽略。一张报纸很少有反复阅读的可能，读者以后也就没有可能再专门去阅读报纸上的广告内容。

报纸广告制作中文字表现形式占着极为重要的地位。虽然报纸的版面较大，可以详尽、细致地介绍商品信息、企业状况，但仍然要求文稿语言要精炼，广告标题要醒目，广告主题要突出，对商品的文字表述用词用句要切实，要有形象感，能诱发美好的联想，弥补因印刷的局限而造成的色彩图象表现的不足。连载广告的文稿制作要有表达内容的完整性、连续构成的趣味性与读解顺序的逻辑性，报纸广告的文字制作要在熟悉、把握报纸传播具体特点的基础上配合广告创意作精确、透彻、巧妙的阐述与表达。由于报纸的时效性较强，广告文稿也要善于抓住时令机会，利用报纸传播的快捷，对季节变化、节庆盛会带来的市场机会，迅速制作应时广告。报纸是大众传播媒体，报纸广告文稿制作根据读者的具体层面来撰写，要易懂易读。要大众化，流行化，但不能庸俗化。

报纸广告的文字编排是一项具体而又重要的工作，为了在报纸众多的文字篇幅中使广告能引人注目，可以减少说明性文字，用较大的字体或图形来强化标题与商标，使人对广告主题一目了然。有的报纸广告文字内容较多，编排时把单调的文字根据不同的内容分成不同的字体与大小，适当作疏密的处理。版面整体不呆板，在文章周边留足空白，与文字排列形成对比，使文字编排有整体感，阅读视线集中。标题字体要比正文适当大一点。说明文的排列可在每项的开头加上一个小点，如小圆点、小方块、小三角、小星星等，在形式上使说明文显得条理清晰。由于报纸常用的是规范的字体，报纸广告中的一些主要的文字，如品牌、标题选用个性强，形象独特的书法字体，会在版面众多文字排列中脱颖而出，非常醒目。

报纸广告的插图：报纸广告的插图有其特殊的要求，由于印刷条件所致，一般以黑白为多，简洁明快，层次不宜太细腻，要求反差对比强烈，因为报纸是滚筒印刷，60线以上的网纹容易模糊。具体形象要饱满，整体感强，不能太琐碎，要有视觉冲击力度。插图要配合文字内容，突出广告重点。商品图形以单体特写为好，背景不宜太复杂，最好不要背衬，突出主题，留出大量空白以便文字说明的有效配置。有的商品插图，最好用局部放大的照片来说明商品结构、性能、质地，插图制作时也可以采用比喻、夸张的手法来配合广告主题的表现。简洁明快对比强烈，形象饱满富有特征，是报纸广告插图的主要制作标准。

报纸广告制作要求创意新奇、编排巧妙、比例适当、尺寸精确。广告画面的编排要根据版面篇幅的准确尺寸具体配置，广告各构成要素的合理巧妙编排是广告创意的成功视觉规划形式，比例尺寸的严谨是广告编排水准的精确体现。

报纸广告由于版面较大，各种广告林立其中，造成读者无从看起，弃而不读的可能性极大。当然解决这一问题的方法，首先是选择刊登的位置。根据一般阅读习惯，版面的头版、报眼部位、版面的中上端、左上部位等都是较显眼的位置。其他部位，如中缝往往容易被忽视。读者看报主要是关心新闻，广告对于读者来说是搭乘客，是顺便浏览之事。因此报纸广告制作必须把握读者阅读习惯，在形式表现上强化对视觉的诱导作用，加强广告形式的注目效果。报纸广告的编排制作必须能在瞬间视觉接触下抓住读者的注意力。广告标题要醒目而具震撼力，主题视觉形象要单纯而具刺激性，版面构成要生动而具新奇性，这些都是报纸广告顷刻决胜的利器。

报纸广告编排制作要求简洁清爽，广告主题形象单纯、清晰、生动。我国报纸一般版面文字约占80%左右，大，小文章的文字排列，基本都呈方阵状，而且密密麻麻。相比之下，报纸的广告编排要简洁，文字要短小精干，排列要有变化，要在视觉上与周围可能出现的版面效果形成差别。要根据整版的可能预测的效果来作具体广告表达内容的编排定位。要适当强调画面的空白处理与版面周围的留白，与周边密密麻麻的文字排列形成对比，必要时利用边线、装饰线，作适当的隔离，即可增加美感，也使广告画面突出。

报纸广告编排制作要求形式单纯，简洁的画面最能说明问题。可以根据不同广告内容的具体特点，分别对图文进行侧重表现。版面以文字标题为主，从面积上、字体上、排列上强化注目力。人们看报习惯在浏览标题后根据兴趣选择深入阅读的具体内容，因此要利用富有吸引力的标题诱导对广告内容的关注。以图象为主的广告，要求在编排空间中图象的比例占绝对优势，形象饱满有张力，生动，对比强烈，感染力强，文字只作简明必要的说明。所谓图文并茂的广告形式在报纸广告中是不足取的，往往会在众多的广告中没有注目力和吸引力而被忽略，造成广告投入的浪费。

报纸天天出，广告天天有，有些报纸广告就利用其天天有广告的连续传播特点，如同连载小说一般，分章分段来表达广告内容，表现形式上成系列化，表现内容上有连续性，单体上具有独立性，整体上具有完整性，组合上具有逻辑性，创意表现上具有趣味性。这是一种利用报纸的特点取胜的广告。还可以利用连续系列的广告形式，制作悬念广告来吸引读者。好奇心是人类的天性，看不懂非看个究竟，不理解非寻求理解，根据广告具体内容，向读者推出一个谜，制造一个悬念，吸引读者的兴趣，引发探究的欲望，而后逐步解答，层层阐述，最后一个圆满大结局。这时阅读者恍然大悟，广告主诉求成功（见图5）。

报纸广告也可以制作成漫画形式，其形象个性夸张、生动，能吸引读者，其情节有趣，富有幽默感，能引起读者的兴趣，在轻松的阅读中，自然而然的接受了广告信息，留下了较深刻的印象。漫画人物也可以成为广告明星，如七喜汽水的卡通先生，起到了良好广告效果。目标消费者是老年人，报纸广告字体要大；广告目标是儿童，图画要多；广告目标是青年人，式样要新。

图 5（一）

报纸广告具体制作要求：根据版面规格，尺寸要准；图象黑白对比反差要大。语言要精干，文字要少，空间要大；位置要好，式样要奇，创意要新，反应要快，视觉冲击力要强；字体选用适当，字号不宜太小；排列要整齐有序，有利于视线诱导，要整洁规范，要有一定的美感。

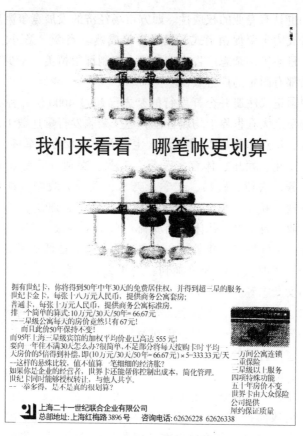

图 5（二）

第二节　杂志广告的制作

　　印刷广告继在报纸广告红火之后，又在杂志上找了自己的地位。18 世纪 30 年代美国的《绅士杂志》问世，随即，美国费城的《美国杂志》、《大众杂志》和《历史记事》相继创刊，以后《妇女杂志》等纷纷问世。杂志从一开始在读者定位上就有特定的目标阶层，不同专业内容的杂志是做相应专用商品广告的良好媒体。杂志在出版物中有较高的品位，偏重知识性、教育性、娱乐性，也具有专业的权威性。西方市场经济的发展竞争激烈，杂志广告成为主要促销形式，发展日趋成熟。当今，美国，英国，瑞士，日本等国杂志广告比较发达，印制都很精美。不少国际名牌商品都有固定的广告版位。

中国正式注册并公开发行的杂志已超过 4000 份，种类之多和发行量之大在世界上均属首位。不少杂志发行量达数十万以至上百万，年总印数达 20 多亿册。主要大类有政治、军事、经济、教育、文化、娱乐、体育、医药、工业、交通等。专业类有建筑、税务、法律、贸易、文学、美术、音乐、戏剧、舞蹈、电影、电视、航空、航运、考古、广告、化工、地矿、机械、服装、农业、科学等。休闲类有集邮、收藏、时装、美容、体育、健美等。不同性别与年龄层亦有自己的杂志，如低幼画报、儿童画报、儿童时代、红领巾画刊、少年文艺、青年杂志、老年杂志、妇女杂志等。职业类有工人杂志、农民杂志、军人杂志、学生杂志、工商杂志、警察杂志等。出版时间上划分有周刊、半月刊、月刊、双月刊、季刊、年刊等。

杂志广告比较报纸广告时效性长，是四大媒体中广告信息最宜保存，阅读的有效时间最长的一类。杂志出版周期较报纸长，内容丰富，广告重复阅读可能性多，并常常被传阅、借阅，杂志广告的传播面扩大了。由于杂志的专业性、知识性、趣味性较强，具有一定的保存价值，在一定程度上深化了广告的传播功效。

不同杂志有不同的传播内容和相应的读者群体，杂志广告的诉求对象明确，产品促销与目标市场对路，广告投入针对性强，无疑是较为经济的广告行为。

杂志广告印刷精美，不少广告运用高质量的铜版或胶版印刷杂志的封面、封底、封二、封三，或其中的彩色插页做广告宣传，其精美的印刷效果，充分发挥了彩色印刷的形象表现力，强化了广告宣传的视觉力度。富有立体感的广告图象，生动逼真，鲜艳夺目。富有情趣的色彩感觉，增加了广告内容的真实感与可信度，也提高了广告作品的视觉审美价值，有利于在读者心目中形成良好的印象，也容易激发消费者潜在的购买欲望。杂志广告同报纸广告相比，由于具有阅读的强制性，从而加强了广告诉求的有效性，特别是刊登在封面、封二、封三和封底的广告对于读者来说不可能视而不见。其中的彩色插页，也不可能跳跃过去。这是杂志广告的刊登位置与印刷精美所起的作用。当然杂志广告也不该因此而不注重广告的注目性、可看性与趣味性。图6就是一幅引人注目的广告。

在郊外宽阔的公路上，您将领略到上海桑塔纳轿车的惊人速度，其制动之迅速，反应之灵敏，定会让您欣赏不已。上海桑塔纳，最完美的驾驶体验。
上海大众汽车有限公司电话：九五六七七八〇
传真：九五二九八 五

图6

杂志广告的表现式样丰富多彩，在画面编排上可以运用平面广告制作中许多表现技巧。除了文字编排和插图上多变化，多式样外，可以制作连页广告或连续页的系列广告。还可以根据广告具体内容要求夹带实物样品，如纺织品面料、皮革制品的皮张小样、餐巾纸实物样品、插页广告贺卡或日历卡片，甚至广告音乐芯片，有的还制作成纸质立体广告等。不少富有创意的杂志广告会给读者带来意外的惊喜，取得良好的广告效果。

杂志广告印刷精致，图文并茂，广告诉求详尽，精读率高，杂志体形不大但装订较好，阅读方便，具有其他广告媒体所没有的优势。不少杂志是在读者较为悠闲的状态下进行阅读的，对于商品文字说明介绍，悦目的图象，广告形式的情趣，尽可仔细把玩，细细品味，反复欣赏。一些专业杂志读者的文化水平相对较高，专业性、理论性较强的广告也能被读者接受，因此杂志广告有较高的效率。

杂志广告与报纸广告一样除了可以数期重复同一广告，加强广告效果外，还可以制作连续性的系列广告，尽可连续多期从容详尽地说明产品的良好性能，建立品牌优势。如汽车广告可以分别从方向盘轻松自如的控制，来阐述汽车的良好驾驶性能；从剖析蚝油少动力强的发动机结构，来阐述汽车节能低耗的经济特点；从汽缸内的充分燃烧，减少排气污染来阐述该品牌汽车结构对环境保护的贡献；从刹车自动的可靠有效来阐述汽车的安全性能。每期广告主题突出，系列结构诉求内容全面完整，统一而有变化，形成系列特色。

富有情趣的创意。精美制作的画面使杂志广告不仅具有注目力，而且还有深入阅读的吸引力，在实现广告信息价值的同时，也提高了广告作品的审美价值，并具有保存价值。毫无疑问，杂志广告的效果远远超过其发行的数量与精心制作所获得的质量。这质与量的相辅相成产生的以几何级数增值的广告效应，就是杂志广告的优势所在。

杂志广告也有其局限性。杂志出版周期长，截稿早，造成广告反应较迟缓。市场竞争强烈，时令性强的商品作杂志广告不容易跟上竞争的节奏和市场变化的速度，而错失市场机会。所以刊登杂志广告要具有比较超前的意识和足够的市场预测，才能使广告与营销同步。对已经拥有知名度和市场份额的商品或企业杂志广告是非常理想的提高美誉度，树立良好形象，不断进行消费提示的广告形式。

杂志比较报纸来说，覆盖率低，受经济与文化局限，基本发行量集中在城市。但就其广告有效率来说相对较高。虽然不可能象报纸、电视、广播高频率、快节奏、大范围造成广告在市场上成规模的广告冲击波效应，但它具有较高的文化品味，广告中绅士的风度同样有利于产品的品牌和企业的形象塑造。

杂志广告的版面规格，有 8 开、16 开、32 开本等规格。分封面、封 2、封 3、封底、插页、折页、内文页，还有双页拼版、直版、直版半页、横版半页、1/4 版以及特殊需求的版面。

如果把读者的最高视觉注意值定为 100%，那么杂志封面为 100% 的注意值，封底也是 100%，封 2 为 95%，封 3 为 90%，正中内页为 85%，正文内页为 50%。当然，按视线流动的习惯，在同一版面上，上方比下方好，大面积比小面积好，竖式编排右比左好，横式编排左比右好。

一、杂志广告编排

报纸广告中文字标题型的编排比较显眼，成为比较有效的广告样式，但是如果杂志广告中把精美的印刷仅仅用于文字标题的表现，这不能不说是传播制作上的浪费和遗憾。用印刷精致、生动逼真的形象进行广告诉求，往往胜过文字诉求的"千言万语"。中国有句俗话"百闻不如一见"，读者在对广告宣传内容的真实性、可信性产生疑问时，面对呼之欲出的实物图象，一切迎刃而解。读者在陶醉于感受风光旖旎的景色时，在对明艳照人的明模的风度与姿态的赞赏时，在对五光十色、质感逼真、优美可人的商品图象的称道时，其感情的倾向，欲望的萌发，对消费的向往，在强有力的视觉感受冲击下，会自然产生"太棒了，我得买"或者是"等我有钱了一定买"的想法。一些商品：珠玉首饰、陈年美酒、精美时装、名牌手表、高级化妆品、豪华汽车、美味佳肴等，无一不是以杂志广告形象诉求的优势，加强广告中形象要素的视觉力度，以真切的彩色摄影图象或逼真的喷绘图象所产生的近乎于看的见、摸的着的视觉感受，强烈的刺激着读者的占有欲。因此杂志广告编排制作要善于运用这高质量的图象功能，最大限度发挥杂志广告中图形逼真、动人所形成的视觉传播优势来加强广告宣传内容的真实性与可信性、配以画龙点金的文字，使杂志广告更具形象诉求的鲜明性、确切性与有效性。

画面色彩与注目力：一般说，鲜艳美丽的色彩较之黑白素雅的色彩来的醒目显眼，可形成较高的注视率。但任何事物都不是绝对的，都可能因为周围的客观因素的变化而改变。在广告作品都在追求艳丽的色彩效果，普遍都显得五光十色，眼花缭乱，读者的色彩感觉也有些麻木了，腻味了，偶尔用一下黑白的画面，倒也有鹤立鸡群、一支独秀的感觉。在五颜六色的广告色彩视觉喧嚣之中，还应该有一个视觉喘息的机会，一方恬静的净土。当今，广告竞争激烈，色彩运用竞相争奇斗艳，一些层次变化细腻、形象线条优美的广告作品，倒有高雅脱俗之感，还略带一些怀旧色彩。杂志广告色彩运用要因人：广告目标消费者；因时，广告投入的季节、时节、目标市场的形势、流行时尚等；因地，具体市场状况、区域特征等；因事：相应的广告营销活动，竞争对手的广告实施状况等；因物：具体广告宣传的商品特征，广告主题景物形象等而有所变化，灵活操作，有所侧重。杂志广告的色彩运用不仅是为了加强图象要素的色彩视觉力度，而且也为了加强作品的整体色调形成的色彩审美个性，诱导读者对广告的关注。比如，一则葡萄酒的广告，浓艳华贵的色调，晶莹透明的瓶酒，边上放着小巧玲珑装着金色透明酒液的水晶玻璃杯，伴以美艳动人的女明星，强烈诱人的视觉感受，刺激你产生对许多美酒的品位的联想，并波及到你的嗅觉，你几乎可以闻到其高雅浓郁的香味，瞬间感到似乎已经拥有享受。配以简洁优美的文字，广告形象深刻，产生一种诱惑力。如果你口袋比较宽裕，决不会嫌其昂贵。杂志具有法律保障的信誉，较高的文化品位，精美的形象，高质量的纸张，精美动人的彩色印刷等等，已容不得你有任何怀疑，去买吧！右下角的广告落款文字已告诉你地址与电话。同样可以想象在洁白基调的版面上（没有背景），一份汉堡包，金黄色的面包上点缀着香香的芝麻，内夹鲜绿的蔬菜，红色水灵的蕃茄，鲜嫩的牛肉片，浇淋的浅黄色沙茶酱还在流淌，你的食欲如何？咽口水吧！这一切杂志广告做的到，鲜明的文字会向你作出相应的说明。这就是杂志广告彩色形象给你的印象。

二、杂志广告文稿制作

标题要简明，正文要与图像相呼应，图像生动详尽表达明确可视性强，文字应该简练，只作提示，图象比较整体，只作外部造型说明，内部结构、具体性能、质地等视觉表达有难度，文字应该作比较详细的说明。不要怕文字篇幅大，只要条理清晰，配以整体感强的图象，通过合理编排，仍可获得较好的广告诉求效应。图文并茂的广告编排在具有精读特点的杂志媒体中，可以获得读者的好感和信任，形成良好的广告印象。这是杂志广告的又一优势的体现。由于每一种杂志都有明确的读者群或专业范围，因此在杂志广告的文稿制作中，要根据具体读者群的情况，确定文字的风格与格调，采用不同的语汇、语调。儿童杂志是儿童看的，图画为多，文字简单。但是儿童杂志上的广告的诉求对象是由儿童涉及到父母，一般以图象吸引儿童，再向父母进行文字的理性诉求，最终购买是父母掏钱。所以，儿童杂志的文稿要针对父母，主要针对母亲，要从母爱的心理角度来进行广告说服。在广告中，图像人人爱看，文字则不然，专业文字更不然。但由于有的杂志专业性强，相对来说读者也具有一定的专业知识基础，这类杂志广告文字可以比较深入透彻的进行说明，强调理性诉求，减少情绪色彩，少用形容词，多讲实际效益，用词要客观、确切，可以使用专业术语，运用准确的专业数据来进行广告阐述，在科学、客观的基础上，建立专业人员对广告的信任与好感。

杂志开本，无论尺寸大小，一般都以竖式黄金率比例格式，面积相对比报纸要小些，全员广告独占版面，广告内容集中，注目力专一。没有其他广告影响干扰，广告效果明显。双页满版、出穴型印刷版式广告，更是杂志广告编排样式中的"巨无霸"，有无穷大的感觉，满版色彩感受强烈，翻开杂志物体形象直扑眼帘，这种视觉强刺激无疑具有震撼力。如果满版，出穴印刷的图象又是局部特写镜头，那么，给人留下的印象是深刻强烈，难以磨灭的。即使是半页型广告，无论是上下之分，还是左右之分，效果也还是比较报纸广告来得强烈而有效。因为，这类广告就其杂志开本尺寸的比例来说，也算较大型的广告，版面周边形成视觉干扰的因素不多，而且，由于杂志的阅读时效长，读者有时间去仔细阅读，慢慢理解。就连1/3或1/4版的杂志广告，广告信息传播的效果也是比较有效的，但形式显得缺乏气势，精致有余，力度不足。特别在杂志开本不大的情况下，尤为明显。广告刊登在封面上的效果最好，在邮局的报刊书架上，在书店的陈列柜里，封面上的广告信息向你招手，不少封面上的广告满版图象是明星们的表情特写照片，他们注视您的传情眼神，会不停的吸引您频频回首，多看几眼，这就是封面广告的魅力所在。当然封底或其他部位的广告就相形见绌。显然，内页刊登的广告，要经过几次翻阅方能看到，所以比较其他广告位置是最弱的版位。

为了充分说明某些商品的使用方法，多侧面介绍产品的性能特点，杂志广告可以将每一部分分别用精致的图形说明小画面以连环画的形式排列组合，配置文字补充说明。把广告内容具体而详尽地阐述透彻，这是其他三大广告媒体难以达到的广告效果。

在信息传播过程中，人对感受形成的记忆一天会遗忘60%左右，一周会遗忘70%以上，一个月会遗忘80%左右。利用杂志出版的周期，连续刊登同一形式的广告，进行重复性的广告提示，这种定期连载广告，对广告印象形成的深化作用是十分有效的。此外，也可以把同一商品或品牌的广告内容分解成几个重点进行说明，制作成形式风格一致、具体内容各有侧重、广告阐述的逻辑性较强的系列化广告，可以不断加深读者对品牌的印象和对产品性能的认识与理解，塑造完整统一的广告形象。把对复杂的广告内容阅读理解的难度，化解于分期逐步读解之中。

当然杂志广告制作还可以运用插页广告形式。插页夹在杂志之间可以单独取出，相对具有独立性和完整性，对读者来说似乎是一种额外的馈赠。一般插页编排印刷精美，读者对其颇感兴趣，阅读率高，广告效果甚佳。如果制作时附上礼券、优惠券、抽奖券等，定能获得更多的消费者。如果注明复印件有效，其广告促销效应会更好。折页广告样式也是杂志广告中增强版面视觉效果的有效手段，有 1 折、2 折，甚至 3 折等形式，面积大，形式新，具体编排空间余地大，但是读者阅读稍嫌不便，装订也显复杂些。

当今电子时代，在杂志广告中可以夹贴广告音乐微型集成芯片，当读者翻阅这类广告时，即能听到悦耳的广告音乐，真可谓有声有色。微电声技术使得传统广告倍添新意和情趣，新奇感吸引读者的注意，加深了广告的印象。

杂志广告还可以夹贴其他薄型实物样品，如纺织面料、纸张样品、皮革样品，防止艾滋病广告夹贴的是卫生套。

杂志广告还可以制作成立体广告形式：将印刷的商品、景物形象，经剪刻折叠，打开杂志的这一页时能竖立起来，有形象，有层次，空间感强，趣味与新奇增加了广告的视觉效果，制作质量上乘，将会被保留一段时间，作为摆设欣赏，深化了广告诉求功能，延长了广告的时效。

有些香水、食品广告等在杂志广告版面制作时特意进行香味处理，夹在杂志中，能保持一定时间，使读者在阅读时不断闻到阵阵诱人的香味，在视觉与嗅觉的双重刺激下，促使读者产生深刻印象，萌发购买的欲望，促成消费行为的实施。

杂志广告的制作要注重感情的诱导作用。良好的感情是产生欲望的基础，而艺术的美感是煽起感情的有效手段。杂志广告中的色彩、图象、文字、编排的空间变化、比例是产生节奏情绪的主要因素。富有美感的产品彩色摄影、令人崇拜的明星广告形象、美丽的风光景色的广告画面，无论放在封面、封底、封二、封三都以其富有美感的艺术价值和富有情感的视觉享受价值，令读者喜爱，都有可能被读者保存起来。其中的双页连版广告与精致的插页广告，最容易在装订线上被读者小心折下，张贴在墙上，压在玻璃下甚至放在镜框内作为艺术品来欣赏，这些往往是广告主在投放广告前所意想不到的，而这一切主要都是杂志广告的特点所造成的。

第三节　广告字体制作

文字是记录事物表达思想意识的重要工具，是信息传播的规范符号，文字也是广告作品构成中的主要元素之一。特别是用于表现企业名称、产品名称以及各种广告宣传媒体的广告用语与文字说明，除了文字的本身含义之外，字的行距、字距、大小组合在视觉上都有着重要的意义。不同的文字还能产生不同的联想，如同符号和图形一样，都能表达丰富的内涵。不但有助于广告意义的理解与识别，还可以给人以特别的印象。例如，曲线流畅的线条构成的字体适用于装饰品、化妆品、香水、纤维制品广告；如果是西文字体，就显得有点儿古典、贵族的情趣，一般带有女性的气息；圆润饱满的笔画构成的字体，往往会联想到发酵蒸烤的馒头、面包、糖果、葡萄、瓜果等，这类字体除了具有食品的意味外还带有点童趣，所以不少儿童用品包括玩具都喜欢采用；方方角角的字体显得机械、牢固、稳重可靠，也具有男性的气质，容易使人联想到石块、机械工业、建筑物等。当然字体的变化形式是多种多样的，特别是中国文字起始于象形，本来就有图形的特定含义。可以说文字是一种具有象征意义的特定规范的图形。明确了这一概念，对于广告制作中，文字的运用就比较容易把握规律。因此广告制作时，必须考虑字体与广告主题内容及形象策略是否一致，与广告图形的配合是否能起到相辅相成的作用，在形式上是否协调，是否在编排中均衡统一，整体视觉感受中和谐美观，目的是帮助消费者理解广告的内容，产生美的印象。

一、汉字字体的构成要素

中文字以汉字为代表，五六千年来一直流传至今，是世界上独存的象形表意的文字，每个字都有独立的意义。最早的汉字，甲骨、钟鼎，包括篆体都是因形知义，隶变后把汉字原来的自行线条规范为点（丶）横（一）撇（丿）直（丨）等笔画，成为表意兼标音文字的典范。汉字字体形式独特，含意丰富，书法源远流长，风格各异。广告制作中要根据广告的具体内容与特点和广告受众可能由此产生的印象与联想，制作出适当的具有表现力的字体形式。

汉字字体一般可分为二大类型：传统字体与现代美术字体。传统字体有篆体、隶体、魏体、行体、楷体等。篆体是一种历史悠久的字体，有大篆、小篆，可追溯到历史上的石刻、钟鼎铭文等，富有浓郁古朴之情。隶体是汉字演进过程中所形成的一种较为先进的字体，但同样具有古朴之感，比较篆体显得稳重大方。魏碑体稍后于隶书，多见于北魏的石刻，是由隶书演化而成的，到了魏晋南北朝时盛行一时，尤以北魏为盛，峻拔沉雄。行体并非楷书蜕变而来，是字体演变中的正书的变体。正书是指隶书，给人感觉是流利、活泼。行书分二种，有真行，是行书的本体；另一种叫"行草"，是行书和草书的混合物。楷书的特点是端庄、清晰，是唐代的书法家欧阳询、颜真卿、柳公权、虞世南等取法右隶的方正、分书的流利、草书的简洁而形成的一种严谨的正楷，至今是一种使用较为普遍的字体。当然中文传统字体还可以细分为许多种，各种字体还有许多精妙之道。是广告制作中字体选择的丰富资源。

中文现代美术字体在广告制作中运用最为广泛，是在传统的基础上综合诸多审美因素进行合理的变化而成。常用的有宋体、仿宋体、黑体、变体，变体中有琥珀体、综艺体等。宋体起源于宋代的常用印刷字体，其形显得庄重，仿宋体顾名思义是在宋体的基础上变化而来的，较为刚劲秀丽。黑体是以线条为单一元素构成，没有点、撇等笔划区别，一色的黑色线条组合，粗壮有力。变体中变化很多，形式多样，较为生动活泼（见图7）。

二、汉字造型原理

文字造型是运用视觉与心理的法则，在文字的笔划、结构框架、字距、行间及编排等空间组合上把握广告表现形式上的规律，使广告文字在广告作品形式中达到良好的视觉效果，在进行广告诉求的同时给人美的感受。

汉字的基本形是方形，通常称汉字为方块字。汉字的变化就在方块中做文章，当然文字的造型学问也就在方块之中了。

报	宋	细	圆
中	宋	中	圆
大	宋	粗	圆
长	宋	大隶书	
书	宋	小隶书	
字典	宋	细	等
中	黑	中	等
大	黑	魏	碑
长美	黑	行	楷
楷	体	彩云體	
仿	宋	舒同体	
		琥珀體	

图 7

当 2 条粗细长短相等的线条垂直等分成 T 型，其中被等分的横线与垂直线的比较就显得垂直线长于横线，为了平衡心理上由眼睛产生的错觉就得把垂直线相应缩短些，在汉字中"上""下"两字的处理，其中垂直线都应短些。当 2 条粗细，长短相等的线条垂直水平等分相交成十字形，形成二等分的时候，视觉上会产生上长下短的感觉，为了取得平衡的心理感觉，类似这种文字的结构处理时，就需要稍加调整，上短下长，或者上小下大。在汉字"十"的结构中就存有这种类型（见图 8）。

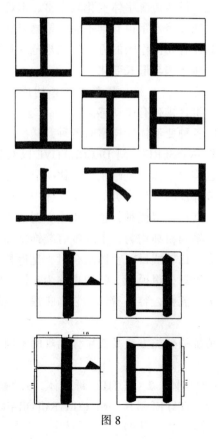

图 8

汉字的字形主要是方形，但由于字的结构不同就容易产生比例上的不同感觉。在正方形中平均划三条横线成为"三"字，其形就稍微显长，因此上横与下横就应该相应上下收一些，三横线条也不应在方块中撑满。垂直划三根线如"川"字就容易感到略显扁形，应该左右两竖稍收拢点。方形的字如"国""口"等字也不要撑格写，笔画少的如"一""大""巫""田"等都不应撑格。许多字因为笔画、方向、基本形的不同会产生不同的错觉，为了视觉的平衡和字形的匀称，不得不适当进行调整字形的大小，修正某些比例。

汉字除了结构上的编排比例调整和字形大小的修正外，笔画也有一定的规范。虽然传统字体变化较丰富，但每一字体都有独特的笔画规范，现代美术字也有其不同的笔画形状的规范，如宋体、黑体的笔画都有几何作图的方法使之规范（见彩图5、6）。

三、英文字体结构与形式变化

英文字母以横、直、斜、弧基本线条构成圆、方、角、弯形，视觉性强，组合排列有律动感。

英文字母的各种变形体同样富有各种意味。英文字体中有正体 SERIF、黑体 SANSSERIF、斜 DECORATIVE 以及其他各种变形体。其中正体也称罗马体，笔画粗细对比明显，方圆转化，字母的笔划末端有装饰性的部分，类似中文字体中的秀丽体，给人端正大方的感觉，其形显得优雅，也较庄重，阅读时也较清晰。黑体也称哥特体，笔画粗细均匀，末端没有装饰性部分，类似中文黑体，坚实有力，比较醒目。整体组合时，显得整齐划一，但远距离不易辨认，笔划显得模糊。斜体也称为花体，字形个性突出给人的感觉活泼，流畅，容易辨认，装饰味浓，类似曲线繁花形图案。

英文字体传统的分类方法是按字体出现的不同历史时期共分7种类型：

1. ROMAN 罗马体，2. GOTHIC 哥特体，3. SCRIPT 书写体，4. TEXT 黑体，5. ITALIC 斜体，6. CONTEMPORARY 同代体，7. DECORATIRE 装饰体（见图9）。

在现代广告制作中英文字体变化繁多，类似于中文的现代美术体，可根据不同的广告需求进行适当选择。

新闻哥德体	新闻哥德粗体	新闻哥德长体
ABCDEFGHIJKL MNOPQRSTUV WXYZ abcdefgh ijklmnopqrstuvw xyz 123456789 0&?!£\$ß(·)«"»̈̈	ABCDEFGHIJKL MNOPQRSTUV WXYZabcdefgh ijklmnopqrstuv wxyz 12345678 90&?!£\$ß(·)«"»̈̈	ABCDEFGHIJKLMN OPQRSTUVWXYZa bcdefghijklmnopqr stuvwxyz 1234567 890&?!£\$ß(·)«"»̈̈
古体英文	欧泊体	欧泊粗体
ABCDEFGHIJ KLMNOPQR STUVWXYZab cdefghijklmnopqrs tuvwxyz 12345678 90&?!ß£\$(·)«"»̈	ABCDEFGHIJKLM NOPQRSTUVW XYZ abcdefghijkl mnopqrstuvwxy z 1234567890&?!ß £\$(·)«"»	ABCDEFGHIJKL MNOPQRSTUV WXYZ abcdefg hijklmnopqrstuv wxyz123456789 0&?!ß£\$(·)«"»̈
欧泊中粗体	宫廷花体	帕拉蒂诺体
ABCDEFGHIJKL MNOPQRSTUV WXYZ abcdefg hijklmnopqrstu vwxyz 1234567 890&?!£\$ß(·)«"»	ABCDEFG HIJKLMN OPQRSTU VWXYZ abcdef ghijklmnopqrstuvwxyz 1234567890&?!ß£\$(·)✠	ABCDEFGHIJKL MNOPQRSTU VWXYZabcdefg hijklmnopqrstuv wxyz 1234567890 &?!ß£\$(·)«"»̈
意式帕拉蒂诺体	帕拉蒂诺中粗体	帕拉蒂诺特粗体
AABBCDDEEFFG GHHIJKKLLM MNNOPPQQRR SSTTUUVUWWX YZZ Thkz abcdee fghij klmnopqrstuvwxyz 1234 567890&?!ß£\$(·)«"»	ABCDEFGHIJK LMNOPQRST UVWXYZ abcd efghijklmnopqr stuvwxyz 12345 67890&?!ß£\$(✓) «"»̈	ABCDEFGHIJK LMNOPQRST UVWXYZ abcd efghijklmnopqr stuvwxyz 12345 67890&?!ß£\$(✓); «"»̈

图 9

英文字母通常横向书写、排列，所有字母排列其上的是条水平线，我们称其为基线（BASELINE），每组字母的大小都在一定的高度线以内。以基线以上高度划一平行线（HEIGHT LINE），字母中有的笔画应该超出高度线，如"h"，"t"，"k"等小写字母以及其他大写字母都要超出高度线，但所超出的高度也有一定范围。因此在高度线上按字母上升笔画最高点，再划一条平行线，我们称其为上升笔画线（ASCANDER LINE）。

又如字母"g"、"j"、"y"等有些笔画要向下延伸。在其最低点作一与基线平行的线，此线为下降笔画线。由此英文字母在这4条线的比例缩放规范中变化。英文字母有别于中文还有一个特别之处，即每一个字母都有大小写两种形式。英文26个字母的排列组合，与中文字体一样，同样要讲究笔画在视觉感受上的均衡，如字母"T"与中文"下"字形类似，其上横较下竖要细些，而且还要短些。字母"S"、"B"、"C"、"G"等字母在转弯处线条要收细些，字母"A"、"V"、"W"、"Y"、"M"、"Z"等字母在两条斜线相交部位应该稍收细一些（见图10）。英文字大写字母的制作可以在方框内规范绘制，但不同于中文字体，许多字母不能撑满方框，一般顶上下，每个字等高，缩左右，每个字不等宽。字母不同，字体不同，制作时缩放比例都有区别，字母行距处理应适当。26个字母形状一般可以划分为三大类：圆形

图 10

如"O、Q"，方形如"H、M"，三角形如"A，V"。不同情况字母组合排列时，间距就有所不同。如汉字不能以字母按方框排列计算检举，而是在字母中间等分上下作一横线，作出不同的比例间隔，IH、IL、IN、NE 类之间距离 10；AE、HA、WH 类之间距离为 10；AV、AY、WA 类字母间距为 10；而 OP、OH、OE、OV、AO、WG 类字母其间距为 9；DO、OC、OQ 类字母其间距为 7（见彩图 7）。

以上这些字母关系知识在广告标题、标牌制作中要掌握，广告正文排版时则由排版系统字形解决。在广告标语、广告标题制作时，中英文需要对照，可根据不同具体要求排列在不同高度，两种文字中选用粗细不同的笔画和字体，形成对比，突出重点；也可以讲究整体和谐，中英文高度一样，笔画粗细也一样。由此可见，中英文并用的情况下，正文印刷制作取得匀称效果很重要的是字体的高度要一样，再讲究笔画的粗细。

四、中英字体的大小与排列

在中文文稿制作中，字体的大小以正方形为标准，以"级"或"Q"来作单位。一级 $= 0.25mm^2$。一个 8 级的汉字是 $8 \times 0.25 = 2mm^2$，包括字距在内。80 级是 $80 \times 0.25 = 20mm^2$。在英文文稿制作中，字体的大小以点数（PRINT SIZE）来作单位，其计算方法是从上升笔画线到下降笔画线的高度为标准，一个高度与汉字 8 级相等的英文字母是 5.5（PRINT），其高度是 2mm。一个高度与汉字 80 级相等的英文字母使用 57（PRINT），其高度是 20mm。中文字与字之间距离为"齿"（H），齿的概念来自植字机的齿轮的齿牙，一齿为 0.25mm，相当于字级中的一级。一般在文稿制作中无需注明字间距离，因为级数中已经包含字距，如果设计要求字距拉开，就需要具体标出字间送齿多少。如果 80 级字之间要以半个字为间距，应该注明 80 + 40 齿，即字间送 120 齿，那么实际间距是 30mm – 20mm = 10mm，每个 80 级字之间距离是 10mm。英文字母之间的距离是以"EM UNIT"为单位来计算行长和字距的。EM 起源于原始的活字印刷中的正方形，M 呈正方形。"EM UNIT"是把正方形垂直分隔为 18 等分，字距的增减可以正常字距为准加 UNIT。而 UNIT 的实际距离是与 EM 方形大小成比例的，所以 PRINT 越大，UNIT 就越大。普通光学植字机可提供以正常间距为基础增 1UNIT 或减 1－3UNIT 共 5 种距离。

中文文稿的行距也以"齿"（H）为单位，通常是级数字的 1/3 或 1/4 距离。如果此行为 80 级，行间送齿数是 80＋27＝107 齿，如果要加宽行距，以半个字为准，即 80＋40＝120 齿，实际行距为空送 40 齿，即 10mm。

英文文稿的行距（LEADING）是文稿制作中要解决的具体问题。英文字母量度是上升笔画与下降笔画（POINT SIZE）作为单位，所以 POINT SIZE 并不是指字的高度。而关于英文字母的行距可以表明 POINT LOADED 多少。比如以 10POINT 的字体为例，ONE POINT LOADED 就是指上行英文字的基线至第 2 行的基线为 11POINT，其中包括第 2 行字母本身是 10POINT；如果是 TWO POINT LEADED 就是上行基线到下行基线是 12POINT，也可以是 SOLID 是上行基线到下行基线，仍旧是 10POINT。

在广告制作中，经常需要将标准字体变形（拉长或压扁）。在实际运用中当字体被拉长时，其高度不变只是宽度缩小。同样，当字体被压扁时，其宽度不变只是高度减少。常规变形率有几种：10％，20％，30％，40％。可以通过变形换算把握字体变形后的实际高度与宽度。如果 20 级的字 10％，20％，30％，40％进行拉长变形，其宽度实际级数分别变为 18 级，16 级，14 级和 12 级。如果该字体进行变形变化，同样其高度分别是 18 级，16 级，14 级，12 级。变形后的字体可以称扁体字和平体字字体。变形还可以进行斜体变形，左斜、右斜、正斜、长斜、平斜。同时要根据变形换算后的实际数据来调整字距与行距。见换算表。

平面广告制作特别是印刷广告制作中字体的变化与排列是十分重要的。随着科技发展，原来的铅字排版已被摄影植字取而代之，摄影植字又被电脑排版系统取而代之。激光打字替代了照相排字。电脑对字体变化的处理能力远远超过了摄影植字机，电脑字字库中西文字种类繁多，字体变化丰富，随意性强，选择余地也大，只要制作需要，电脑随时可以显示各种方案，并可以打印制作。

五、文字校对

广告文字制作中最后的一项重要工作是文字校阅。付印的稿件一定要规范正确，除了在形式上进行修正确认外，内容上也要进行校对确认，制作的款式要正确，要符合设计要求。文字、标点符号以及插图等如有差错，均需修正，确保制版或正式交付制作的正确，否则极易因此造成经济以及其他方面的损失。校对的符号应该写在页边的左右空白处，与修正部位平行，符号标写要简单清楚。

第四节　商　标　制　作

商标用来表明商品的品牌名称，相同的商品，不同的生产厂家出品就有不同品牌名称，也就会有不同图形的商标。商标，标明了商品的来源及身价，是商品的身份证明。

从商品生产来看，有的不同商标的同类商品客观上明显存在一定的差别：产品的外观造型，包装的式样，采用的材质，制作的工艺水平，内部的结构，还有售后服务，广告宣传积累，知名度，美誉度等。因此商标代表着产品的特性，代表着企业经营理念的个性，是产品、品牌形象与企业形象的体现。名牌商标是商品质地优秀、企业信誉良好的代表，是长期广告宣传的积淀。名牌商标是企业的金字招牌，是市场竞争的利器，其魅力就是良好的形象力带来的销售力，是企业综合实力的体现。

商标是企业的宝贵财富，随着企业的经营发展和广告的投入，商标也不断增值。不少企业还聘请有关专业机构对商标进行评估，有的著名商标价值数十亿美元。对于上市公司的商标，在金融界有着十分重要的意义。在市场经济中，商标就是企业的形象缩影，商标就是商品价值的代表。我国实行经济改革后，已有不少国际名牌抢滩登陆，有的已占领国内市场，品牌商标妇孺皆知。

作为企业资产的商标，要用法律来保护。使用商标必须以规范的标准化形式在工商管理部门注册，经过注册的商标是合法的商标，是受法律保护的，假冒、仿造将受到有关法律的制裁。

商标是一种象征的图形，是企业、产品特性的集中体现，是广告宣传的重点，是消费者选购商品的依据，是商品与消费者之间的桥梁，具有建立信誉、导购促销的功能。商标是广告图形视觉传达的要素，在广告活动中起着长久作用。由于企业长期努力，一些老牌子、老商标被精心配置成为特具魅力的市场法宝。商标在企业经营发展中有重要战略作用。

商标制作必须依据企业、产品、服务的特点（如名称的意义、性能、特点、文化背景、科技水准等诸多因素），结合历史、现实的具体情况，将有关信息浓缩在方寸之中。商标进入市场是长期的、严肃的行为，必须慎重。图形制作必须有个性，既有独特的面貌，又要规范化，要有具体制作标准比例、尺寸的严格标准，色彩配置的严格标准，具体使用的范围标准等。

商标制作必须根据信息传播的特点，要求商标图形信息表达明确，简洁明了，易辨认，易记忆，易流行。形式不宜复杂繁琐，名称不宜太拗口，含义不要太深奥。要让消费者看的懂，叫的响，记得牢，认得清。

商标制作要有时代感，要符合现代消费者大多数人的审美情趣，要能表现现代企业、产品的新水准、新品质，简单大方，别具一格。

商标制作要注重造型的审美价值，形式感强，要美，要标准化，装饰感强，便于广告包装和装潢设计运用，给人以美的印象，好的印象。使人喜爱，容易产生亲切感与愉悦感，容易被认同。要标新立异，强调与众不同，强化视觉可看性，以求吸引力强，传播力强，说明力强。

商标制作要注重文字、图形的文化内涵，要有寓意性和良好的含义与象征，能产生好的联想，给人以吉祥美好的感受。香港"金狮"牌服装英文为"GOLDEN LION"可广东语中金狮的谐音"尽输"不吉不利，于是来个香港式的中西合璧"金利来"，财源滚滚来。现在几乎家喻户晓。冰箱品牌"香雪海"既表明产品功能，又具历史人文典故。文学美学价值也高，有动人的美景联想，且上口响亮。"飞达"牌自行车商标既有产品性能、速度、效率的象征，又寓意飞黄腾达。商标的图形应该具有含义读解的诱导性。

商标制作必须遵循有关的法律条文，许多国家规定国旗、国徽等国家标志、党政标志、国际标志不可以用作商标。

商标制作时还要考虑不同国家和民族区域的不同民风国情。中国人喜欢熊猫，这是一种稀有珍贵动物，信仰伊斯兰的人认为其形象猪，非常忌讳。中国人认为菊花是一种清高品质的象征，与梅兰竹并列为四君子，而意大利最忌讳菊花。荷花是中国人喜欢的花种，荷花谐音和化，结婚大喜以和合百年为吉祥，但日本人认为这是死亡之花。东方人（中国、日本、东南亚）把"仙鹤"、"孔雀"作为吉祥之鸟，而法国人则认为这鸟象征"蠢汉"、"淫妇"、"祸鸟"。中国喜欢大象，寓意气象万千，吉祥如意，而美国人却忌讳象。色彩也有禁忌点，从国旗的色彩构成能略知一二。美国人喜欢蓝色，而比利时人忌蓝色；荷兰人喜欢橙色，爱尔兰人不喜欢橙色；叙利亚人和巴西人认为黄色是绝望，认为棕黄色是凶丧之色，而在马来西亚黄色为王室所用。红色为大多数国家与民族所喜欢，至今尚未发现有忌讳红色的事例。色彩偏好的形成有许多原因，如生存环境、历史、宗教、政治倾向等，性别、年龄、文化因素都会在色彩的喜厌上反映出来。

1. 商标制作的形式策略

制作商标可根据商品、企业的具体情况和广告诉求定位，用文字（中文、西文）、数字、图形（自然界动植物宇宙天体、山川河流、矿物，人物、建筑、其他人造物体图形）等等来表达。利用名人、名胜、名兽、名器、名山、名川的影响来扩延商品的广告形象和知名度。有的取其谐音，象征一种良好的意愿；有的用寓言法传达品牌的性能、品质、价值等信息；有的从视听形式上讲究传播功效，强调易辨易记。商标的制作在形式上日趋简洁化，在技术上日趋复杂，材料上日趋精良。有的用荧光油墨印制，有的用激光印制，还有采取更高级的技术，目的是防止伪造，保护商标持有者的合法利益。制作材料从一般的纸质印刷发展到电化铝烫制、塑料压制、树脂金属复合、丝质编制，有的甚至采用金银等贵金属制作，用以表明商品的高贵品位。

2. 商标制作素材的种类

文字形式的商标如：亚明灯泡厂的"亚"字牌商标；大生银行的"大"字商标；一般酱园都采用带"万"字的名称，万源、万生等都用"万"字；红双喜用"喜"字商标；香烟、乒乓球等还有"福"字等吉祥文字作商标。采用西方为商标常通过不同形式的字母体现企业品牌的特色，如美国通用公司的商标 GE 是旋转的风扇；可口可乐的商标充满动感活力；IBM 三个字母比较工正、规范，代表高新技术和优质服务。

用数字作为商标，在商标形式中比较容易被消费者辨别记住，即便文化水准不高，识字不多的消费者，简单的数字还能认识。而且还有一定的寓意与象征。如"414"谐音为"试一试"其潜台词为"信不信，先试一试，一试您准满意"。

中国钟厂的"555"牌机械台式自鸣钟是上一次"劲"（即发条）可走 3 个 5 天即 15 天。用数字作商标的还有"999"等。

几何图形是商标制作中比较普遍采用的形式，制作简便，容易规范。如一个三角形有"三角牌"，两个圆圈组合为"双圈牌"，三个菱形组合为"三菱牌"，一个方形为"四方牌"，还有"五星牌"等。这些商标辨别特征也比较强，在形象认知上容易加深印象。

象征图形的商标，可以说是气象万千，以动物形象为多。如"龙虎牌"、"雪豹"、"白兔"、"飞鱼"、"飞鹰"、"飞鸽"、"飞马"、"五羊"、"万象"、"牛头"、"双狗"、"金鸡"、"白猫"、"水獭"、"白鹤"、"蜜蜂"，天上飞的，水中游的，地上爬的，大的小的，举不胜举。其次是植物，以花为多，"留兰香"、"花牌"、"玫瑰花牌"、"君子兰"、"白玉兰"、"劲松"、"葵花"、"草珊瑚"、"二面针"、"苹果"、"佛手"，以及粮食形象的丰收牌。

还有以地方、建筑物为商标的，如北京牌是天安门的形象，中华牌用华表形象，其它如长城牌、青岛牌（是青岛栈桥形象）、天坛牌、天山牌（雪山形象）、"黄鹤楼"、"九桥牌"、"红塔山牌"，可谓庭台楼阁，应有尽有。

人物为商标有"拿破仑"、"章光101"、"施特劳司"、"太白牌"、"神农"、"飞天"（仙女）、工农牌（男工女农）等，名人、伟人、仙人、古人、洋人、艺术家、科学家、劳动大众等都可用来制作商标形象。

以矿物珍宝为商标，有钻石牌、白石牌、翡翠牌、水晶牌、珍珠牌、珊瑚牌等。

也有交通工具作商标的，如"火车头牌"、"体育用品"、"飞机牌"皮鞋、火箭牌、卫星牌、帆船牌。

其他商标还有"三枪牌"、"箭牌"、"宝刀牌"、"盾牌"、"宝鼎牌"、"伞牌"、"金猫牌"、"扇牌"等。所有这些图形构成的商标，来自生活，一目了然，一看就懂，不同阶层，不同性别，不同年龄，不同文化程度都可以接受，是商标文化通俗化特征的体现。

商标制作是在图形制作的基础上，通过图形体现品牌和企业的理念。在激烈竞争的市场上，欲使消费者在注视标记图形的瞬间，受到直接、有力的影响，这就要求商标的形象诉求语言绝对精炼，如中国文人中习惯称道"惜墨如金"。个性十分突出，视觉形象才具有脱颖而出、过目不忘的功效。反复出现，规范始终，深刻而强烈的视觉效果，是商标图形所必须具备的特点。有许多著名国际集团公司因经营管理需要，十分注重对标记作反复的元素提炼工作，如德国的拜耳制药公司的标识，自1881年至1925年六次修改，才树立现在的简洁规范的形象。美国的西屋电器公司从1900年到1960年反复修改了自己的图形标识。美国的百事可乐从1898年的文字商标经过1905年、1906年、1950年三次修改发展到具有瓶装饮料特色的文字与图形的组合，再经1962年、1969年的2次修正发展到今天的形式。包装造型也由原来的玻璃瓶发展到小型铝质易拉罐和中型、大型、加大型塑料瓶。商标图形的演进既适合商品造型的进化，也迎合了现代生活的新概念、快节奏与新的审美情趣，但是随着科技的高度发展，人类对生态环境的再认识，产生了回归自然的倾向和对田园生活的向往，以及一种怀旧的情绪，使具有古典风格的商标在商标的海洋中逐渐受到注目，显示出特有的艺术魅力（见图11）。

图 11

3. 商标图形绘制

商标是一种法定的规范的形象，无论是图案还是文字必须严格按注册的标准绘制。标准的图形是以规定的比例、尺寸、色彩、组合的规范以及制作规定的标准材质组成，商标绘制不能象水彩画、油画那样即性发挥，要求最精细，商标绘制类似工业制图，除了一般的绘画用具外，还要使用工业制图的工具，如圆规、曲线规、直线笔等等。一般在印有一定尺寸的小格计算纸上按比例绘制，也有在白色硬质纸上按标准绘制，同时标出尺寸与角度，颜色必须按规定色标涂均匀，绘制的商标严格的说比照相的和印刷的还要规范，以其作为印刷照相的标准原版。图 12 为

SHARP、美国国际纸业公司商标、加拿大航空公司标记的绘制。

图 12

4. 字体标记制作

在广告商标制作中，有相当部分商标是以不同的文字进行适当的变化制作而成。主要是将文字图形化，增强可视性与内容表达的鲜明个性，以及视觉的美感。

汉字被称为方块字，粗看似乎每个字的外形都象方块，差异不大，但每个字都有独立的意义。有人称每个汉字都是一个集成块，含有丰富的信息，经过组合又可阐明更深层次的意念与更为复杂丰富的信息。汉字是世上唯一的系统演变进化的象形文字。传统书法艺术是字义与字形高度统一的深邃的艺术字体，其特点是看书如看画，即使不知其意，见其性也略知其中几分。

西方文字以拉丁文为其主要成分，字母形状类似几何型：圆、方角，个体特征大，组合排列整齐中有变化。特别是字母数目不多，英文只有26个，浅显易懂，发音容易，人们普遍能读其音，辨其性，因此在信息传播上优于其他文字与图形，容易被人辨认与记忆，日趋被企业用作标识设计。如日本的SONY、CANON，美国的GE、IBM等都是国际公司的成功标记。在广告标识设计中，文字字体成为企业精神理念象征造型。并充分体现企业的个性。而企业的个性与识别性是需要通过字体的造型来体现。因此这些字形在造型制作中应充分体现标记的识别性，通过字体元素图象化，引起视觉的注意与联想。字体商标要具有信息传递作用、审美作用和辨别作用。

可根据具体品牌和企业的形象特点制作相应的个性突出的字形标识。不少电冰箱、电视机、录像机、摄像机、光碟机、空调机、洗衣机以及其他大小家用电器都采用文字作为商标。作为科技产品的商标文字要具有现代感，富有力度，简明突出，但要适合家庭温馨的氛围，品牌个性明显。

工业机械，载重汽车品牌文字标识制作要给人以坚实感，分量感，造型规整有力，钢中有韧，笔画要粗，章法严密。要能体现机械结构的力度，强度以及速度。

时装，化妆品首饰的商标文字，女性气息要浓，字体宜秀美，端庄，笔画要流畅、优美、富有变化，结构要显得华贵。给人以格调高雅，情趣浪漫的感觉。

传统产品、历史名牌、老牌企业文字标识，最好朴实无华，保留古时风韵，字体可苍劲有力，古旧朴拙，在不影响整体形象的前提下，形式上可略作残缺，但不可有破旧感。也可以在完整无缺的形象整体结构和笔画处理上，运用色彩古色古香，呈古典高雅感觉，点名商品品牌的历史经典品位。

结构新、造型活泼、个性动感强的字体制作，可用于流行消耗型产品的标识，具有现代感，符合消费时尚，追求时髦的消费心理。

字体广告标识制作，要反复探究品牌用字的含义以及结构形态的特征，在章法、编排、笔画处理的比例上要反复揣摩。只有在明确把握其深刻内涵形态特征的基础上。方能制作出个性突出，注目力强，富有联想，寓意明确，具有审美愉悦的文字标记。

第六章 平面广告中的图像制作

　　图像是广告中宣传表达的重要手段。以图像的直观性、注目性与情趣性吸引消费者，激发其兴趣，是广告形象策略的关键；以生动活泼、富有感染力与诱惑力的形式诱导消费者去阅读广告文字，深化广告诉求，是广告传播的目的。

　　在广告制作中有的以图像为主配以文字，如招贴画，如报纸杂志中的广告画页等。也有以文字为主，插入图像辅助说明文字难以表达的部分，此类被称为广告插图。广告图像的制作不同于美术绘画创作，必须根据广告目标的要求，从构图、形象的创作、构图、空间的配置、风格确立、画幅大小等方面进行全盘筹划，同时还要考虑在编排上协调好与文字的关系。

第一节　图　像　的　分　类

　　广告图像的运用非常广泛，形式可以分为几个大类。

　　1. 具象类图像：广告宣传中需要将人物、商品、环境十分真实地反映给消费者，运用传统绘画方法，摄影或者喷绘，或者综合使用这些方法，将广告信息通过可信、可靠、具体、逼真的形象来吸引消费者，激发他们的欲望，如食品、化妆品、首饰、钟表汽车广告等，都十分讲究产品形象和人物形象的真实感。

　　2. 夸张类图像：用轻松幽默的手法和夸张的漫画的形式，表现广告的内容，既可增强读者的兴趣与亲切感，又能回避一些不登大雅之堂的形象。在广告图像的汪洋大海中，好的幽默图像作品往往能给消费者留下极其深刻的印象。如同你看了不知其数的电影，但卓别林的无声电影你始终不会忘记。在广告诉求策略中，幽默夸张是最难实施的，这需要较高的制作水平，特别是在构思和创意方面。这类图像广告在报纸、杂志上常能见到，有时也用于招贴和销售点广告，以及店面广告，常见的有药品、食品之类广告。

3. 抽象类图像：自从绘画界的新造型主义的兴起，平面艺术中点、线、面、色的4大抽象造型要素很快直接运用到广告的图像设计中来。视觉艺术中的光效应画派，也对广告图像制作产生很大的影响，不大规则的线条、图形，各种组合的几何形状、色块，抽象类图形在现代广告制作中被广泛运用。似乎这些抽象绘画大师是专门为现代广告而诞生的。越来越多的美术前卫意识在广告图形制作中得到充分发挥，各种自然的、人造的机理纹样被运用到广告图像制作中。

在进入高科技的时代，广告的图形制作也进入一个万紫千红的新纪元。可以运用最先进的绘制工具绘制出超现实主义类的图像，也可以在人类的聪明与智慧的创作思想基础上运用电脑设备与技术进行变形绘制出令人叹服的夸张形象。抽象的组合在千万次的电子演算下，瞬间可以提供点、面、线、色的各种组合方案，手工难以描绘的复杂组合设计图案，计算机可以轻易为你打印出来。但所有这些都需要人去制作。广告图形绘制已进入一个现代化的科技时代，但基础还是建立在人的智慧上和双手的操作上。

第二节　广告图像绘制的工具及基本方法

广告图形的制作方法很多。由于制作广告图形要适应广告活动的运作，适应市场的竞争需要。广告图像除了在构思创意上要与众不同、有独到之处外，形式上也要求新颖别致、风格独特。因此不少广告图像除了在设计思想上不断创新突破外，在表现技巧方法上也力求不断革新，在工具、材料方面也想方设法寻找新的发展，通过不断尝试，力图取得新的效果但作为基本的材料与工具仍能有效的绘制出成功的图像，在实践中仍有继续挖掘的潜力。通常使用的工具与材料有：

铅笔有软、硬、浓、淡之分。硬质色淡，以 H 标识。6H 最硬且淡，次之 5H，再次之 4H，直至 H，HB 则硬软相兼。质软以 B 标识，6B 最软，且深，5B 次之，可分至 B。有的铅笔厂还制造 7B，8B，当然是很深很软。

水彩颜料：顾名思义是用水来调和作画的颜料，透明鲜艳，性能比较容易掌握，色彩层次比较丰富。

透明水色：原来是用作照相着色与幻灯片绘制。也是用水调和作画，极透明，色彩浓艳，一般不易多层次覆盖，否则就容易赃灰。用透明水色制作的图像漂亮、明快，不易保存，容易褪色。

水粉颜料：基本与水彩颜料一样使用，不同之处是颜料粉质较重，不透明，覆盖力强，容易涂匀，俗称为广告色或宣传色。

丙烯颜料：也是一种可用水调和使用的颜料，也可以用丙烯液来调和使用。可调薄使用如水彩一般，也可调厚使用如水粉一样，干后防水性较强，色彩质地细腻鲜艳，而且较牢固。

色粉笔：有 2 种，1 种是粉笔可以涂画、擦抹，粉质感强，色彩饱和度欠佳。另 1 种是油粉笔，俗称油画棒，色彩较之色粉笔浓重，可结合刮刀作画，容易产生厚重感，不易作过分细致的描写，同蜡笔有些相似，但比蜡笔质地软些，可与其他颜料混合使用，制作出特殊的效果。

颜色铅笔：使用方便，既可用作精细描绘，也可用作速写，笔调流畅，有的还具有水融性能，画好后再用毛笔蘸上清水渲染一番有意想不到的效果，一般广告插图中较多采用。

马克笔：也称记号笔，是近来广告图像制作中广泛运用的工具，具有多种笔头，色彩丰富，从浓到淡，从纯到灰，色彩有数百种之多。通常用来制作招贴和设计效果图，主要成分是甲苯和二甲苯。挥发性极高，使用方便，但要使用专用纸张，如不渗油、不吸油的马克专用纸，色彩附力强。

墨汁：黑色，一般用来制作印刷制版用的黑白稿，要求质地细腻。

纸：是图像制作中比较重要的材料，可根据不同的图像制作要求与效果，运用不同质地的纸。

水彩画纸坚实，有橘皮纹纸，表面处理较粗的，也有布纹纸，表现处理成布纹效果。

机白卡纸，洁白光挺，有一定的厚度，是广告图像制作普遍使用的纸，可用作水彩画、水粉画、喷绘、油粉画等。

粉笔画纸，表面毛糙有度适合色彩描绘图像，色粉画专用纸表现有些象砂纸。

宣纸，是中国画传统用纸，品种较多，棉料、净皮、玉版，可分2类：生宣纸，水色渗化力强是水墨写意画的理想用纸，笔墨趣味效果表现力强；熟宣纸是在生宣纸基础上加钒处理，水色不易渗化，是作工笔画的用纸。其它还有皮纸，元书纸等。

马克笔画专用纸，专为甲苯或二甲苯溶剂颜色作画用的纸，洁白如同一般道林纸，但不吸油，适合马克笔多次重复用笔，色彩显示效果比画在普通纸上艳丽。玻璃卡上也可用马克笔作画，效果也别具一格。

其他还有艺术卡纸等。

笔：水彩画笔、水粉画笔、狼毫油画笔等均可作画。国画用毛笔，小号圭笔、花纹笔等可用作细部精确描画用。底纹笔可用作较大面积的颜色平涂，笔调均匀。

圆规：直笔规、曲线规等制图工具，都可用作精确细致的描绘，一般用于制作印刷制版稿件。

美工刀除了刻划、裁割用途外，也可以在绘制图形中用作刮刻，制作一些特别效果。

在图像制作中，如何掌握工具材料的性能，最大限度的挖掘表现潜力，是一个值得研究拓展的内容。如普通胶水在图像制作中也可以巧妙运用，制作出特别的效果。

水彩画，关键是在作画时对水分的掌握。水彩画基本上可分两种方法：干画法，水彩料透明，覆盖性弱，绘制时，在构好的底稿上先画淡色，待干后再画旁边颜色或覆盖上较深的颜色，逐渐加深，不断深入。要注意颜色的过渡和衔接，覆盖层次不宜过多，过多覆盖色彩，画面容易显得污浊。这类画法制作时较从容，在描绘景物的同时，注意用笔，容易在表现景物比较细致深入的同时体现笔触的趣味，另一种是湿画法，水彩颜色是用水调配作画的，因此，可以利用颜色在纸上还是湿润之时，或者将干未干之时，接着画邻近的颜色。使之相互渗透，给人以淋漓艳丽的畅快情趣。充分体现水彩画的水趣特点。当然也可以干湿方法综合使用。

水粉画基本画法与水彩有些类似，但颜色不透明，覆盖力强，可以分为薄画法和厚画法两种。薄画法与水彩画相近，注意水分的控制与色彩的衔接。厚画法用颜料较浓厚，利用其不透明的特性可在深色上作覆盖，色彩感觉厚重，表现力较强，风格有些类似油画。若厚薄画法结合，其造型表现力很强，所以水粉画是广告绘画普遍采用的画种（见彩图8）。

水墨画在宣纸上使用中国传统的笔墨、颜料制作图像，近年来在广告界多有运用，笔调流畅，趣味高雅，民族气息浓郁。此类绘画以情趣为重，在把握工具材料性能的同时还需要作者具有较深的中国书法修养。为了达到广告作品的光挺效果，需要对画稿另行装裱，制作工艺较为讲究（见图13）。

宣纸油画，是近年来兴起的新型画种。用油画颜料或水粉丙烯等颜料在宣纸或其他纸上采用画、印、擦、刮等方法，制作图像，形象斑驳古旧，类似古代壁画，追求古朴苍劲的趣味，但不能作十分深入细致的细部刻划。除了上述手绘广告图像制作方法外，还有其他一些较为特别的技巧，除了运用传统绘画颜料工具材料外，借助于其他材料加以综合，在图像制作中可以采用一切可以利用的材料与方法达到绘制理想的形象。

1. 平面粘贴法：在构思好的画稿上涂好底色，拼贴报刊以及其他印刷品或照片，也可以采用树叶、贝壳、树皮等实物或拓片，适当调整色彩，配以其他点缀，形成一般绘画所难以描绘的效果，表现独特的意念。

2. 半立体、立体制作与摄影结合法：即利用纸张、纸版、布料、塑片、小木条、绳线以及胶泥制作主体或半立体人物、动

Caltigraphy by
Bob Jin

MONEY. You can save lots of it on the Shanghai Stantana because it's absolutely Duty Free.
Expatriates and foreign companies cannowbuy directly from Sahnghai Volkswagen. All one
must do is to provide relevant documents. The Duty Free
Shanghai Santana. The ultimate driving experience. Shanghai
Volkswagen. Tel:956-//80 Fax:952-9815

上海大众

图 13

物、器具物品等，配上背景与灯光，通过摄影后制作出平面图像，趣味性强，手法夸张，比较生动。

3.对称拓印法：有些图案性较强的图像可以用饱和的颜料描绘画稿的一半，水性颜色或油性颜色都可以，但油性干的慢容易掌握，画好后沿轴线对折，使另一半画稿相对称的印上相同的图形。

4.自由花纹制作法：用各种油性颜料滴在水面上，根据大致制作要求搅拌浮在水面上的颜料，然后轻轻的仔细的将画稿贴在水面上将飘浮的颜料吸附在纸上，形成美丽、自然的图纹。当然也可以在玻璃板上滚上不同色彩的颜料，然后将画稿覆盖其上，用橡皮滚筒小心滚压，纸上也能印出特别的纹样，如同独幅版画一样。这类图像以自然趣味取胜，但形象不易掌握，要反复试验，有些效果偶然性大。

在手绘图像制作的实践中还可以创造出许多独特的绘制方法，以及许多美丽别致的作品，这正是广告制作所需要的。

第三节　广告图像喷绘制作

用喷绘方法绘制图形，图形层次细腻柔美，变化均匀自然，形象逼真，是一种应用价值极高的绘画技法，在广告制作中也普遍运用。

在史前文化遗址中我们可以发现原始人类居住过的洞穴中，有用兽骨管或芦苇管吹喷颜料而绘制的手形壁画。如距今35000年左右的内蒙古阿拉善右旗雅布赖山洞中发现的手形画，是先用手掌复在石壁上，再用赭石粉调和黏合剂和水配置成的颜料，通过骨管喷射在石壁上，留下阴文手形。在欧洲，德国的柏梅尔与西班牙的卡斯梯罗，以及澳大利亚的托马汉克的原始人类生活的洞穴中都有相类似的发现，这似乎是一种早期的具有世界性的绘画方法，是人类的共同意识与情趣的表现，也是喷绘艺术的起源。

在没有专门的喷绘工具时，一些较为简单的方法亦可以粗略的制作出一些类似喷绘的效果。如用牙刷和其他刷子蘸上颜色拨动刷毛溅射出细微的颜色粒子，附着在画纸上，形成一种较为柔和的色彩变化；也可以采用裁缝师傅在熨烫衣料前喷水雾的工具，一种带2根小管的瓶罐，在小罐内装上颜料，插入的管子用作虹吸颜料，另一与其成直角的管子用作吹气，也可以喷射出雾状水质颜料。但以上这些方法只能取得一些粗略的喷绘效果，不能作深入的仔细的描绘。1890年美国的一位水彩画家CHARLES-BURDICK研制成用作绘画的喷笔，1893年，还获得了专利。到了本世纪20年代，美国人JENS PAASCHE制作出更精密的喷绘笔，随着广告制作在技术上的发展需要，喷绘在图形制作技巧上日趋完善，所绘的图像如同摄影一样逼真、明快，但又不受摄影所需条件的局限，深受广告界的青睐。喷绘不仅用来喷涂物品表面颜色，还用来绘制插图。60年代在一些经济发达国家还用来在汽车与摩托车上喷绘装饰图案，成为一种时尚。60年代初，WALTER SCHLOEFLDT创立了BADGET喷笔公司，从此喷绘成为更加普遍的商业逼真画的制作技术。除了在喷笔制作的质量与工艺以及喷绘颜料上不断的提高外，喷绘的技术也日趋成熟，喷笔喷出的线条也能控制到0.5mm之细微。本世纪的70年代到80年代是喷绘的黄金时期，特别是在广告制作领域中，以其博大精微、内涵丰满的艺术表现力得到了广泛的应用，在包装装潢设计、产品样本设计稿制作、印刷图表原稿制作、建筑效果图的绘制中，喷绘发挥着特有的表现技巧：颜色变化的柔美与细腻、色调的和谐与明快、光影变化的均匀与细微、层次的渐变与虚晕，满足了广告制作中对图像的完美表现的要求，大大增强了广告宣传中形象的诉求力度，成为广告图像制作中的重要表象手段。

一、喷绘工具与材料

空气压缩机：喷笔是靠压缩空气的喷射作用于虹吸管喷出极细微的颜色粒子，一般采用噪音低的电动空气压缩机，有膜片机与活塞机两种，每分种 $3m^3$ 以下的小型机既可作为喷绘的气源。

喷笔：喷笔是根据玻努力虹吸原理制作的吹、喷绘画工具，目前市场上有的喷笔能控制气流与颜料流量，喷笔内有可调控的节流针，可喷出各种粗细浓淡均匀的颜色，喷笔口径一般在0.2~0.8mm，不同的口径可作不同幅画的图像制作。

喷笔是一种精密的绘图工具，每次使用结束需要清洗，用毛笔清除积留的颜料，然后用清水反复喷泄几次，特别是使用油性颜料，就需要油性稀释剂，反复冲喷，要保护好喷嘴与喷针，避免损伤形成故障，影响喷绘质量。

画板：木质画板要有模板框压画稿，用以固定画稿，文具店出售的白色铁质书写版也可以用作喷绘画板，用磁条或磁铁块固定画稿，一般喷绘时都将画稿平放。

喷画用纸：几乎所有可以作画的纸及画布，都可以用来喷绘，但不同的纸的质地纹理取得的效果不同，质地较薄的纸张在喷绘过程中由于吸收水分有限，过分潮湿会起皱，因此需要裱糊好再喷画，质地厚实的纸张就无需裱糊，但生熟宣纸喷画时可以不裱糊，喷画后也可以托裱。

画笔：油画笔、水粉笔或水彩画笔用来调色、装色、涂底、清洗喷笔等，化妆笔、衣纹笔、小圭笔等用以调色、装色、精描，铅笔、彩色铅笔用以画底稿与修补画面，较大号底纹笔用以清除画面的粉尘和涂底色。

透明胶片用作遮挡模板，封胶纸比胶片薄，容易剪刻，较透明，一面涂有低黏性胶，是理想的遮挡材料。

刀具：剪刀、美工刀、雕刻刀、裁纸刀，用以裁割制作遮挡模板。

制图仪器：圆规、直线笔、曲线笔、几何形板、三角板、直尺用以辅助喷绘图像及修正用。

吹风机：控制画面湿度。

镇纸类：大小铅条、铅块、铁块、铁条，或磁条、磁块。

胶带纸：固定、连接遮屏膜片用。

防尘罩：喷绘时戴用。

滴管或注射针：装颜料用。

颜料：喷画常用的颜料很多，水彩颜料色彩鲜艳，质地细腻，覆盖力弱，画面附着力强。水粉色颜料，有较强的覆盖力，其他性能与水彩色基本相同。管装国画颜料与水彩，水粉色差不多，性能稳定不易褪色，但颜色种类不如水粉丰富。

高级书画墨法：墨色浓重，质地细腻、均匀，是较理想的颜料，修饰黑白摄影图像最理想。

照相透明水色：鲜艳明快，质地纯净透明，配合其他水性颜料使用，效果较好。

丙烯颜料：水融性，喷绘附着力强，色彩鲜明耐久，干固快，容易堵塞喷嘴。

油画颜料、油漆：也可用作喷绘颜料，但广告画稿制作中不常用。

喷绘颜料不论什么质地与调和剂配置一定要质地细腻，附着力强，才能保证喷绘制作图像的质量。

二、喷绘图像制作方法

绘制小幅画稿时，以单手持笔，如同用钢笔书写一般，中指抵住笔杆与拇指一起夹住，食指在辅助夹笔的同时控制喷笔的扳掣，调控喷射的流量，以平稳、自如、放松为关键。绘制大幅画稿，大面积喷涂时，宜双手执笔，如同持手枪一样，以右手为主，左手辅助，平稳移动均匀喷射。当然深入描绘细微部位无需两只手执笔。喷绘时喷笔与画面的角度关系到喷射的色气流与画面质地在颜料附着后形成纹理有关。喷绘时喷笔与画面的距离关系到喷绘面积的大小浓淡，距离远面积大而色淡，距离近面积小而色浓。喷绘时喷笔的扳掣是控制气流量与色量的调控机关，要控制好，保证喷涂颜色的细腻与均匀。喷笔喷在画面上的颜色状态会因喷角、喷矩与扳掣调控不同产生不同的状态，我们称其为喷样的不同。喷绘绘制图像的特点是颜色均匀，过渡柔和，我们称其为晕调。色调逐渐变化的喷涂可称为晕喷，利用模板遮挡喷涂被称之为遮喷，切喷是指利用模板遮挡后喷涂产生的深浅虚实的对比效果，有明显块面结构的刀切状。

1. 点喷绘制法：在图像底稿上按比例极轻地画上网格，精心规划，再用喷笔喷绘出边缘晕润的点，以其大小深浅变化的组合绘制出图像，如人物、景像、物体，用网点的变化来进行形象塑造，别具风格。在摄影图像的修补中也可以用点喷的方法，加强物体的高光效果，强化物体的精神，如水果上的水滴反光，人物的眼睛或嘴唇的高光，用点喷加以强化使之更为传神，也可以在金属制品或玻璃物品图像上适当增加点喷高光，加强物体的质感表现力。

2. 线喷绘制法：用来绘制夜间的霓虹灯形象，人物形象的头发、须眉等。线喷相对点喷难度稍高些，要保持喷绘时手执喷笔运动的平稳与均匀，所绘制的线条流畅，有色晕效果，如同夜间发光的霓虹灯线条一般，所以手指控制喷笔扳掣的色量气量要与手腕手臂运动协调，并与画面保持恒定的距离与喷角，其操作要领是起笔收笔要淡进淡出，走向流畅，粗细均匀。

3.面喷绘制法：在点、线喷绘的技巧基础上，加大喷矩，喷绘较大面积的喷样，被称之为面喷。物体造型往往需要由不同形状、不同色彩的面组合而成，同一个面中的色彩也有深浅等变化，在喷绘过程中，借助根据造型制作的模板遮挡技巧，多层次的喷涂渐变晕喷等，可以生动逼真的绘制图像。虚幻的物体如天空云彩、雾气以及层次细腻、质感柔和的物体可以用晕喷来表现，轮廓清晰、质感坚挺的物体可以用模板遮挡后喷绘出整齐准确的形体。

4.肌理喷涂绘制：许多纸张本身就有不同的纹样，只要控制喷角，效果就显得明显。有些较薄的纸张，故意揉皱，选择喷角与方向就能取得如同山水画的起伏肌理。如果先在画面上根据制作要求喷洒较大的清水滴，然后再喷涂颜料，就会保留水滴的形状，而形成独特的肌理。也可以先喷洒较密的细水滴，然后喷色形成天然渗化的效果。先喷水再喷色，或先喷涂颜色后再喷清水，可按制作需要而选择。

5.模板遮挡技巧：遮挡模板，在喷绘中如同喷笔一样重要，是塑造形象控制轮廓的重要工具。如何制作与运用是个技巧性的问题，模板制作的材料可用胶片、纸片或其他可以用以遮挡的材料。模板一般可分为专用模板与公用模板两大类，专用模板是根据所绘制的具体图像的样稿规划色彩喷涂的层次、程序，用胶片复在画稿上，根据具体形状描画后用刀刻成。有时，图像色彩层次较丰富，造型复杂，就需要刻制多块模板，有的则需要复合遮挡，也可以根据图形特点借用其他现成的材料如几何模板、曲线板、小树枝条、小树叶等。共用模板不是专为某一图形绘制而刻制的，而是比较合理地套用一些曲线模板，边喷边调整。有的为了准确遮挡出形状，用多块模板复合阻隔。曲线边缘要设计好，巧运用。一般直线边缘的模板共用性强些，橱窗稿、建筑立面图用的较多。其他遮挡材料也可产生一些特殊效果，如利用棉花的边缘喷绘云彩，丝棉拉成不规则网状喷绘出大理石纹样，也可以用干毛刷的毛头作遮挡模板，纸张的撕裂边缘作模板，大小各异的枫叶重叠作遮挡模板等。喷绘制作的图像还可以用画笔作细小修正，也可以用干净的布或橡皮小心擦拭，进行修正；也可以用小刀片刮出某些白色细节。还可以综合运用喷绘的各种技巧对手绘图案与摄影照片进行修饰，以达到理想的效果。如光洁度高的汽车照片，往往反射出环境中的景物，形成较凌乱的反光图影，为了取得反光的整齐光挺效果，可以运用喷绘方法，除去杂乱的投影，使物体形象更完美。

三、喷绘制作图像的操作方法

喷绘制作图像首先要画一幅轮廓准确、结构清晰的素描底稿，最好再画一张供喷绘时参考的彩色小稿。在正式施喷前对所要绘制的图像轮廓结构层次、色彩施喷的程序、遮挡模板的分隔、颜料的用量等，有一定的理解与把握。然后将底稿的轮廓及层次变化用 COPY 纸以线条形式描下，复印到喷绘画稿纸上，根据具体喷绘图像的特点需要，选用合适的遮盖材料，依照样稿的轮廓结构及彩色变化的层次，用刻刀制作遮盖模板编上号码，分理归类，以备喷涂时分别应用。施喷前根据喷绘稿的轮廓、结构，准确合理地将模板按喷色的先后顺序相应固定在画稿上。封纸模板可以黏牢，其他材料则需要较重的镇纸、铅块或磁铁压牢。一般先喷涂亮部，再次再喷涂中间层次。也可以先喷较大面积的中间色，如物体的固有色，然后逐步加深。比较肯定的部位需要足量喷涂。喷涂时要控制不同颜色和重复喷涂后产生的颜色变化。色彩层次结构分明的部位，需要模板边缘遮挡准确、清晰，渐变晕化的部位，要喷洒均匀、层次细腻。最后喷绘暗部与阴影。操作中要有条不紊，模板遮挡严格准确，色彩喷涂均匀柔美。先喷绘主体形象，后喷背景投影，先淡后深，先大后小，先整体，后局部，逐步深入，最后整体调整，局部精修。

第四节　广告摄影图像制作

自从 1826 年法国发明了照相制版技术后，摄影成了制作广告图像的重要手段，广告摄影制作的图像直观性强，生动真实，而且制作迅速。摄影图像以生活气息浓郁、具体形象逼真、视觉感受强烈、给消费者印象记忆深刻等形象诉求的优势成为印刷广告、灯箱广告等广告形象的主角。50 年代在广告图像中，摄影图像约占 20% ~ 30%，到了 80 年代，上升到 90% 以上。随着科学技术的发展，图像复制新技术在平面广告制作中将广泛地发挥形象诉求的优势。

广告摄影图像制作通常称之为广告摄影。广告摄影是一门由现代广告制作理论与现代摄影成像技术结合艺术图形创作技巧综合而成并且不断发展的新兴学问。运用摄影技术，结合艺术图像创作法则，将转瞬即逝的广告信息以真实美丽的形象固定在画面上，把文字语言难以表达的广告承诺代之以生动活泼的形象，使人一目了然。广告摄影以其特有的形象诉求优势，强化商品和品牌企业的形象，增强在市场竞争中的能力。广告摄影不同于新闻摄影、风光摄影，也有别于一般的人像艺术摄影与景物艺术摄影，广告摄影冠以广告二字就表明其具有明确的广告目的，有特定的传播对象，有一定的制作标准与独特的技术处理手段。成功的食品广告摄影通过图像制作可以把诱人的色、香、味凝聚在画面上，以逼真的形象来刺激消费者的食欲。好的时装广告摄影，可以捕捉模特表演刹那间的潇洒风采，将其固定展示在你的眼前，不断对你的穿着消费进行广告诱导。其他各类广告摄影所作的宣传，也都通过逼真生动的图像展示企业、商品品牌的诱人魅力，在如同亲眼目睹一般的广告形象诉求中使你感到商业承诺可信、可靠，客观上起着左右消费者购买行为的作用。在生活中，常常可以遇到一些消费者手拿印有商品照片的广告宣传品在商场中问询、寻找，这就是广告促销中的按图索骥现象。

1. 广告摄影图像的制作特点

广告摄影制作是实际生活中的景物的再现，因此具有记实性与真实性。广告摄影制作通过富有创造性的艺术构思浓缩广告诉求的信息，真实可信地表现对象的外形特征、优良的品质、动人的色彩，在品位格调的点示、情感氛围的营造、典型形象的塑造方面显现其自身审美价值的艺术特性与信息集中的特点，因此广告摄影图像比较其他图形制作，主体形象更真实逼真，艺术形式更生动感人，信息传播更集中准确，具有较强的形象诉说能力（见彩图 9）。

2．图形拍摄的构思

广告摄影图像的制作不是简单的商品景物的照相，而是广告形象诉求策略的具体表现。因此，必须在市场分析、产品特点分析，消费对象分析的基础上为广告主体题的正确表现选择确定形象诉求的策略，明确被摄物体的具体要求和质量标准，对广告表现方式进行全面构思，根据广告诉求的具体策略，选择图像制作的样式。外形精美的物品，以形象直接诉求方式来表现；广告内容比较抽象，较难直接说明性能特点的物品，用比喻的方式来表现；品位高雅的物品可借助名人形象来宣传；需要对产品的优良品质与性能作延伸宣传，则可以运用比喻与想象相结合的表现方式。构思的目的是在图像制作时充分考虑内容与形式的统一，真实与艺术的结合，增强广告艺术的表现力，使广告主题鲜明突出，广告形式立意独特，广告诉求准确有效。

3．拍摄景物的选择与整饰

完美的摄影对象是广告摄影图像的基础。当商品、模特、风光等作为广告内容成为广告拍摄的对象时，一定要经过严格的选择与适当的整饰。摄影广告中的形象代表着企业品牌和产品的精湛技术、优秀的品质和可靠的信誉，是广告诉求信息的集中体现，具有典型的意义。不加选择，简单制作有损企业品牌、产品的广告形象，是对消费者的误导。任何有违广告主题的残缺、破损、瑕疵等都不利于广告形象的塑造。因此作为拍摄对象的商品、人物、风景一定要精心挑选，适当进行技术性整饰，强化质感，增强美感。有包装的商品要完好美观，去包装的商品要品相完整，质感诱人。摄影图像的特点就是真实完美，玻璃质地商品要明净、晶莹；金属制品要光华、舒挺；蔬菜瓜果要鲜嫩、水灵；模特的形象同样要按广告形象具体标准精心挑选。模特拍摄前要化妆、修整。皮革制品需要打腊上光。水果之类要滴上甘油替代水珠。即使是衬托用的道具、衬布等也需要精心选择，加工处理，不能将就使用任意搭配。成功的形象除了自身的优势外，背景的衬托，也是重要的因素。如果拍摄室外建筑、绿化、山水风光等，也都要根据广告主题的需要，挑选理想形象，要考虑天气季节带来的色彩、气氛、情绪的变化。拍摄现场，要适当进行整理加工，增加色彩和层次的变化。广告摄影图像制作对形象是有标准的，要求是严格的，挑选是必要的，适当处理是应该的，目的是提高图像质量，加强广告形象的诉求力度。

4. 拍摄机位的选定

广告摄影要获得好的画面效果，必须仔细观察被摄物体的空间存在姿态。特别是在拍摄现场，被摄对象的材质、外形特征、广告制作要求都必须仔细观察，认真分析。尽可能根据具体情况和具体要求选择相应的拍摄方向、角度、高度与镜别，以最能表现对象特征的方位来确定照相机的拍摄位置。

取景方向的选择。正面拍摄对象，构图对称，比较平稳，较全面显示对象的面貌，但缺少变化，空间感、体积感不强，画面容易平淡呆板，如果选择比较理想的斜侧方向拍摄对象，画面效果就有变化，有动感，显得生动，透视感强，立体效果好，也比较容易表现对象的外形特征。

拍摄角度的选择。平视拍摄，被摄物体与照相机镜头在同一水平线上，其拍摄效果是画面上下对称，被摄物体不变形，真实感强。如果拍摄人物以及生活中与人的视线高低相等的物体，画面生活气息浓，有亲近感。仰视拍摄，是用于强化垂直性景物的特征，加强垂直的透视，带有夸张的效果，拍摄建筑物、挺拔的树木、大型工业产品等，视觉效果较强烈。俯视拍摄，能表现物体的全貌，拍摄单体较小型的物体，如日用器皿、糖果糕点、蔬菜、工艺品、酒类、卷烟等，都能充分表现其造型美、质感美、装饰美。用于拍摄成组的物体，在表现单位特征的同时又能比较清晰的体现组合的规律及整体的特征与气势。

5. 拍摄距离的选择

广告摄影中，同一物体用同一镜头拍摄，由于拍摄的距离不同，会直接影响到拍摄取景的变化范围。远距离拍摄取景范围大，相对来说，能拍摄物体的全部面貌，有利于物体结构特征和空间深度的表现，有利于广告主题的突出。物体体积越大，拍摄范围越大，所需的拍摄距离就越大，反之取景范围越小，拍摄的距离就越短。中距离拍摄能突出产品的部分特征，用来强调产品的某一优点特性。近距离拍摄或者特写拍摄是取局部加以放大，强化景物的细节特征，容易表现产品的质感，深化的产品的特性诉求，给人以强烈的印象。如用近距离特写拍摄高级手表的内部机械计时装置，广告画面效果如同给消费者带上放大镜，对精密准确的结构看个够，容易取得消费者对该品牌手表质量的认同。为了准确体现广告形象的特征，在广告图像的拍摄过程中，要反复分析广告宣传对图像制作质量的具体要求，采取平移、升降、纵横推拉等方法反复调试拍摄的方向、角度、距离，选择确定最佳机位，拍摄出最能体现广告主题的摄影图像。

6. 摄影画面的组织

广告摄影是将浓缩的广告信息集中于形象真实的画面中，将物体的特征、色彩、质地的3度空间存在形态，以及光学成象的技术固定展示在平面图像之中，形成摄影图形特有的视觉语言表达规律与构成要素。根据广告诉求的重点、物体的形象、功能特征以及灯光环境等因素对拍摄物体作精心安排和合理布局，巧妙构筑广告画面，使广告画面尽可能吸引消费者。广告摄影中的广告主题是通过画面中主体形象来表现的。如何在摄影画面中选择安排主体形象是体现广告创意的关键，也是画面构成的关键。主体形象可以是单一的独立的形象，也可以按创作意图组合成群体形象。广告内容的不同，创意表现的样式不同，形成构图经营的千变万化。广告摄影画面的构成没有固定的模式，但有规律可以掌握，主要是根据广告主题要求拍摄景物的特征和广告表现的样式，形成画面的风格，对主体形象作相应安排，在画面视觉中心寻找适当的位置。把广告宣传的产品作为主体形象，置放在画面的中心，占有较大的面积，详尽表现产品的特征与品质，主题虽然非常突出，但画面缺乏艺术的生动性，表现形式平淡。

一般画面中心位置的形象比较平稳，在平静中凝聚着诱人的魅力，如首饰、水果、糕点等。有的形象是动态的，就不能安排在画面中央，要借助上下、左右的位置变化和倾斜角度的运用来加强画面中主体形象的动感，如啤酒、香槟等饮料广告的拍摄就是捕捉饮料注入玻璃杯中瞬间运动的生动形象。在画面构图中，为了更加突出主体形象，选择非主体景物作为配衬，丰富画面的情节、构思的艺术和表现的寓意，促进消费者对广告内容的理解，使画面生动有趣，主体鲜明突出。拍摄中主体与陪衬体的前后位置就是通常说的前景、背景与中景。前景是主体景物前的物体形象，能增强拍摄的空间感与艺术的感染力，烘托主体形象，有助于气氛的渲染及广告主题的揭示。背景是主体形象后面的景物，是衬托主体景物的重要因素。要注意形象的选择，要注意与主体形象色彩关系，巧用协调与对比，突出主题形象的造型特点，要注意与主体形象的虚实关系和疏密关系，在突出广告主体的同时求得画面的和谐与统一。

7. 广告摄影中的造型规律

光是成象的重要因素，不仅是获取图像的必要条件，又是艺术造型的手段。被摄物体千姿百态，各具其形，掌握光的造型规律就能充分表现对象的特征、质感、色彩、造型、情趣以及环境气氛。优秀的摄影图像与摄影灯光成功运用是分不开的，摄影光源可分为硬光源与软光源两类。直射的太阳光、聚光灯的直射光、反射灯具中的点光源直射光是硬光，其特点是量度大，方向性强，照射物体明暗反差大，立体感强，轮廓清晰。透过云层的阳光、各种伞灯、散光灯以及透过毛玻璃、COPY纸等的漫反射光称为软光，亮度小，无明显的方向，照射物体投影不强烈，层次细腻柔和，轮廓线条优美。光源的色温高低也是广告摄影中重要的因素，光线中蓝紫色短波光为高色温，红黄长波光为低色温，色温的高低关系到黑白片的感光效果及彩色片的色彩还原。

灯光的方向不同，同一拍摄物体在摄影画面中形成的视觉效果就不一样。正面光从物体正面照射，光照平均，能全面照亮对象，投影极小，形象容易显得平淡，立体感不强。斜侧光，在物体正侧面45°的方向照射，较正面光效果立体感强，能反映物体的自然质感，感觉自然。正侧光，与拍摄正面成90°方向照射的光，物体的明暗对比几乎对等，容易表现表面的起伏变化。后侧光，包括顶逆光，使物体正面形象处在阴影中，而轮廓边缘结构被镶上一圈光边，比较精致，因此被称之为轮廓光，用来勾画物体的精美的轮廓特征。正逆光在被摄物体的正后方投光，用来拍摄透明的物体，容易表现其特有的质感，如果是不透明物体，在背景上投光，则与背景对比形成剪影状。垂直方位变化的照明布光，有顶位光或称顶光，高于被摄物体本身的高度，被安排在被摄物体的正上方。高位光是在被摄物体本身的上方近乎顶光的光照方位。中位光是与物体呈45°角左右的范围的光照。脚光是在水平线方向朝被摄物体由下向上投射的光，这种光照方向在自然界不多见，所以广告摄影中也较少运用。

在广告拍摄中可以利用反射光，强化物体反光的效果，加强画面的空间感。利用反光板可以降低明暗反差，增强暗部结构的表现。拍摄时可以在主灯光照的基础上根据造型需要，适当增加辅助灯光，从不同的方向用光照来增强物体形象特征和质感的表现力，也可以根据需要运用硬光与软光塑造形象的不同特性。彩色光的运用，成像灯的运用以及连续闪光灯的运用都可以拍摄特殊效果的画面。

8. 物体质感的表现

广告拍摄的物体种类繁多，常见的物质材料分为固体、液体、气体几大类，固体只有颗粒、粉末；气体有稀薄状、粘稠状，物体的特征又分透明、半透明、不透明。物体对光线反射不同可分为反光体（如镜子、光洁度高的金属体、高级的漆面处理、磁器的光釉等）、半反光体（如皮革、普通纸张、木质橡胶、塑料等）、全吸光体（如木炭、丝绒等）。不同质地物体要真实表现质感特征，唯一方法就是利用不同方向的不同光源进行照射。在拍摄中为了取得物体表面质感特征的效果，表面粗糙的物体用直射的光照明，表面光滑的物体用反射光照明，透明的物体用逆光照明，表面起伏大的物体用侧光照明，几何形体特征大的物体，可根据具体特征处理布光。

上釉的陶瓷类表面光洁度高，有明显的反光耀斑，如何处理好光斑是拍摄的关键，为了减少不必要的光斑，通常用一个灯作主光，辅助光利用反光板，可以借助偏振镜消除或减弱余光。背景最好使用散射软光照明。

透明质地的物品除了有明亮的光斑外，体形通透，表面的装饰会显现出清晰优美的形体线条，用单灯照明，光斑的位置靠照明的角度方向来调节。背光用散射光源，利用背景的反光和色调衬托被摄主体，也可以使用顶光垂直投射，或者用底光由下向上照射物体。

电镀物体及镜面体容易反映周围环境杂乱的影子和光斑，拍摄这类物体时，用白纸圈成围障将物体包围起来，在照相机拍摄处，为镜头开个孔，用散射软光照明，这样可以排除其他光源的干扰和清除杂乱的影像。

贵金属首饰豪华、贵重，拍摄时在简洁的背景下，用软光、散射光加底光照明，也可以用软直射光配以辅助光拍摄。

皮革制品的拍摄。表面光亮的抛光皮制品、仿皮制品，用散射光照射。黑色制品容易产生强光斑和其他杂乱光影，可以用软光与遮挡方法来减弱和消除杂影。翻毛皮革可以采用弱直射光或强散射光照明。裘皮，毛质松长，可以用强直射光或硬光从侧面照射，加强质感的特征表现。毛型细密类裘皮制品，用强散射光照明为宜。

布料要根据质地粗细布光，质地粗的用小角度侧光照明，质地细的用大角度侧光照明。毛料一般采用强散射光照明。丝绸、丝绒用大面积散射较好。纱类可以配逆光，表现其透明质感。

糕点、菜肴的拍摄，一般采用直射光配以侧面辅助光。水果类拍摄时采用侧逆光为主要照明，配以正面散射光，轮廓特征、色彩质感都比较容易体现。

在摄影图像制作中会碰到许多具体问题，布光方法的运用是灵活的，要获取理想的图像画面需要反复试验，在具体操作中可以掌握规律，获得经验。

9. 广告摄影中的曝光

是被拍物体的反射光线通过照相机的镜头，成像于感光胶片之上称为曝光，曝光是摄影中通过光化学获取图像的关键。物体光线反射的亮度和感光胶片的敏感度直接影响感光化学反应在胶片上产生的形象明暗，层次、密度变化，关系摄影图像的质量。照相机的光圈可以调控曝光进光大小，相机快门速度可以控制光对感光胶片的曝光时间。准确的把握曝光，可以获得合理的光化学反应，体现在照相机的操作上就是根据被摄对象反射光的量以及对感光底片的感光度来设定光圈的大小与快门的速度。

广告摄影中正确曝光的控制要根据拍摄的具体情况而定，反射亮度高的物体，要适当控制光圈小些，快门速度快些，曝光时间短些，反之颜色较重、较暗的物体，光圈需要大些，快门速度慢些。照明光线强弱、感光胶片的感光度也是曝光进光量与时间控制的依据，还要考虑拍摄镜头与被摄物体之间的距离，最后选择光圈大小和快门速度。

广告摄影曝光，可以用测光表来测定被摄物的反射光的亮度，确定曝光指数，正确使用测光表是拍摄成功的保证。测光时，测光的方向与拍摄的方向要平行一致，这是整个拍摄画面的曝光测定，如果用整个画面拍摄完整产品，或者是某一部分的特写，测光表应该相应靠近物体进行近测。测光距离，要根据取景大小来确定，原则上不要让环境中的直射光和反光影响测光表。在室外拍摄大型物体，测光时测光表要向下倾斜，对准物体，避免天空的光线直接影响曝光测定。对于明暗反差较强的物体拍摄时的曝光计量测定，应该分别测出最亮部位与最暗部位，而后取其中间值为准。

有的照相机内就有电子测光装置，此种测光是对整个画面照相的整体曝光测定，特别容易受到环境中其他光的干扰，所以有时就要把相机凑到物体跟前，进行近距离具体对象的曝光测定，然后锁定光圈进行原距离拍摄。

曝光是摄影中的一门学问，要掌握光与物体、距离、时间、光量之间的比例关系，正确测定其曝光量。

在广告摄影图像制作中，根据曝光原理可以运用连续快速的闪光照明来拍摄运动中物体的运动轨迹，也可以在全黑的背景条件下重复曝光，拍摄一些特殊的画面。这些技巧都可以用来表现广告的主题，使新颖别致的画面吸引消费者的兴趣，令人耳目一新。

10. 暗房工作

暗房工作是广告摄影图像制作的后期关键工序，主要是底片的冲洗印放，要注意冲洗药水的配方与底片型号的匹配，温度的控制，时间的掌握以及操作的动作规范。冲洗后的胶片要仔细观念，分析选用合适的放大纸，适当运用放大机的性能、放大操作技巧，可以适当弥补前期工作的不足之处，取得较为理想的画面效果，当然在构图画面不尽人意时可进行必要的剪裁。在具体操作中为了取得一些特殊的图像效果，夸张反逻辑等可以运用一些技法，如将几张底片中的所需的景物图像通过放大集中在同一画面中，也可以用原有底片翻印一张正片，两张重叠放大，或者同一底片在放大中，适当移位，产生立体或叠影效果，如果要取得层次较硬的效果，可将原有的底片用对比强烈的正色片翻成数张硬调的片子。然后复合再翻成一张底片用于放大，也有将底片在显影时适当曝光后再显影，可产生奇异的画面效果。

摄影图像在广告中的运用还可以通过拼接将不同的画面根据广告主题的需要组织安排在同一画面上，然后进行喷绘，弥补剪贴的痕迹。有些摄影图像为了加强立体、质感与清晰度，可以用精细的喷笔进行喷绘修饰，完整产品造型，加强光线的照射感觉，修整投影的轮廓，虚隐不必要的景物与反光等。

第五节　广告图表的制作

在广告宣传中，许多事物的变化都需要用数与量的多少来表现。这些数量的变化需要以一定的视觉形式表现出来，并进行比较、说明，形成一定的含义，使单调、乏味的数字成为生动有趣，易看易懂的信息，以形象的直观表现力来增强抽象的数与量的诉求力。

如何制作具有较强广告诉求力的图表是广告制作中的重要内容之一。在图表制作中，许多数与量的变化都是通过垂直，水平的二度平面空间的分隔来表现的，常用的形式有水银柱式（利用不同高度的垂直条形来表现），或用水平的条形编排进行比较，也可以用箭头形式表示不同的进度发展，或者是星座式（用不同位置的点标出数与量并用线条进行连接），在二维坐标范围中说明事物的变化与运动。百分比的表现形式通常用按比例分割的圆形。这些都是比较简洁的并被普遍采用的形式，能说明一定的数量的变化与关系，读者也比较容易看懂。但是，由于普遍运用，缺乏新鲜感，没有吸引力，曲线直线，单调乏味，体现不出特点与魅力，由于太多的类同而难以给人留下深刻的印象。成功的图表制作在数量变化表达的同时能通过精心设计与巧妙安排，运用其他辅助手段来体现事物本质的存在形态，使之成为一个比较完整的概念的传达，较之文字更生动，更有表达力与说服力。

在图表制作之前必须进行调查与分析，把握数据表达的实质，对信息内容具体分析并作出明确的判定，以此为依据，选择合适的形象、式样，达到预期的诉求目的。这是一项艺术与数字相结合的制作活动内容与形式完美结合的图表，能生动地传达内容，准确地体现数量的变化，以一种综合体现的形式简化文字说明，使人耳目一新，具有吸引力，使读者能一目了然，迅速理解把握信息内容与特征，对所表达的事物变化有较全面的认识。具体在制作图表时，首先对图像的形式与表现的内容要反复推敲，根据内容选择最佳表现式样，色彩运用、形象塑造、尺度比例、结构搭建、形状匹配、象征图形与比喻的运用等都要适当，化抽象为具体，化一般为有趣。使数与量的变化成为有效的、有吸引力的情报传达。

图表制作时将会遇到的情况：

（1）整体编排需要图形变化。在广告制作中，由于版面的局限，或者是式样避免重复，图表的样式要作适当的变化，以适应整体编排的需要。

（2）一般图表制作在平面广告中只是用垂直、水平二维坐标模式进行数据比较参照。如果利用绘画中透视的原理虚设一个第三维参照空间，就增加了图表的表达力。

（3）选择适当的物体图形作比喻（见彩图 10）。

为了进一步表达信息内容，图表制作除了在数据上作对比，象征图形配以色彩能比较形象生动地说明信息内容的实质。

第七章　平面广告印刷

　　平面广告都是通过印刷，制作成数以千、万计的印刷品进行传播。因此，广告设计制作者除了对广告作品的设计内容、形式、风格等方面精心设计外，还要制作适合一定印刷条件的制版稿，以保证广告设计的正确体现。广告设计制作者必须从构思广告作品的时候，就考虑印刷制作的体现效果。必须对印刷制作的技术、材料和工艺如印刷原理、各种版型特点、纸张质地、彩印效果、裁切工艺、装订形式、印刷制作周期等过程，有所了解、有所认识。好的平面广告制版稿，有助于提高广告印刷品的印制质量，使广告作品通过印刷制作发挥更为理想的广告宣传效果。并减少因设计与印刷之间的不协调造成的修改或返工。缩短工作周期，提高工作效率。一般广告作品印刷的方法，根据具体要求不同，可选用凸版印刷、平版印刷、凹版印刷、丝网印刷、橡胶版印刷、凹凸压印、凸字粉印刷、烫金、银箔印刷等。

第一节　印刷中的网纹与版型

　　由不同的渐变层次构成的广告稿件，如手绘的或喷绘的有层次、灰度变化的画稿，或者是照片图像，在印刷中，对层次、灰度的变化通过网线来体现。网线的疏密根据单位长度中的网线数而定，如 60 网线即在 1 英寸长度内有 60 网线，常用网线有 60、80、100、120、133、150、175、200 以至 300 网线。网线越多，表现的层次越细腻、越丰富。但也不是绝对的，要根据不同的印刷方式与不同的用纸确定网线的数目，否则过细的网线会由于油墨原因造成大面积的墨色渝积，影响图像质量。凸版印刷以 60 ~

80网线为宜，使用新闻纸。100~120网线应用于胶版纸，120以上至200网线用于铜版纸印刷，凹版印刷还可以用到300网线。

制版中网纹是光通过网屏投射在底片上形成的网点来表现图像的浓淡层次，不同的网屏除了可以形成不同密度外，还可以形成不同形状的网点，如各种粗细的点网，各种密度的线网、沙网、十字线网、砖纹网、布纹网、皮纹网，可以根据不同的图像表现要求，选择不同的网线密度与网型。

点网是最常用的网型，不同密度的点网能表现不同层次要求的图像（见图14）。

图14

（1）直线网。是由一种垂直的等距离直线构成，有挺拔、稳重的感觉，表现建筑、工业机械、垂直的器皿比较合适。

（2）沙纹网。表现层次较富有艺术感，如同石板画的效果。

广告印刷中表现裘皮商品及毛线绒的小动物较为合适。沙纹有细、中、粗等区别，各有不同表现特色。

（3）布纹网。印刷效果有布织的感觉，粗放些的布纹类似麻布。帆布的纹网图像效果类似油画，艺术感强。

（4）水平横线网。由横向线条组成，一般用于表现运动中的物体，有较强的运动感。

广告印刷中各种不同的网纹运用主要根据广告图像的具体形象内容而定。有时可以根据内容需要，综合运用各种不同表现效果的网纹，加强不同内容的形象表现力度和商品形象的质感表现。

广告印刷中常用的印刷方式，有凸版印刷，用来制作报纸广告、杂志广告、传单广告、名片贺卡、信封信纸、请帖、标签、包装等，印刷效果清晰，轮廓分明，墨层厚实，制版便利，但效果不易控制。速度慢，开张小，不易印制大幅画的广告作品。如招贴、海报等。彩印质量不如平版与凹版印刷。其制版特征是印版的图文形象部分凸出于空白部分，如同印章中的朱文图章。印刷时在凸出部位涂上油墨进行压印，使纸张与印版完全接触，完成印刷过程。所以图象网点不宜过细，适宜印制以文字、色块和线条为主的画面。一般常用印版有活字铅字版、尼龙版、照相铜锌版、橡皮版还有电镀版、电子刻板等。

平版印刷：是由早期石版印刷发展而来，后由石版改良为金属版、胶版，还有玻璃平版印刷，称为珂罗版。但石版与玻璃版效率低。印刷时图文与空白同处一个平面上，利用水与油墨相拒的原理。有图文的部分黏附着油墨，空白部分以酸性的溶于水的树胶保护，印刷时用水棍滚涂水分在印版上，使空白部分不粘油墨。然后用橡皮布作中间体，将图文转印在纸上。平版印刷制版简便，印刷版复制容易，成本不高，印刷快，套色准确，色彩柔和，层次丰富，立体感强。适用于印制美术作品。可大数量印刷，适用开张大的印品，如招贴、宣传画、年画、海报、包装用纸等等。但色彩鲜艳度差些，印面油墨单薄，有的需加制专色版。

凹版印刷：顾名思义是与凸版印刷相反，图像印纹部分是低凹于印版平面，而无印纹部分光滑平整，凸出于印纹部分。印刷时先将整个版面滚覆油墨，随后除去平面上的油墨，留下图形印纹凹隙中的油墨。然后覆上印纸，使用压力将低凹部分的油墨粘印在印张上。其油墨量随印版上印纹的深浅而变化，形成凹版印刷的丰富层次，有立体感强，墨色厚实，色彩鲜艳，印刷速度快等特点。凹版印刷还可以在多种印刷材料的表面进行印刷。无论是平整光滑的，还是表面比较粗糙的纸质。除了纸张外，还可印刷塑料薄膜、金属箔等，而且版面耐印力超过凸版与平版，所以印刷量大，通常被用来印刷价值性较高的如纸币、各类证券、邮票等精美印刷品及画册等。凹版印刷，制版过程复杂，制版成本较高，印刷费用也贵些，所以少量的印刷就不太合算。凹版印刷可分为雕刻凹版印刷和蚀刻凹版。雕刻凹版，是受金属装饰雕刻的启发而形成的，用手工雕刻制作。蚀刻凹版主要是照相成像，用过氯化铁腐蚀刻板。

丝网印刷：也称为孔版印刷，是广告制作中用得比较多的一种特殊的印刷。其原理如刻写蜡纸的誉印印刷一样，印纹部分为孔状，油墨经挤压通过印网丝的小孔漏印到承印物上，被称为透过式印刷。最早丝网制版原料是蚕丝，现在有尼龙丝、聚酯纤维或其他金属丝网。其制版也由手工刻制发展成照相光化学制版。丝网印刷，墨色浓厚，色彩鲜艳，有浮雕感。可用于多种质地、材料不同幅面的物体印刷，如纸张、布料、金属板材、玻璃、塑料等，立体形状的杯、瓶、盒、箱、包等也可以印刷，在广告标牌、路牌、广告礼品制作中广泛应用。广告促销用的广告文化衫、礼品钢笔、圆珠笔及其他文具、玻璃、瓷质马克杯等等都可用丝网印刷印制广告图文。丝网印刷速度较慢，色彩渐变层次较难表现。

还有一些为了达到一定的效果的较为特殊的印刷方法，常用的有电化铝烫印、凹凸压印、凸字印刷等。

在许多包装广告印刷中有的图形、标记、文字常常需要印制成金银色或其他金属质地感觉，就需要将图印文字制成凸版并适当加热，然后将电化铝箔纸衬在承印物上。用热印版将图形文字压印到承印物上，俗称"烫金、烫银"，印刷效果光亮、醒目，但图文线条不能过密，否则会出现并线的现象。

凹凸压印：是将所印图形文字制成上下二块相对应的凹版与凸版，将印张夹在中间，印版稍稍加热，由上向下压印，承印纸张被压印出图形、文字的浮凸形状。这类印刷类似工业制造加工的冲压工艺，一般用于商标图案的印制，纸质要求厚实些。

凸字印刷：是一种使图形、文字凸出于纸面的印刷，形成比较精美的凸形线条，显得高贵、典雅。有的色深光亮，也有的可以印成金银颜色，也有用鲜艳醒目荧光色油墨印制。一般是在凸版或平版、凹版印制基础上乘油墨未干之时，撒上树脂粉末，黏附后经加热使之融入油墨，形成印刷的图形文字的隆起的效果。广告制作中常用于精美的名片、贺卡、商品包装、招贴印刷。

广告制作中各种特殊印刷还有其他种类，但主要还是凸版、凹版、平版、孔版这几大类。见表1。此外还有不同性质的油墨在印刷中的运用，如防伪荧光油墨印刷、防伪磁性油墨印刷等用于有价证券、票据的印制，以防止伪造。荧光油墨印制的图形、文字在紫外线照射下，明艳突出。磁性油墨是通过印刷，使印刷品形成一定的电磁负荷，真伪可以通过检测电磁负荷来鉴别。

凸版、平版、凹版印刷的比较 表1

版　　式	凸　　版	平　　版	凹　　版
用　　纸	平滑的印纸	伸缩性小的纸	有弹力的纸
版　　型	A_1 以下	A_1 以下	B_1 以下
印刷效果	鲜锐，再现性高	墨色均匀，富软调效果	光泽，富墨感，阶调丰富
色　　数	1~4色(单色居多)	1~6色	1~4色
耐　印　力	活版 2.5 万 圆铅版 10 万 塑胶版 10 万 感树脂版 50 万 平凸版 100 万	纸平版 1 千 平面平版 1 万 平凹版 10 万 PS 平版 30 万 多层平版 100 万	电铸凹版 100 万 照相凹版 50 万 轮转凹版 100 万

版 式	凸 版	平 版	凹 版
制 版	活版费时，树脂版快速	极简单而快速	复杂，最费时
再 版	可留存型版或负片	可保存正、负片	可保存正片或电型
印 墨	渗透氧化型，油性，水性	氧化聚合型，油性	溶剂挥发型，油性，水性
被印材料	纸张为主	纸张、特殊印材皆可	纸张、特殊印材皆可
印刷速度 B_2 张/分	平台机 30~100 轮转机 300~800	张页纸 40~200 卷筒纸 300~1000	张页纸 40~150 卷筒纸 300~600
制版费	贵	便 宜	最 贵
印刷费	便 宜	贵	最 贵
用 途	文字组版，改版容易，直接印刷印纹鲜锐，适宜印制文字为主印件、精美的绘画、招贴、说明书、封面、插图、商标头等	制版容易，适宜大版面印刷说明书、地图、纸盒、招贴画、月历、报纸、杂志、商标、海报等	印版耐印力大，适于大量印刷报纸、彩色插页、油画复制、有价证券等，尤适合塑胶膜、铝箔等特殊印材之印刷

第二节 彩 色 印 刷

广告大都是彩色印刷，可分为单色印刷、套色印刷和彩色印刷。单色印刷除了黑色以外还可以运用其他单一的色彩，如红、蓝、绿等。凡只用一种颜色印刷都是单色印刷，也可以运用单一色彩表现印刷的渐变层次。

套色印刷是一色一色套印而成，每个版各印一色，相间的色是两个色相套印叠合而得，可以用手工分色制版，在绘制分色稿时要仔细分析彩稿中的各独立色的构成关系、定位，符号必须准确。

彩色印刷。将原彩色稿利用紫、绿、黄、橙滤色镜，通过照相获得四种不同的负片，再放上相应的网线，分别制成黄、红、蓝、黑四种颜色印制版。印刷时依次运用黄色、洋红、蓝色、黑色四种油墨进行印刷。许多较复杂的色彩变化层次是印刷中各版叠印而成，黑色版印刷使三色印刷色彩效果显得更加饱满，层次更丰富。四色印刷基本上能完美表现广告印刷中的各种色彩效果。随着印刷技术的发展，为了获得更为逼真的色彩表现效果，可以再增加灰色、淡红色、淡蓝色等色版印刷，使印制的图像层次更细腻，色彩更逼真，使印刷的色彩还原程度更接近于彩色摄影，当然印刷的费用相应有所提高。

1. 印刷用油墨

印刷用的油墨因不同的版型可分成凸版用油墨、平版用油墨，凹版用油墨与孔板用油墨等数种。软质油墨专用于自动印刷。另外还有硬质油墨，软、硬质两类油墨分别适宜于不同转印需要。除了水性油墨、油性油墨以外，还有荧光油墨，色彩艳丽，紫外光照射下特别醒目，印制海报效果极佳。还有夜光油墨，印制的效果在夜间特别明显，只要有点光照就十分显眼，一般用于印制指示牌等。还有磁性油墨等。彩色印刷要求油墨色彩要纯正，色素强，透明度高，以保证印制的色彩效果能接近原稿的要求。

2. 印工

印刷中除了制版、埋版、调色、印刷之外，印刷的成品需要根据设计要求进行再加工。有的要上光、涂塑，如广告手册、封面、请帖、菜单、折页等。有的还要烫金、压模、裁切、折叠。有的需要装订（分精、平装），印工有的是手工操作，有的是机器操作。广告制作必须了解印工的工序和工艺，以便掌握制作要求、工作周期、成本核算等。

3. 广告印刷用纸

广告印刷用纸一般根据不同的印刷方法选用相应的纸张。常用的如新闻纸，俗称"白报纸"，纸质松软，由于纸浆配比不同，可分为一号、二号两种。一号新闻纸色微黄或带灰，吸收印刷油墨性能较好，抗拉强度差，适宜于高速转轮印刷。相对来说此类纸张价格较低，对于印刷数量大，图像印制质量要求不高的印刷品比较合适，如报纸、传单等。

胶版印刷纸，也称书纸或称"道林纸"（"道林"是美国的一家造纸厂的名称），适用于胶版印刷的高级用纸，色白，纸质细腻、平滑、纤维组织均匀，横向伸缩性小，多色套印色彩准确，图像清晰。一般有特号、一号、二号等区别。广告中彩色宣传画册，杂志中彩色插页，彩色广告招贴等均用此类纸张。

涂料纸，也称"铜版纸"。在原纸基上涂一层白色的涂料，经滚压而成，表面光滑，光泽度高。铜版纸质地均匀，伸缩性小，光洁度、平滑度高，色质白细，适合精细的网点印刷，用于印制精美的彩色作品，如画册、画报、彩色图片、封面、封底、插页、挂历等。在铜版纸中还有一种高级的纸叫"哑粉"纸，质地细结，平滑而无光泽，印制效果精致高雅。

广告印刷常用纸中，还有书皮纸也称为艺术纸。有许多颜色可供选择使用，质地较厚较韧，表面处理有凹凸及各种花纹，一般作书籍的封面。广告中常被用作装裱，也有用来印刷贺卡、请柬等。薄型的艺术纸有时被用来印制高级信封。

广告制作中印刷用纸选择范围较广，一般根据广告诉求的具体需求而定。（1）根据广告印刷品的形式而定，贺卡、年历卡、请贴等要求纸张质地要厚实高级，以显示一定的品位、格调。同是广告招贴，高档商品、名牌广告当然要用高级纸张和精美的印刷。暂时性的一般商品广告招贴，用纸相对要价格低廉些。（2）根据广告印刷采用的印刷方式选用纸张。不同的印刷版型，选用适当类型的纸张。

计算印刷物篇幅和用纸量的计算单位是印张。一印张是全张平版纸的二分之一，二个印张等于一个全印张。一般全张尺寸是787mm×1092mm，有的是850mm×1168mm。通常广告制作用纸根据纸张原来大小进行分割，有对开，就是二分之一全张，4开是四分之一全张，依次类推为8开、16开、32开。对开的报纸相当于一个印张，4开报纸相当于半个印张。国际上通用纸张尺度有A、B、C三种。A度通常用于印刷书籍、格式、帐册等；B度多用于广告招贴等印刷；C度一般用于信封、文件夹等印刷。

第三节　广告印刷原稿的制作

精心创意制作的广告图稿，经反复修正，在最终确认、批核后正式定稿，成为批量印刷复制的依据。为了保证大批量印刷的质量效果，付诸制版印刷前，必须绘制印刷制版用的正稿或称完成稿。正稿制作的标准要求很高，在完整体现原稿的广告意图的基础上，对于画稿中的一切组成因素要求标准化、准确化。印刷版面的尺寸、裁切尺寸、插图与纹样尺寸要准确，文字排列、级数、字距、行距尺寸与印刷的网纹要求、印刷用色要标准确，分色稿制作套合符号要标准。要根据不同印刷的制版要求绘制正稿，对稿件中的图像、文字要细心修葺直至达到完美的效果。正稿是成批量进行印刷复制的范本，制作要求精确、细致、严谨，必须同工业制图一样严格，工整光挺，稿面要求绝对整齐，明朗干净。任何一处细小的差错或疵瑕，都将在批量制作中造成大数量的损失，最终付印之正稿必须经过严格的审阅、校对。

广告印刷原稿是批量印刷复制的标准依据，除了在内容形式、创意表现上的高标准要求外，在图像制作、文字编排上也要严格规范。具体制作印刷稿件时必须在尺寸比例、排列组合、图像色彩等方面精细到位。印刷原稿制作必须选用相应的纸张、工具来保证质量要求。

绘制制版原稿用纸不同于一般美术绘画用纸，要选择质地优良、表面平洁光白、有一定强度的较厚的纸张。常用的有双面卡、机白卡，表面平洁、光挺，质地较韧，白净，色彩绘制效果明艳，吸水度适中，可适合多水份的水彩画方法绘制，画面效果明快，水彩画特征强。也适合用水粉画方法绘制，色彩厚重浓艳，均匀，绘制装饰性图案，工整光挺。绘制艺术性强的图形，笔触表现力强，富有油画韵味。绘制印刷黑稿黑白分明，用机白卡绘制的稿件符合照相制版的要求，反差效果较强。另有一种亚面粉纸，俗称粉卡，纸面十分平洁，带粉质，有一定的厚度，特别适合制作印刷黑稿和多线条的稿件。在这类纸上绘图，墨色容易涂均匀，线条可以画得十分精细光挺。当然，较厚的铜版纸、单面卡等也可以用来制作印刷稿。

黑卡纸在印刷原稿制作中也是用量较多的一种，主要是用来作画稿衬底用，要求坚实，有一定厚度。

拷贝纸和透明胶片一般用作拷贝图文形状和位置。如要制作分色画稿就必须运用半透明的拷贝纸或透明胶片覆在同一印刷正稿上，精确描绘出几张不同颜色的分色稿轮廓。胶片有二种，一种正反两面都无涂层，水质颜料涂面不上，一种一面无膜另一面涂有明胶层膜，有膜的一面可以上色。

在正稿制作中胶片还可以用作图标、文字在有色版面上"套字"、"反白"。使用时将胶片覆在已有的底色版面上，在准确的位置上贴上套字、反白的图文，注上套字或反白，制版印刷时就可以按设计的效果体现。

拷贝纸与透明胶片有厚薄之分，可根据需要选择使用，同时拷贝纸与透明胶片还可粘贴在稿件衬底版上，覆盖制作完成的画稿，用作稿面保护，并可在上面标记各种印刷符号说明，不会污损稿面。拷贝纸唯一的缺点是受潮后容易起皱而无法再恢复平整。

印刷正稿制作，主要将图文等素材组合编排成完成稿，制作要求严格。制作时需要的工具有三角尺、丁字尺，用于按尺寸比例绘制各种直线，此外还需要圆规、直线笔、各种粗细规格的针管笔。直线笔，俗称鸭嘴笔，可以调粗细，用来画各种规格的直线。针管笔画线比直线笔方便，粗细不可调，但有各种相应的规格，如 0.2、0.3、0.35、0.6、0.7mm 等。曲线规用于绘制各种标准曲线。绘制画稿还需要毛笔、水彩画笔、水粉画笔。中国画毛笔中各种规格的小圭笔、依纹、叶筋等可用作精细描画。底纹笔用于平涂，容易获得色彩均匀的效果。另外化妆用的狼毫笔也可用来绘制小型的图形，比较顺手，容易出效果。当然，绘制草图仍然需要各种粗细的铅笔，现在有不同粗细规格的活动铅笔，有 0.7、0.5mm 等常用的规格。近来市场上各种水性与油性的记号笔也被用来绘制图稿，除了特殊要求外，一般不宜用来绘制印刷正稿，因为笔头较粗较难控制，绘制效果比较粗糙，色彩也难以把握。小镊子、美工刀、剪刀用来剪贴文字和图片。剪贴要严格按照画制的尺寸方位线，细小部分要用镊子来粘贴。粘贴材料有胶水、浆糊，但干得慢，水分较多，容易损坏画稿。双面胶无水份，粘贴牢度好，但修改时不易撕揭。比较理想的是生胶，生胶有两种包装，罐装的生胶可以作雾状喷涂，效果均匀，但小面积不好控制。另有桶装生胶可用作一般涂抹，进行粘贴比较应手。生胶不含水份，不会污损画面，干得快，多余部分可以用橡皮擦去，撕揭方便，利于修改。其他辅助材料有各种规格的刮网纸，用来在印刷原稿制作时刮印网纹。除了网纹纸外，还有多种规格的刮印纸。刮印的字体相对比手写的要规范、标准，使用比较方便，效果好。还有各种底纹、图案、花边刮印纸，可供制稿刮印用。刮印纸的使用简单，只要将刮印纸按覆盖在所需刮印的部位，剪刻去多余的部分，然后在上面均匀有序地刮印需要的部分，最后揭下印纸，字体、印纹等就被刮印在画稿上了（见图15）。

完稿中的角线：一般绘制印刷正稿的稿纸都比实际尺寸略大些，为了最终标定完稿的确切尺寸就需要用角线来表示其准确的实际尺寸。在制版印刷时实际印刷尺寸稍大于角线尺寸，最终再按角线尺寸进行裁切，就不会出现印刷品边缘的白边或不整齐的版边印刷痕迹，保证了印刷画面的完美。

十字线：在多色印刷稿制作时，为了使各色印版尺寸准确，套印准确，需要在画稿的四边各划上一个十字线。十字线尺寸一定要准要细，制版的精确，印刷套版的准确都是依据规线的密度。十字线、角线画得线条太粗就容易造成拼版、套印不准，影响印刷图像的清晰度。

完稿中还有折合线的表示，如折页的折线、包装中的折合线，前折线，后折线都要注明，标划准确。特别是作割通的裁切线要标准确，要以此制作"刀模"，裁切印刷品所需的轮廓外型。

图片的制版处理。一般只要在画稿上覆盖的透明胶片上标出图片裁位的尺寸、位置、标明缩小、放大的比例即可。同样，退

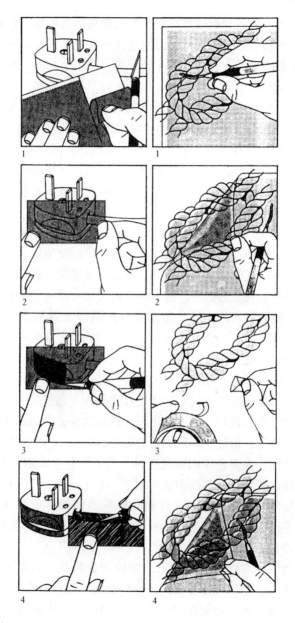

图 15

地处理也只要在覆盖图像的胶片上涂黑，要保留的部分，制版印刷时即可获得设计的效果。

对称的图形正稿一般只需制作出其中的一半，在标准稿件的中心作一条直线标明。另一半由制版时反补制成。

稿件衬底的渐变底色，通常要仔细地用底纹笔来绘制或用喷绘来制作。也可以附上所需色彩的色标，说明渐变的要求。

印刷稿中色彩的表示。印刷中网点的疏密可造成深浅不同的层次变化。100％为实地色彩，印刷50％表示中等灰度。广告制作中要善于运用色彩层次对比来增强印刷画面的表现力。在深底色上反白字，在浅底色上印深色图文都是一些基本的表现方法。

彩色印刷中色彩的各种变化，主要由黄、红、蓝、黑这四种基本色不同比例的网点重叠印刷所产生。对于各种印刷色彩的选用，只要根据组合的比例标明各基本色的网点比例即可，如底色大红，字绿色就标明底色红（MAGEATA）100％，缩写M100，黄（YELLOW）100％，缩写 Y100 文靛蓝（CYAN）60％，缩写C60Y60，整个缩写表示：底色M100Y100文字C60Y60，分色制版即可依据此网点比例制版，也可以贴上色票表示更为简便。

有一些颜色，四色叠印印制不出，必须制出专色版印刷，常用的有金色、银色、荧光色等。

第八章 广播广告制作

　　自从 1919 年美国威斯汀毫斯公司的一名工程师费兰克·康拉德博士试验的 BXK 电台成功后，1920 年该公司便正式设立了 KDKA 广播电台。1922 年美国成立了"英国广播公司"（BBC）紧接着 1922 年美国第一家商业电台 WEAF 正式开播广告。1926 年美国成立了"国家广播公司"（NBC）。广播广告随着经济的发展越来越兴旺，广告费收入成为广播电台的主要经济来源。我国上海 1927 年美国人奥斯朋在当时的"新公司"设立了一座五十瓦功率的广播电台。同年，天津、北京也开始设立广播电台。除了当时政府设立的广播电台外，许多都是民营电台，主要靠广告收入来经营。当时的卷烟公司用"空中书场"节目来宣传香烟，也用广播来推销药品。至今我国有广播电台八百多家，各地除了代表性综合台外，出现了专业台，如：经济台、交通台、儿童台、文艺台等。美国二亿人口，广播电台九千多个。中国人口超过十亿，可见中国的广播事业前景乐观，1979 年 3 月 5 日上海人民广播电台恢复播出广告。1980 年元旦，中央人民广播电台也恢复了广告播出。1984 年中国国际广播电台也在首都地区英语节目中播出了广告，相继全国各地方电台都有广告播出。广播广告前景看好。

第一节　广播广告的特点与功能

　　广播广告是通过电波传播广告信息的，通过语言、音响效果、音乐来诉诸人的听觉，以此来激发人们的想象，达到广告诉求目的。比较其他广告媒体，覆盖面广，不受区域距离、气候等条件的限制，能以最快的速度将广告信息传送到各地。所以广播广告有其独有的特性：（1）广告时效性强，制作灵活方便。而其它广告媒体制作发布周期长，比如报纸、杂志在印刷发行上用去较多的时间，而广播是传送与接收同步进行，所以传播速度快。其制作比电视广告简单，也灵便。（2）广播广告相对来说价格便宜，因为制作简单，工作周期短，制作费用也较其他四大媒体便宜，播出费如果用人均收听费用来计算也比其他媒体便宜。（3）广播广告可以激发听众的想象力，产生美好的联想，因为广播广告是用声音进行传播，不同的语言、音响、音乐会唤起听众不同的联想，会按照自己的记忆、经验、价值取向、审美情趣去加以想象，形成自己心目中的完美形象。广告信息中有许多难以用具体形象来形容的感觉、体验在语言、音响、音乐的组合中可透彻表达。通过听众的自我体验和想象，形成生动、丰满的具体形象。美好的想象也是形成消费欲望的基础，是促进听众消费者购买决心形成的重要诱因。（4）广播广告的诉求阻抗力小。广播电台播音持续时间长，从早上到夜里都有节目播放。现在收音机越做越小，收听越来越方便，消费者可以在旅途中收听，也可以在家中收听，可以在休息时躺在床上收听，也可以在厨房做饭时收听，环境条件限制少，方便性、随意性带来了广播广告信息接受的反复性与有效性，不存在象电视广告播放时消费者换频道的情况。有些广播广告，听众即使不爱听，也不会因此关机和换电台。同时广播广告，不受文字的局限，文盲、文化水平不高的听众都听得懂，所以广播广告的信息传播阻抗小，有效率高。（5）广播广告有声无形，形象记忆率低，难以留下深刻印象。播音时间短暂，稍纵即逝，信息难以保存。一般说，复杂的事物难以说清，新奇之处没有形象可以表明，产品外观造型的特征优势体现不出。因此要在广告节目制作中扬长避短，注意文字的形象性、联想性，科学、合理安排播放计划，提高播放频率，提高播音水平，加强广播广告的诉求质量与力度。

第二节 广播广告的组合要素

广播广告由语言、音响、音乐三大要素组合而成。语言是广告信息的主要传达手段；音响辅助加强语言表现的真实性和形象性；音乐强化气氛，渲染情绪，三大要素在广播广告中配合运用，使广告信息传播显得生动有趣。成功的广播广告能紧扣消费者的心理需求，突出产品特点。表现形式别致，富有品味情趣，主题表现透彻，广告印象深刻。

广播广告中的语言是最具表现力的。有的广告在广播中既无音响，也无音乐。但富有情感和说服力的语言却能取得诉求的成功。语言是三要素中最重要的。

广播广告中的音响，也就是广播中的音响效果。运用真实声音或者拟音辅助说明环境特点、具体情节、时间以及事物的运动，营造想象的环境氛围，用以弥补听觉局限所造成的不足。音响的适当运用还可以增强广播广告的吸引力，用音响模拟环境气氛的真实感增强广告的感染力，使听众有兴趣听下去。音响在广播中是一种特殊的表现手段，目的是产生一定的听觉心理效果。有声响是效果，在一定的条件下无声响也是一种效果，在戏剧和音乐中，语言台词与旋律可以产生效果，静场也是一种效果，一种令人深思的效果。音响运用是一门学问，不能随意配置，直接将生活中的各种声音简单搬来使用，似乎是真实。其实是杂乱，反而不真实，影响语言的表达，主题的表现。

广告中的音乐，自古已有运用，汉代"卖饧之人，吹箫以自表"，元代的游乡货郎"摇几下桑朗朗，蛇皮鼓儿""唱几句韵悠悠，信口腔儿"等，就是运用音乐来进行促销，显然是比直接叫卖吆喝进步了许多，也显得文雅一些。当前广告在视觉范围内的诉求形式与力度的开发相当成熟，而对听觉范围的开发，特别是在音乐方面的开发尚有很大的空间余地。广告音乐作为音乐领域里的一种独特的形式，已逐渐形成自己的风格。音乐可以激发各种联想，表达各种图象不能传递的心像。音乐是人精神上另一个客观存在的世界，广告音乐也相应有其一方天地。广告音乐有两种类型：一种是背景音乐，另一种是广告歌曲。种类不多，但表现手法却丰富多彩。

广播广告中的语言、音响、音乐的配合要与广告诉求内容一致，各要素之间要配合默契，不能简单凑合，要在节奏上取得协调一致。语言速度不快相对要用节奏缓慢的音乐来陪衬，给人一种舒缓、优美的感觉。如果广告语言速度较快，有力度，音乐也要配同样节奏和力度的旋律。广告中语调发生变化，音乐节奏也要相应变化。广告中整体节奏的变化往往能产生吸引听众注意力的效果。三要素除了在节奏上统一和谐外。在气氛营造上也要配合得当。音乐除了节奏上有区别，还有各种音乐形象形成的气氛上的不同。快节奏中有欢快的气氛，也可以表达紧张的气氛。慢节奏可以表现优美、温馨的气氛，也可以表现滞重、沉闷的气氛。即便是相同的节奏，相同的旋律，用不同的乐器表现，效果也不尽相同，小号音质嘹亮，有明快的感觉，但圆号的感觉又完全两样，如果用民族乐器中的"埙"也吹奏同样的曲调则显得悠远、苍茫。语言表达的节奏也是如此，快节奏的语言可以是快乐兴奋的表现，但也可能是生气、激动的表现，同是快节奏的语言反映人的情绪完全两样。广播广告不同于其他媒体广告的特点是以听觉的节奏与气氛来进行广告主题的表达。

第三节　广播广告制作的要求与方法

由于广播广告的播放时间有限，广告信息瞬间即逝，听众收听随意性强，因此，广播广告的制作目的要明确、单纯，诉求重点要突出。在对商品特点和目标消费者充分了解的基础上，综合广告传播的特点，集中强调最重要的广告信息，使诉求内容单一化。如果在有限的时间内，向消费者讲了一大堆的好处，结果消费者记不住，没印象，一大堆的罗列等于没说。有些广告业主的心态是既然化了钱做广告，就要多讲，越多越好，好象讲少了就吃亏了，其实效果恰恰相反。要考虑收听效果，俗语说伤其十指不如断其一指，讲的就是这个道理。要善于从许多消费利益点中优选出一个对消费者最具吸引力的重点，形成单一广告主题，通过强化，集中进行诉求，讲明，讲深，讲透，才可能使消费者形成深刻印象。

广播广告制作要先声夺人，要有一个能引人注意的开头。人们收听广播常常处于半收听状态，很少专门坐下来专一地进行收听，而一边做事一边收听广播是较为普遍的现象。要想法引起听众的注意力，哪怕是形成短暂的专注收听状态，就有可能达到诉求目的。广播广告本身时间较短，稍纵即逝，开头要有一鸣惊人的效果。广播广告吸引听众的手段就是语言、音响和音乐的组合运用。

语言以内容吸引人，要抓住听众关切的热点，突出热门话题，以新奇未闻为内容突出"奇"，以人们意料之外为内容突出"惊"，当然语言的语调、语气也是引起听众注意的重要因素。一个令人关切的内容，配以深情的语调，体现一种真切的关怀，消费者不会听而不闻、无动于衷。

用音响来吸引消费者注意力，是广播广告制作中常用的方法，人们对广播中的语言与音乐习以为常，但单纯出现某种音响常会引起听众的格外注意，特别是现在的立体声收音机效果逼真，引人注意。广告中所采用的音响效果一定要与内容贴切，有逻辑的必然性，不能一味追求效果上的刺激，音量要适当控制。

音乐具有美感，可以左右人的情绪，广播广告也可以运用音乐来唤起听众的注意。音乐可分乐曲和歌曲两类。强音开头的乐曲较能引起听众的注意。如贝多芬的命运交响曲的开头，就非常有震撼力。许多世界名曲常被作为广告的背景音乐，以其优美的旋律与高雅的品位来吸引听众，但不能滥用，所用乐曲要与内容相符，否则会闹笑话，造成反感。乐曲"风流寡妇"很有名，旋律也优美，如果用于女性用品广告背景音乐，那效果将会如何呢？广告专用音乐，一般说效果较好，音乐个性突出、新颖，长期播放会形成标志性效应，也可以注册成有声商标，但不能太长，要简短，音乐特征要强。

在广播广告制作中有二类歌曲，一类是专用广告歌曲，同广告乐曲一样，简短、特征突出，重复性强，效果较好。有的广告歌曲由于长期播放，几乎人人会哼，只要一放，自然跟着哼，广告效果当然不错。广播广告也可以采用人们熟悉的老歌曲填广告词，许多老歌有明显的时代特征，代表着某一时代的人生经历。不少广播广告根据不同年龄层的消费者，采用不同时代的著名歌曲引起他们的回忆和兴趣，造成一种亲近感。不少老歌具有优美的旋律，百听不厌，在他们熟悉的歌曲声中进行广告诉求，可以造成深刻印象，毫无疑问，这是一种引起目标消费者注意的有效手段。要成功运用老歌与新歌在广播广告制作中所起的作用，关键还要选择与广告内容贴切的歌曲，要结合得好，内容、旋律、节奏、气氛都要相关联，能吻合，这需要有一定的音乐造诣。只讲表面效果，进行"拉郎配"式的音乐与语言的组合，表面上会觉得不错，实际上要出大错。广播广告作品是以大众传播形式进行广告诉求，要经得起各方面的推敲。

广播广告的播放时间短暂，在广告信息传播时，容不得你慢慢道来，要有时效概念，要开门见山，迅速突出重点。在一个具有吸引注意力的开头之后立即推出广告的品牌以及令人感兴趣的广告承诺，充分利用消费者专注收听的短暂机会，达到广告诉求的目的。

广播广告要充分运用"重复"的特点，加强听觉记忆的作用。广播广告有声无形，感觉单一而短暂，这是广播广告的不足之处。要加强印象只能依靠重复。一般首尾重复效果较好，即在广告开头对品牌名称进行强调、突出，经过具体诉求后，为了防止对先头品牌名称印象不深，在广告最后部分进行重复提醒，再次强调品牌名称。除了首尾重复外，也可以用其它形式进行合理、自然的重复。生硬的重复无趣味，显得造作，如同叫卖，消费者容易产生反感。安排在对话中的重复，一个人说一句，二个人就重复二次，如果有一个再补上一句就是第三次重复。重复要顺畅，利用歌曲形式进行重复，就显的自然合理，还可以利用曲艺中的相声快板等形式，使重复有趣味。巧妙运用外国人学说中国话进行重复，洋腔洋调倒也别致，能形成较深印象。也有利用谐音变义纠错产生重复效果，如儿童读音不认字，往往对某一企业名称或品牌名称发音有误差，产生词义错位，然后由父母逐字纠正，孩子以正确语音学说一遍，最后在父母对孩子的叮嘱下可以又重复一次，多次重复，实际上也是对听众作的叮嘱。这种重复形式自然、有趣、印象深刻。因为，孩子读错词义合理地制造了一个悬念，再次重复的意义无疑是不露痕迹地深化品牌名称印象。广播广告中也可以运用鹦鹉、八哥学舌进行重复、鸟声鸟语，别有趣味。

　　广播广告要充分发挥语言、音响、音乐的构成要素来激发听众的想象力，创造一个逼真、生动的场景画面。因为感受单一、没有干扰，想象的余地大，可以通过各自不同的理解去完善。如"嘭郎"一声玻璃破碎的声音［音响效果］既引人注意，又是一个悬念，发生什么事啦？一个小孩子的声音"妈妈，我的手划破了"，听众虽然什么也没有看见，但音响与孩子声已经引起注意和联想，根据生活经验，会想得非常详细、具体，而广告诉求的具体内容正是听众所要求解答的怎么办。在平面广告中，要表现家庭幸福快乐的气氛是个比较复杂的问题，而广播广告只要配上一段相应的音乐，如："我的家庭"的旋律，渲染气氛，加上合适的语调和语言，这个家当然幸福快乐。如果是电视，再配上画面，观众就会产生不同的看法，感到不满意。因为各人都有自己幸福快乐家庭的模式，这时电视广告宣传就坠入一个众口难调的旋涡中去了，很难作出一个具体的标准来满足消费者的看法。

　　广播广告要有个性，除了内容形式、音响、音乐外，富有特点的语音、能让听众过耳不忘，也是加深广告听觉印象的有效手段。语音要根据广告宣传的具体内容特点和广告诉求目标消费者的具体情况，选用个性强、语音有特色的人声来播讲，用典型的声音形象，塑造不同的产品品牌形象。纯正的男中音，银铃般的女声，稚声稚气的童声给人联想不同，印象不同。有个性，就会被记住。独特的嗓音会给人留下深刻的难忘的印象，个性化的嗓音可以塑造个性化的品牌形象，唐老鸭的声音，出现在广告中印象不会不深刻，当然，只能用来做儿童玩具，儿童服装和儿童食品等广告。

广播广告的语言除了要求语音富有特色外，语言还要具有鼓动性，要能促使听众立即去购买。广播广告信息传播快捷，要讲究时效。如季节性的促销活动广告，应时商品的信息传播，一般都需要用祈示性语言，煽动性的语言如"奖品多多，快去买"，"百万大奖等着您"，"快行动现在就去买"等等，对于一般消费者来说，能促成即兴式消费行为。

第四节　广播广告的制作式样

广播广告中的语言主要用来传播广告信息，阐明广告内容。一般来说，语言只要说得清楚明确即可达到目的。但是广播广告的语言表达不能仅仅以说明事理为满足，必须通过一定形式的组合，在说明事理的基础上传递某种情绪，给消费者以情绪感染，留下深刻印象，增强广告的诉求力。由于广告宣传内容的多样性，广告诉求对象的多层面，广播广告表现形式可作多种选择。可分为直述式、对话式、戏剧小品式、歌唱式等。

直述式广播广告，是由播音员直接陈述广告内容，要求语言简炼，单刀直入，并以美妙动听的语音、语调向消费者作真切、动人的陈述。背景配上相应的音乐旋律，如同一篇生动感人的配乐朗诵，所不同的是有明确的广告诉求目的。直陈式广告的语调、语气、感情要充沛，音乐要煽情，音响注重气氛的渲染，有助于消费者产生美好的联想。

对话式广播广告，是以交谈方式向消费者宣传商品，语言通俗，生活化，形式自然，富有生活气息，与消费者有亲切感。年长者的交谈似乎是人生经验的交流，富有启迪性，有信任感；青年人的对话有情义，是生活中情趣的浓缩，有诱惑力；小姐妹之间的对话是女性之间生活体验的泄漏；男青年互相的交谈当然豪情侠爽，具有鼓动性。生活中交谈形式种类很多，对话、只是一种形式，在广告信息传达中更重要的是交谈对话产生的情感对消费者的感染。

戏剧小品式广播广告，与广播短剧较为接近，在有限的时间内，运用语言、音响、音乐，以声音虚拟一个生活空间，展开生动、形象的广告诉求，以情节趣味吸引消费者。这类广告，内容结构上注重情节的安排，广告诉求的具体内容、主题、重点被巧妙地组合在情节中，当消费者听完这个广告的情节之后，自然也接受了广告的诉求。好的小品式广播广告趣味性强，消费者形成的印象也深刻。

歌唱式广播广告，是以歌唱形式进行诉求广告内容，这类广告注重口头传播。优美的歌声容易使消费者产生好感，社会流行，好听上口的广告歌曲，消费者喜欢听，喜欢唱，不会唱也喜欢哼。广告选用歌曲曲调一定要通俗，好听，便于传唱，可以多次重复，但不要有难度，歌词内容要简明，不宜多作商品介绍和说明，只强调品牌和主要功能。尽量创作便于在小孩子中间流传的歌曲，只要孩子们喜欢唱，大街小巷都会流行。有的广告歌曲会流行很长时间，广告效应不可低估。美国著名广告歌曲制作人史蒂夫·卡文创作的广告歌，有的连三岁的儿童也会唱，其本人也被誉为"广告奏鸣曲贝多芬"。美国百事可乐公司在广告战中，广告歌曲"约翰·皮尔"起了很大的作用，成功地促进了百事可乐的销售。歌词大意是：百事可乐为你消困解乏，一瓶十二盎司或许太大，一瓶五美分却实在便宜，百事可乐是你理想饮料。百事可乐公司在电台播出这首歌后，很快闻名美国，订货单如同雪片般飞来。

在广播广告具体制作中，不一定拘泥于某种形式的局限，可以在小品中带歌唱，也可以边歌唱边陈述，以取得最佳效果为目的，可以综合运用各种形式的表现手法，使广播广告在听觉上更显生动和有趣。

第五节　广播广告语言制作技巧

语言表达技巧是准确、有效传播广告信息不可缺少的手段。

广告播放的语言依据来自文字脚本。在短暂的广播广告播放中，要用消费者易懂的语言来传达信息，不要为了片面追求新奇，故弄玄虚，使人难以理解，或根本不能明白，不知所云。对于抽象的广告内容，广播广告的语言表达，最好寻找恰当的比喻，化复杂为简单，化抽象为具体，使听众容易理解，容易记忆。这种比喻式的语言运用，来自广告制作者对广告内容的充分理解和语言表达技巧的熟练掌握。广播广告要用目标消费者熟悉的语言来表达。除了特殊原因外，语言要尽量规范。使用方言能增强感情色彩，但要与广告播放区域一致。尽可能不用不规范的外来语，不要让绝大多数听众产生迷惑、不理解。在短暂的广告收听中，听众没有时间来猜测难懂的语言，广播广告是口头传播，所以一定要口语化，不能太书面化，语句要短，表达层次要清晰、直接，少用"因为"、"所以"、"不仅"、"而且"等，要让消费者听得明白，容易记忆。生活中有许多口语化的广告语言既利于传播又便于记忆，如"妈妈我要唱……"要比"…既能…，…又能…，…而且…"来得顺口、好记。还有"确实好多了"，你今天喝了没有"等，简单，口语化，给消费者留下了深刻的印象，几乎家喻户晓。

广播广告可以用人的语言来模拟一个消费模型来向市场宣传某一商品消费导向。在生活中许多商品的购买是通过消费者相互之间的推荐和介绍进行的。因为，人们比较相信来自相同年龄、相同爱好、相同层次的朋友或同事的直接消费经验，同时在消费的习惯心理上还有一种从众的心态，这就是形成消费潮流的社会深层心理因素。广播广告在制作时可以选用目标消费者相类似的声音形象来介绍消费的利益，推荐有关商品。如：用老年人的声音来介绍推荐老年用品，时装等可采用女性的声音，有时女性的营养品、保健品也可以用男中音来作广告商品的推荐与介绍，可迎合某些女性的性别心理，而且也可以作为一种提示，提醒社会上的男士，可以购买广告宣传中的商品，用于体贴、关怀生活中的女性，特别是自己的太太。当然，儿童用品广告用母亲的声音形象比较合适，因为，儿童用品的广告诉求对象主要是孩子的母亲。多数广播广告都是通过广播向社会宣传某种消费模式，作为一种消费舆论导向，促成消费者购买决心的形成。

广播广告通过语言和音乐来表达传播广告的内容，其中语音的音色、音高、力度和节奏起着十分重要的作用。平面图象虽然能直接表现商品的外形，书面文字虽可反复阅读，但是，图象在可视的另一面却是成了想象的局限，而书面文字也仅仅是表意符号，缺乏感情色彩。广播中的人声语音除了表达文稿的内容外更具有情感的魅力，它虽然不能象视觉图象那样直接表现商品的形态，但生动的人声语音，可以诱导想象获得心目中更完美的意中形象。柔和的语气，舒适的语调，富有韵律的节奏给人以亲切的感觉，使人在娓娓动听的语音、语调的感染下，沉浸在情感的愉悦之中，静心聆听广告的说服，这就是广播广告中语音艺术特有的魅力。

广播广告制作要求语音、语调感情充沛，生动活泼。广播广告的语言，是一门艺术，是以抽象的听觉间接反映事物，将无形无状的声音转化成为生动丰富的心像。播音员要在广播文稿的基础上，以自己真诚、自然、亲切、清晰的富有情感的语言，来打开消费者的心扉，拨动他们的消费心弦。播音员在播讲广告前应充分了解产品性能，了解市场特点，了解使用广告产品的感受以及消费者的心理状态。播音员首先要有具体消费的切实体验，古人曰："言者心声也，欲代此一人立言，是以代此人立心，若非梦往神游，何谓设身外地？"语言表达，要有感于心，诉诸于心。真情的诉求语言来自于内心的诚挚，真正的通融建立在真情的基础上。诚恳可信的语态；清晰、明朗的语音；情义到位，字真句明，才有可能在消费者心目中形成良好的广告形象。

广播广告能覆盖大层面，深入小空间，可以在社会的大范围进行广泛传播，也可以将具体广告信息送到客厅、饭桌、床头，所以，传播内容的特点与收听环境的特点形成广播广告的语音、语调播讲的具体标准与要求。广播广告的内容大都是生活日用品信息，消费者在休闲、随意的状态下，喜欢轻松、自然的语音、语调。要形成一对一的交流气氛，平等、近距离的语感最好，富有人情味。要平和、通融，在融洽的情感气氛中达到对广告的认同。消费者不喜欢居高临下，高谈阔论的广告，不喜欢伶牙利齿的语言，更不喜欢拿腔作势的广告语调。

广播广告中的语音要讲究演播技巧。情感的表述和气氛的营造，语言的节奏起着重要的作用。广告语言的音量、音调、音色不同组合产生的高低、强弱、长短、停顿等变化，形成声音的节奏，节奏是一种声音有周期性变化规律的表现形式，具有一定的表现力和审美的情趣。广播广告语言的节奏主要表现在语音变化的高低、升降、强弱和语调节拍的快慢、间隙、停顿与转折。语言的情感表述、神韵的体现，全在于抑扬顿挫，要有目的地运用变化与规律，使广播广告语言严谨不失生动，丰富不现杂乱，语音语调富有美感，达到怡情悦性的境界。

广播广告的语言节奏要有起伏变化，错落有致要富有音乐性。元音是汉语语音中的主体，元音音色圆润饱满，柔美醇厚，规律性强，富有音乐感。字音上有声调变化，高扬低抑，升降变幻，具有较浓的音乐色彩。词语中的双声叠韵以及平仄韵律等运用，使广告的语言更具声韵的美感与语调的情趣。广播广告的语言要从文字的编撰到播音文字，要注重语言的音乐性、韵律性，讲究平仄运用，平仄要琅琅上口、抑扬顿挫，使播讲的人读得畅快淋漓，收听的人听得愉悦荡漾。广播广告的语言变化要象山泉溪流般跌宕多姿、流畅达意。书面文字用口语表达不是机械地形成转换。《吕氏春秋》中说"凡音者，产乎人心者也，感于心则荡乎音，音成于外而化乎内。是故闻其声而知其风，察其风而知其志，观其志而知其德。"深刻地阐明了语音表达取决于对文字内容的理解、鉴赏和体验的重要性，广播广告借有声语言（口语）来传递广告信息，进行广告说服，消费者除了对信息作理性判断外，更直接的是通过广播中的语调、节奏、音色的细微变化洞察广告内容的真实、可靠以及其消费的利益价值，同时形成消费者与广告传播者之间和谐亲切的情感体验和共鸣。

第六节　广播广告制作中音响的运用

生活中自然音响与人工音响交织组成一个洋洋大观的声音世界。人们用听觉同样可以感受到环境的客观存在及其特征，同视觉与嗅觉一样，都是人的感官对大千世界具体观照。由于人在认识客观世界的时候是以视觉、听觉、嗅觉、触觉、味觉等感觉综合而形成总体的印象，所以当其中某一感觉重复出现时，就会相应产生综合性的联想，人的耳朵对听过的声音，能凭记忆追溯印象，根据感觉的具体特征进行定向性的联想，特别是视觉与听觉等感觉因素，相互参照、相互关联。俗话说："见其形，如闻其声；听其言，如见其人。"这就是视与听之间在感觉上的相互关联、互相参照的关系。生活中的音响支配着人们的思想与感情，人们可以通过鸟语、泉声来想像山林的景色，也可以通过嘈杂的人声、叫卖声、自行车的铃声、货车的喇叭声来想象杂乱、拥挤的集市，春天的鸟语、夏天的蝉噪、秋天的虫鸣、冬天的风号，晨钟、暮鼓、鸡鸣、狗吠，人们可以从音响中想象城市、乡村，分辨四季、早晚。音响还有空间的联想，山中的回音因环境空旷，四周有较平整的阻隔形成的声波折返而产生，空间的深远宽窄都可以在对音响的不同感受中得到想象。音响可以诱导听众凭藉生活经验去想象具体的环境，产生如同身临其境的真实感觉。音响可以营造环境气氛，如机器轰鸣的施工场地、风雨交加的恶劣天气、兵刃格斗的惊险场面等。在音响制作中，要能让听众产生联想，首先广告制作者要有丰富的想象力，要有巧妙的创意构思。

可以用音响来表现广播广告中无法使人看到的行为动作。俗话说："雁过留声"，人在行为过程中也会发出种种声响。走路的脚步声、酣睡的呼噜声、感冒的喷嚏声、快乐时的大笑声、老人的咳嗽声、婴儿的甜笑声等。还可用在生活中人的行为动作引发的其他声音来表现人的行为，如：敲门声、倒水声、汽车发动声，等等。音响伴随着人的行为动作，此类音响也使人产生行为动作的联想，不同性别、不同性格的人的行为动作不同产生的音响也不同，如性格平和的人敲门声从容，脾气急躁的人敲门声急切，一般访问的敲门声与紧急事发的敲门声都不一样。

人的情绪与情感比较抽象、细腻，难于直接表达清楚，但借助行为动作产生音响的力度与节奏，可以生动地表达出来，反应一定的情绪和内心的情感，辅助语言的表达，形成较为丰富生动的听觉画面。如：单调的钟表滴答声，可以表现等待的焦虑的心情，也可以在夜晚表现某种恐怖的气氛；当喷气客机起飞的轰鸣声渐渐远去的时候总能勾起现代生活中的一种离别的惆怅情感；嘎然而止的汽车紧急刹车声会造成一种扣人心弦的紧张危险的情绪；拍案而起，震碎了桌上的玻璃杯，可以使人想象到一种怒不可遏的情绪；连续单调的蝉鸣声给人一种夏季闷热的联想，加上来回踱步的声音可以表现一种烦燥的情绪。

有些产品也可以借助广播广告中的音响效果来表现产品的优秀质量，效果特别好。江西景德镇出产的瓷器素有"声如磬"的特点，美妙的音响不是来自乐器而是来自优质的瓷器。顾客在购买瓷器时，有经验的售货员替你包扎商品前，一件一件敲给你听，以表示完好无损。有暗缝或缺损的瓷器，敲击声不润而沙哑。有些在挑选时眼睛容易忽略的细小部位，这时耳朵管用。洗洁精的功效品质也可以在广播广告中通过音响表现出来。品质好的洗洁精洗出来的碗碟干净，用手指在上面用力一擦即可发出"咕咕"的声音。根据生活经验来判断，无疑洗得很干净。广告中可以省去不少诸如"去油腻力强、省时、方便"等等语言，"咕咕"二声说明的一清二楚，既形象又生动。要善于运用听觉广告的优势来介绍商品的特点，加深消费者对商品形象的印象与好感。

在广播广告制作中音响的运用，要真实也要有美感，但最重要的一点还要准确、贴切。生活中的音响各种各样，十分丰富。水声中的淋浴声与下雨声分大不清，鞭炮声与枪炮声分不大清，运用不当容易产生误解。鞭炮声可以表示欢送亲人，飞机声可以表示亲人远去；但也可以联想战斗开始枪声激烈，飞机参战，战争升级。所以在音响的运用的同时要配合适当的提示，如鞭炮声后接着是"祝您一路平安",随后飞机声起,这样绝对不会产生现代化战争的联想。

广播广告可以用约定俗成的音响概念来表达一定的意义,如胜利的口号,和平的钟声,战斗的鼓声,褒义的贬义的都可以,广播广告的音响制作不是生活中声音的简单录制,而是一项目的性明确、富有创造性的工作。生活中的音响丰富多彩,不能直接编辑到广告节目中去,需要筛选、提炼,对重点音响要强化,某些音响还需模拟,因为在配音中有些真实的音响效果并不理想,而模拟的音响反倒听起来真实。广播广告中有些生活中较细微的声音如蚊子的嗡嗡声,出现在广告中就需要强化,生活中心脏跳动的声音只有医生用听诊器才能听清,如果在广播广告中运用时,就要通过专门技术使音响尽可能单纯,尽可能突出。有些音响效果需要拟音获得,一般在拟音中雨声是用葵叶扇缝上小珠子,然后不断抖动产生的;风声是旋转的竹片滚筒摩擦帆布时发出的;而雷声是拂动整张三合板声音,显得沉闷,如果需要是惊雷的效果就可以抖动镀锌铁皮;用黄豆粒往水桶里扔,会产生滴水声;雪地里的脚步声是可以通过使劲捏烹饪用的生粉来获得。以上都是较为原始的拟音方法,现在有专业录制的音响碟片,自然声音和人工音响效果逼真丰富,而且还有电子虚拟的音响效果。光线照射是没有声音的,但是可以用电子技术制作"唰－－－"的声音来表现,还可以用"呼呼"的声音表现动作快速造成的气流。还可以制造谁也没有听见过的太空声,虽然效果奇特,但人人认同这种虚拟音响,产生相应的联想,电子拟音拓宽了音响的表现领域,增强了音响的表现力度,丰富了广播广告的诉求手段。

第七节　广播广告制作中音乐的运用

音乐可以在广播广告中加强广告的美的感染力,为广告的诉求气氛造就一定的情绪,调节听众的心理,配合广告主题的传播。如:由低到高的上行音乐旋律,给人以明亮的感受;由高到低的下行旋律，或者是平行发展的旋律则给人以柔和、舒缓之感；有上有下起伏不大的旋律，就显得优美委婉；起伏大的旋律则显得不安、激动。音乐具有图形和语言所不具备的感情诉求优势，能表现心灵，更能感动心灵。不同年龄层的消费者对音乐有不同的偏好，文化差别也会导致音乐欣赏上的差异，正因为如此，广播广告的音乐运用就需要定位准确，要根据目标消费者的不同情况，有的放失地制作、配置。表现现代生活节奏内容的广告，可以选用"迪斯科"旋律节奏快，音乐有时代感；具有文化经典色彩的广告内容，古典乐曲就比较合适；民族音乐的传统色彩浓厚，配合具有中国传统风味的广告最为理想。针对中年人的广告宣传，音乐的节奏要稳健。而以青年人为诉求对象的广告音乐，节奏可以欢快。广告宣传内容明确、宣传对象定位准确、艺术风格鲜明突出的广告音乐有利于广告主题的表现，长期连续播放，主旋律就会成为广告的音乐标识，就会形成品牌的唯一独特的听觉联想，这就是音乐商标。有些场合只要出现主旋律，听众马上就会产生直感反映，这就是某一品牌的商品。有些曲调高雅、制作精致的广告音乐可以使消费者联想到产品的优良品质和高雅的消费品味，但使用一定要谨慎，不瞎凑合，柴可夫斯基的"天鹅湖"绝对优美、高雅，如果用来作烤鸭、烧鹅的广告，消费者与广大听众决不会饶恕的。

消费者评判商品质量的原则之一就是讲究产地的正宗，如北京的烤鸭、德州的鸡、烟台的苹果、天津的梨、云南的米线、和田的玉、吐鲁番的葡萄干等，都以产地的特殊而形成产品的优势。在维吾尔族的手鼓音乐中人们就会感到这葡萄干来自新疆；用具有浓郁的南美风情的桑巴舞蹈的乐曲来配合南美咖啡的广告宣传，消费者在音乐中似乎已经闻到用安底斯山火山土壤种植出来的咖啡的浓香；用音韵悠远的古琴乐曲为百年老窖作广告宣传，使人们联想到酒仙、诗仙的李太白浪漫潇洒的雅兴和妙趣；一曲帕瓦罗蒂的《我的太阳》，可以使意大利皮革广告光彩倍增。具有地方形象特色的音乐，完全可以把商品产地的优势、时代的特点通过音乐艺术的美感表现出来，生动形象地体现在广播广告的信息传播之中，形成广播广告作品的风格特点。

广播广告的音乐制作，许多是根据广告的主题要求专门创作录制的广告专题音乐，其风格、旋律有一定的要求，音乐形象表达具有个性，是独一无二的标志性音乐，在传播中广告效果突出。也有相当一部分音乐是根据广告宣传的需要，选择与广告内容相符或有关的现成乐曲，只要合适、恰当，广告效果也是不错的，而且制作方便，成本较低，但也会因此出现几家广告同时选用同一乐曲的可能。这是广告制作中经常碰到的情况，到头来不知谁在为谁做广告，容易造成广告信息传播中的错位。

第八节　广播广告中广告歌曲的制作

广告歌曲是广播广告中重要的传播形式。由于广告歌曲通俗易懂，好听上口，所以极易模仿，流传甚广。电台曾经播放过一首广告歌曲，一时在儿童中广泛传行，孩子们到处都在哼唱，有时十几个孩子一起唱颇具规模，但是，这广告的内容是农药，与孩子们毫不相干，但歌曲的形式适合孩子们模仿，流传广，影响大，这农药的名称大多数人们至今尚能记得。在上海另有一位音乐家创作了一首广告歌曲，也朗朗上口，多少年过去了，这产品因某种原因在市场早已销声匿迹，但这歌曲却还在流传。

广告歌曲制作的目的除了表达广告内容，就是要让它流行起来，在流行中宣传广告主题，进行消费鼓动，宣传品牌，提高知名度，在流行中，在口头传播中，不断进行广告提醒，加深消费者对广告的印象。流行的第一步，旋律要简单，内容要简单，容易跟唱（不是学唱，没有人一本正经学唱广告歌的，只有无意中的跟着哼唱）。由于儿童们对歌曲特别敏感，而且直感性强，对简单的事物喜欢模仿，所以儿童能够跟唱的歌曲，就比较容易流行，儿童们唱得越多越能取得广告效果。

容易流行的广告歌曲，当然要有一定的听觉审美价值，通俗点说就是好听，旋律要美，易唱，通俗，新颖别致、趣味性强，容易形成广告的人际口头传播效应，才能以流行的形式影响社会，给人留下特别的印象，产生尽可能广泛的广告社会效应与促销的经济效应。在当今广告激烈竞争中，平淡无奇、旋律一般的广告歌曲，听过了后不会引起消费者注意，更不会流行传播。

在我国近代广告发展过程中，曾有不少商品运用戏曲中大家熟悉的曲调来填写广告词语，也有套用民间通俗曲调来做广告的。原先上海城隍庙颇有名气的止咳梨膏糖在初兴时期，有家浙江人专以唱"小热昏"来进行推销。曲调通俗、内容诙谐，成为当时城隍庙的又一大特色。经营比较成功的是"朱品斋"药梨膏，后来还将产品打进当时上海的上流社会。创作广告歌曲旋律要迎合民风习俗，要针对目标消费群的普遍消费心理特点，引起消费者的兴趣，促进传播与流行。当然歌词也要通俗易懂，一听就明白，要口语化，利于模仿，便于记忆。

音乐的旋律迂回曲折，歌词被拉长或缩短，常常会出现歌词听不清楚的现象，所以广告歌曲用字同句要简单，句型要短，用字要尽量避免因谐音而在意义上产生理解错位，产生歧义，直接影响广告效果。广告中常用"魅力"二字，在歌词中常被听作"妹妹""美丽"等，如"灯塔、无锡灯塔的魅力"容易听成"等她、无须等他的妹妹"，又可听为"无须等她的美丽"。在广告制作中会发现有些品牌产品名称极容易产生谐音歧义，如："公元"容易错听为"公园"；"博士"错听为"不是"；"昌和"在吴语系语言中与"闯祸"的同音；"丹麦"容易错听为"单卖"；"施乐"也常被错听，产生误解，歪曲了本意。如有首广告歌曲："时光记忆，公元魅力"，常被听成："此光奇异，公园美丽"。还有广告歌曲："上海施乐——"，非常容易产生错位含义不妥的联想，现在不播放了。这种歌曲创作中被称作倒字的现象，在广告歌词制作中要竭力避免。

在广告歌曲制作中歌词在表示广告内容方面要比旋律、曲调更为直接具体。许多广告歌词极其简单，在旋律中品牌名称反复出现，以歌曲的形式来强调商标，形成特定的商标音乐形象，强化消费者的广告印象，以简捷的听觉直感性的联想，深化广告品牌的心理效应，这类广告歌曲被称为广告商标歌。一些著名企业，著名品牌在市场上已拥有一定的知名度与美誉度，无须在歌曲中具体强调产品给消费者带来的好处，也不必为品牌的知名度作任何渲染，仅仅是一种提醒。一种具有鲜明特点的旋律与品牌名称的组合，使人一听就明白。

广告歌词制作要有优美的艺术境界，主题鲜明，诉求要情笃、意切，歌词要浅显易懂，要有美感，要富有形象的联想，使听众在广告歌曲的感召下，通过想象来体验广告中宣传的商品消费的乐趣，从而引发心理上的愉快和情感上的冲动。或以充满感情色彩的语言文字配以相应的旋律来触发消费者的深层次的心理需要，使广告歌曲能与消费者在理念上达成共识，在情感上形成共鸣。但是，不论广告歌曲中如何进行产品宣传，对于品牌则一定要多次重复，反复出现，突出品牌宣传，提高品牌的知名度、印象度和消费指名率。品牌印象不深的广告歌曲是广告投放中的浪费。

有些品牌与企业在市场上已经有一定的影响，但为了进一步扩大品牌和企业的知名度，利用广告歌曲的形式通过广播进行广泛传播，造成广泛的社会影响。这类广告歌曲对具体产品特点和消费好处很少涉及，着重宣传品牌或企业的名称，反复用同一个旋律出现，歌词内容清晰简单，加深消费者对品牌或企业的印象，此类广告歌曲有些基本上已家喻户晓，流行甚广，影响甚大。

广告歌曲是广播广告中的一个重要内容，不少广告歌曲在广告促销效果方面有着不可估量的作用。由于流行广，时效长，往往成为消费时本能性的直接思维反映：买××，就要××牌；用××，还是××牌子好；当××时，请不要忘记××等，成为一种购买的条件反射，这就是广告歌曲一经流行所产生的效应。广告歌曲的制作，关键是要能流行起来

第九节　广播广告的制作程序

广播广告制作一般分为三个阶段。第一阶段是案头文稿制作

阶段，第二阶段是录制准备阶段，第三阶段是录制合成阶段。

1. 案头文稿制作

广播广告文稿制作就是写作广告文字脚本，要在充分了解产品、市场、消费者具体情况的基础上确立鲜明的广告主题，明确广告诉求策略，构想相应的广告创意。文稿制作要有效发挥广播广告中语言、音乐、音响三大要素的作用，既要强化每种要素的广告诉求力度，又要注重三要素合理构成所产生的综合效应。广告文稿制作同其他广告形式的文稿一样，要求创意巧妙，诉求直接，高度精练，在消费者喜闻乐见的广告诉求形式中晓之以理，动之以情，有效地传播商品促销信息，在进行指导消费之时，创造新的消费时尚潮流。

2. 录制准备

聘请经验丰富、市场意识强的导演，仔细研究文字脚本，根据脚本要求写出更为具体的演播录制导演计划。文字脚本主要是对广告主题的表达，创意的整体构想作出规划要求和提示，而演播录制导演计划则是将脚本的要求和提示作具体的深入分析后作出的详尽实施方案，把抽象的文字脚本转化为具体操作的程序规范和制作体现的要求规范。

选择播音演员，要注重声音的表现力和话筒前的演播技巧，能认真投入，准确把握角色在性格上、语音上、语调上的特征。播音演员的水准对广播广告的成功与否关系重大。选择播音演员的关键是其声音形象与演播技巧，是否能够得到消费者的喜欢。

广告利用大众传播媒体进行诉求与说服，有别于其他高雅艺术，以通俗为主、雅俗共赏为佳。

确定广告选用的音乐或广告歌曲，要对广告诉求起衬托作用，不要与其他广告乐曲发生冲撞。专门创作的乐曲和歌曲要注意对广告重点的突出，要具有独特的个性，要能引起消费者的注意力和兴趣，便于流行。

广播广告制作准确估算时间，对于广告内容的播放时间要准确把握，一般分为60秒、30秒、15秒或者更少，因此，对于广播广告内容的完整播放，从内容结构安排上，从读字语流速度上，音乐旋律的时间上都要合理控制。在突出主题、表现重点的前提下对内容结构进行必要调整，充分运用广播广告三要素的组合关系，准确控制广告需要的时间标准。

3. 录制合成

演播、录制人员都要仔细研读广告脚本。导演要向演播录制人员充分阐述导演计划，在明确广告诉求重点的基础上，确切把握广告创意的表现策略特征。在语音演播方面，广播广告绝不是书面广告的有声翻版。广告文字脚本正是按照广告诉求要求口语化的特点进行编撰的，如果在播音时，口语表达不能动情自如地把广告的内容融入播放语言的艺术表达之中，而是无动于衷，照本宣读，那么所有广告创意的良苦用心都将付之东流。广告中的口语化，不是日常交谈的简单照搬，而是在严密逻辑的主题思想指导下的各种口语色彩的变化。要用真挚的思想感情去表现文字脚本中的内涵，通过富有感情的语言、语调把听众引入一个广告主题规定情景，指导消费者树立新的消费观念，建立消费决心。音响制作要根据广告脚本提示与导演计划的具体要求，切实配合主题体现，增强语言诉求的形象力，控制好音量，讲究听觉效果。音乐的强弱、高低，时间的控制，切入或渐入隐出等效果，都要根据具体要求编辑录制。广播广告三大要素的录制人员都要充分明确各自在制作中的作用，以及准确掌握各自操作中的分寸，配合要默契。广播广告是一种时间广告艺术，各要素的配合除了在内容、形式上的默契之外，重要的是在时间上的配合。什么时候语言开始，音乐什么时候进入，音响什么时候配合，需要延续多少时间，多长的时间听觉效果最好，整段广告时间分别由那几个部分组合等等要求准确精到，要讲究整个作品在时间上的流畅性与节奏感。一般在正式录制前可先试录几次，各部分工作先磨合一下，在比较熟练的基础上开始正式录制，可以多录几段，以供优选。

具体录制如果各部门工作配合好，录音、合成一次完成。也可以分别录制语言、音响、音乐，然后再进行合成。

广播广告制作与其他广告制作一样，都是创造一种广告形象来激发消费者的兴趣，诱发消费者的购买行为，表现越真实越好，越实在越好。对消费者来说形式过于"花俏"的广告可信度就低。当广告的形式感掩盖了广告信息的表达时，消费者得到了一个有趣的娱乐而不知广告宣传什么内容，广告投入后的效应等于零。

第九章　电视广告制作

电视在四大传播媒体中发展历史最短，但是人类物质文明的最重要发明之一。1922年英国科学家拜尔德开始实验用无线电传播活动的图象，经过七年的努力，1929年开始在美国 BBC（英国国家广播公司）播出电视试验节目。1935年1月，英国设立了世界第一个电视台，1936年11月2日在伦敦亚力山大富播出第一套电视节目。法国在1938年7月也开始播出电视定时节目。由于电视的崛起，使大众传播活动进入了一个完全崭新的阶段。20世纪40年代电视机逐渐普及，电视不仅使新闻报道、文化娱乐的传播得到了很大发展，而且为广告的传播提供了声形兼备，生动逼真的宣传条件，成为迄今为止大众传播媒体中仅次于报纸的第二大广告媒体。电视广告具有广播广告传播面广、传播快捷的优势，又有彩色图像生动逼真的类似电影诉求的优势，集音乐、美术、文字、摄影、戏剧、电影等方面的艺术表现特点，能完整地表达形象和意义，形成强烈的视听冲击力，被称为"爆炸性的媒体"。自从1979年12月我国开播电视广告以来，电视广告发展迅速，广告营业额已上升到所有广告媒体之首。广告的制作质量也越来越高，从"省优、部优、国优"、"实行三包"、"领导新潮流"的简单诉求，到讲究创意，运用音乐、戏剧、舞蹈以及其他艺术传播形式，与经济发达国家的广告水平距离越来越小。我国是个电视大国，全国电视机拥有量达二亿多台，中央电视台的第一套节目覆盖全国百分之八十以上，各省市也都设有综合台、文艺台、体育台、教育台、有线台等，电视已成为人们日常生活的一个重要组成部分，以至于电视刊物的广告语说："开门第八件事是去买电视报"。中国的电视观众人数及收视率是世界第一位，因此电视广告也成为中国市场经济发展中的一个重要组成部分。国内企业为了扩大商品市场，不惜重金大做电视广告，国外企业为了抢滩中国，也以电视广告作为商战尖兵进行广告突进。在中国电视广告不到二十年的发展中，"爆炸性的媒体"不断进行着裂变，异常火红。

第一节　电视广告的特点与功能

电视广告是以现代先进的光电传播技术作为传播形式，发展时间短，技术发展迅速，诉求冲击力大，具有很大的发展潜力以及其他媒体不可替代的特点。

电视广告覆盖面广，属家庭收视型。由于表现力丰富，形象生动，形象诉求力强，语言障碍小，渗透力强，传播迅速，成为每个家庭的日常休闲的重要内容。由于声光同步，画面艳丽、生动，既能看又能听，不同于其他广告媒体，适应性很强，不受年龄、职业、文化等因素限制，广告观众队伍庞大。广告信息在电视收视黄金时段的播放，几乎能达到家喻户晓。特别是近年来运用卫星传送电视信号，传播覆盖面更宽广。电视接收机也朝多元方向发展，超大屏幕，高清晰度图象，高保真立体声音响，使电视传播更具魅力。超小型液晶彩色掌上电视也越造越精致。飞机、轮船、汽车、小轿车上也可以安装闭路电视设备或卫星电视接收设备，拓宽了电视的收视范围。电视广告在播放时属于插入型，也可称为"闯入型"媒体传播方式，不管接收者喜欢与否，都会直接闯入人们的视听感受中。由于电视广告时间短，所以一经播放，基本上都能造成广告影响。

电视广告形象生动，感染力强，直观真实，理解度高。

电视广告是一种综合艺术广告形式，直观而生动。能够以演员的丰富表情和语言动作，富有情感地进行广告诉求，也可以逼真的形象来展现商品的个性，还可以进行具体消费使用指导，并能充满说服力地向消费者揭示广告宣传的消费利益。电视广告通过音乐与动感画面的结合，配以适当的音响，充分运用镜头的拍摄技巧以及编辑技术等电视艺术的特殊手段，将其他广告媒介难以表现的广告内容及广告诉求的情感加以说明和传递，把将抽象或乏味的广告诉求内容化生动直感的视听画面，使人产生身临其境的感觉。特别是计算机图象制作在电视中的运用，更加强了电视广告的视觉直观语言的表达能力。电视广告制作集文字、动作画面、音乐等艺术综合表现手段，从情节到内涵，从形式到技巧都能比较准确而集中，巧妙而富有美感地来表达广告的主题，在美的享受的瞬间给人留下深刻的广告印象。

由于电视的介入，社会大众文化特点越来越显著。随着电视广告的发展，只要广告信息传播的需要，广告创意的需要，各式各样的文化娱乐形式都可以用作广告宣传，并具有浓厚的民族、区域特色。从民间传说、神话（如"西游记"、"佐罗"）的故事情节套用到美国百老汇音乐剧形式的运用；从戏剧故事形式的广告表达到电脑三维动画技术的开发；从幽默小品的广告创意到电影意识流的技巧介入……还有新闻式、引证式、现场演示式等，可以说只要有什么艺术表现形式，电视广告就可以借用什么。由于电视广告制作技术要求高，资金投入大，许多先进的电视广告制作技术的发展，形成了对电视制作技术本身发展的促进。

电视广告覆盖面广，渗透性强，视觉冲击力大，闯入性大，广告诉求形式丰富，艺术感染力强，具有市场消费导向积极健康的宣传教育作用。在促进商品销售的同时宣传新技术、新产品，提倡好的社会道德风尚，既增长商品知识又陶冶了情操。电视广告集平面广告、广播广告等媒体特点（色彩缤纷，美仑美奂，既具吸引力又据联想力），把广告传播推到了一个新的高峰。电视广告影响大，威望高，不仅传播广告信息，而且也造就了消费者新的广告接受习惯和广告心理，并可诱导消费者的观念意识，一般认为只有上了电视作广告的企业才具有规模，商品才是可靠的，可信的。同一广告内容长期播放，还可以对消费行为引起条件反射。

电视广告在广告信息传播方面也有局限性。图象、声音尽管形象、生动，但难以查存与保留。插播在其他节目之间收看，带有勉强性，对观众的针对选择性差。制作工序复杂，制作与播出费用都比较昂贵。有时为了扩大广告影响，加深消费者对广告的印象，采取重复播放，增加广告诉求频率。一些专家还认为电视广告宣传商品种类局限较大，只适合日常生活用品创意。电视广告情节不宜曲折、复杂，直线发展为好。由于收视屏幕限制适合大物体，近距离，小环境，表现物体轮廓，简单突出。

第二节　电视广告制作程序

电视广告是以运动的视觉画面与听觉相结合的形式进行广告信息传播。既能欣赏到色彩逼真的实物形象与文字说明，又能看到生动形象的消费示范或操作讲解，还能听到充满感情的语言与优美的音乐。既真实可信，充满生活气息，又丰富生动，富有艺术的情趣。所以，比较其他广告媒体，制作投入大，流程复杂，要求高，周期长。

电视广告制作一般可分为三个阶段：案头制作阶段；前期拍摄制作阶段；后期编辑合成阶段。

电视广告制作程序可分为：(1) 确定广告目标，明确诉求定位。(2) 确定广告策略，构想广告创意，制作创意文稿。(3) 制作体现形式与拍摄方案，制作分镜头剧本及广告效果图（故事画板）。(4) 与客户论证定案。(5) 拍摄前期准备，拍摄计划的制定，导演、演员、摄影、录象、美工、灯光照明、化妆、音响、置景、道具、场地、剧务统筹等落实到位。(6) 具体拍摄。(7) 编辑合成、剪辑、特技制作、配音、配乐、拟音、字幕、审片、修改、定稿通过。

第三节　电视广告的定位

电视广告与其他广告传播媒介一样，都是围绕广告商品和消费对象进行广告信息的传播和说服。都具有明确的市场营销目标。如何在激烈的市场竞争中使电视广告最大限度地发挥广告效应，关键是广告定位的准确与否。1969 年 6 月号的美国《工业市场》杂志中，简·楚劳特指出："定位乃是确立商品在市场之中的位置。"也就是说要从众多的商品比较中，发现形成有竞争力的商品特征及重要因素。电视广告在制作中的定位也是广告宣传的商品定位的深化，是电视广告创意的决定因素和广告诉求策略形成的基础。商品的功能特点，商品的选材用料、制作工艺、造型外观、包装装潢等决定了商品在市场的地位与前景。电视广告定位要充分掌握广告产品的质量、价格、品牌、商标、造型、外观、包装、色彩、销售服务等情况，明确能够给消费者带来的好处或利益，特别是独特的、唯一的消费利益点，了解消费者对产品的态度以及售后的信息反馈。以及消费者群体的有关具体情况。树立单一明确的广告重点，了解预测市场的目前情况与发展趋势，确立营销目标与广告目标。

电视广告的定位首先来自对商品品质、价格、消费利益的分析，需要明确的是由目标消费者而确立的广告诉求对象，需要解决的是由此引起的广告诉求策略及电视广告表现形成和诉求重点。对商品在市场上和消费群体心目中的形象地位把握准确，方能制定广告策略和制作创意文稿。电视广告的定位，除了对商品、对目标消费者以及对市场销售现状进行分析外，还要对竞争对手进行调查、了解和分析，在分析中进行恰当的产品定位。确定广告宣传的商品在市场的准确位置和广告促销的诉求突破口，才能使广告创意准确到位，有效地强化广告说服的力度，激发消费者的购买欲望，促进广告目标的实现。

电视广告定位要调查全面，分析透彻，决策合理，条理清晰。对商品、消费群体、目标市场、广告目标、广告策略、广告宣传重点等要作明确的文字分析报告。要在把握商品本身的性质特点基础上，把握决定商品定位的无形因素，即消费者的文化与经济收入水准、消费心理特征、购买习惯、消费观念、市场消费时尚等。定位的目的，通俗点说就是要明确电视广告说什么？对谁说？强调什么？用什么形式来说？等等。

第四节　电视广告的创意

　　电视广告的创意就是表现电视广告主题的新颖的、富有创造性的基本构想或意念。创意是吸引消费者注意力并继续引发消费者的兴趣，改变消费思想与观念，最终说服消费者采取购买行动的广告诉求力量。创意是广告竞争与市场促销中决定胜负的重要因素。创意来自广告的正确定位，来自对产品、消费者及市场的充分把握。创意来自对广告媒体表现技巧的熟练掌握。创意来自对生活的敏锐的观察与综合分析的能力。创意来自丰富的想象与严密的推理。创意是一种高层次的、目的明确的创造性思维，是形象思维与逻辑思维的综合产物：既有主观理念的性质，又具客观的可感知的特征，具有深刻的哲理内涵与丰富生动的可感形式。电视广告创意是艺术制作的主观意念情趣与广告具体内容客观诉求标准的统一。电视广告创意也是一种主观艺术理想与客观广告目标规范的心境合一的意境再造。电视广告创意是将有关的商品、消费者、市场营销的具体个性特征与电视广告制作的规律重新组合产生的创造性的构想。经过调查分析，掌握客观资料、数据，确定广告诉求重点，然后结合艺术创作规律与技巧进行酝酿与开发，不断探索，不断尝试、优化、筛选，最后进行评估与确定，一般保留二至三个比较理想的方案，供广告主选择、确认。

　　电视广告创意要新，要别出心裁，只有新颖的创意形式才能在众多的广告作品中别开生面。立意要新，主题表现要在情理之中，意料之外，富有情趣吸引消费者。广告创意不能在标新立异的追求中偏离广告主题，消弱广告的效果。电视广告创意要美，要有情趣，要讲究文采运用辞美意实的形式深化主题的传达。电视广告创意要真实，确切地反映广告主题，真实才能体现广告内容的特征。只有体现个性特征的表现形式才最具有独创性，电视广告创意要寓义深刻，富有哲理性同时又要善于煽情，以情感人，要善于在平凡中发现奇趣，寻找生活中顿悟的契机。要通俗，使消费者易懂，易接受，易感悟，深入浅出，形象生动，通俗不肤浅，深奥易理解。要意在言外，妙在含蓄，言犹尽而意无穷。要有回味的余地，联想的空间。

一、电视广告创意的方法

正确的创意方法是获取电视广告创意的重要保证。电视广告的创意有别于其他媒体广告创作。电视广告制作运用综合性表现手法，不是一般的单向思考，而是以时间、空间、静态、动态、声光画面的变化构成等多角度。多方面来探求对广告主题的表达，从技术到艺术，从理智到情感等诸多侧面进行综合性的整体思考。好的创意不是一朝一夕的成功，而是长期积累，偶然得之，先成立意，逐步完善。一般在制作体现过程中，往往通过集体思考法，召开创作会议，集体动脑，相互启迪，深入挖掘，取长补短，撷取精华。这种动脑会议是目前广告制作中心采用比较普遍的方法，据说是四十年代美国 BBDO 广告公司奥斯本所创。会议之前把广告创意议题和有关资料预先分发给与会者，一般参加会议人数在十个人左右，由一人主持并有一至二名秘书进行现场板书记录。会议酝酿准备二天左右，真正开会半小时左右。会上与会者各抒己见，畅所欲言，秘书及时将大家发言的要点记录在书写版上供互相参照，集思广议，利用思考的连锁反应，互相启迪补充，在别人的构想基础上进行发挥，组成新的方案。与会者积极开动脑筋，大胆设想，方案越多，构想越新奇，越突出。会上唯一的约束是不准向别人提出反对意见与批评他人的想法。在积极思维的基础上，大家只需要做加法。中国有句俗话叫"众人拾柴火焰高"，集体动脑会议就是让集体智慧之火充分燃烧并激发出灵感的火花，直至产生优秀的广告创意。会议主持者除了积极诱导大家深入思考外，最后还要将大家的构想方案综合筛选，构成完整的广告创意。

短时间突击性的集思广议，互相启迪不乏为一种应急创意方法，但创意的真正源泉是生活，存在决定意识，人生经历的丰富多彩是创意构想的深厚的基础。中国有句古话："行万里路，破万卷书"，讲的是人生的体验与认知的道理长期积累，偶然得之。

平时生活中要善于观察，积极思考，要举一反三，触类旁通。要由表及里，善抓实物本质。要敢于异想天开，大胆幻想。思维要敏捷，要善于捕捉脑海中瞬间闪现的"灵感"火花，俗称为"一闪念"，对于创意来说，没有比"一闪念"再珍贵的了。这是一种智慧积累在瞬间迸发出来的"灵光"真理的启迪。牛顿从树上落下的苹果想到了地球的吸引力，瓦特从水沸腾后蒸汽顶开壶盖而发明了蒸汽机。中国历史上不少闪烁着智慧灵光的诗句，都成了千古绝唱，但"一闪念"仅仅是一闪而过，事过境迁，茫茫人生，也难以觅回这失落的智慧之光，竟消失得无影无综。"好记性不如烂笔头"，一本点滴记录灵感火花的笔记，摘抄人生中的舍取，真理的顿悟，是创意灵感的储存仓库。每当创意需要时，翻开重温，以新的观念与视角审视总会有新的启发，新的收获，有的就是现成的天造地就的金玉要点。不断记录生活中看到、听到、想到的有创意价值的点滴资料，不仅能获得一本具有重要价值的参考笔记，同时也有助于拓宽思想，活跃思路，提高创意思维的效益。

二、电视广告创意的方式

创意的核心是灵感，这个灵感还需要一个完整的具体表现形式。创意的形式可分为：

逐步显现式。在灵感的启发下，创作冲动产生的创意思维形象不是十分完善的，朦朦胧胧的，如同一张刚放入显影液中的照片，形象依稀可辨。由于思维的深化，各种组合元素的积淀，创意的形象越来越具体，随着创作的指导思想对原创形象深化与肯定，规定意识下的形象思维越来越丰富，使创意形象越来越清晰，越来越具有表现主题思想的鲜明个性特征。这种思维方式获得的创意成功在于对广告主题的准确表达，形式与内容的完整统一，是在整个创作过程中不断进行比较选择得到的深化与确认。创作思维发展循序渐进，比较平稳规范，形成的广告创意精致、贴切，激情冲击力强。

1. 中心聚集式。创意思维所获得的原始灵感被确认能够确切传达广告主题而成为原创核心，体现创意主题时，整个创作思维就围绕这个中心运用各种方法与手段不断将其充实完善，使主题形式越来越丰满生动，创意结构越来越完美。用这类方式获取的广告创意，主题明确，广告诉求透彻，重点突出有力度，一般不容易出现主题偏离的现象。

2. 板块构成式。电视广告创意一般由九个主要的部分构成一个表现的主体，而主体则是广告诉求和广告主题的具体表现。在广告创意过程中，有时创意的主体一时难以形成，不妨根据广告主题的要求，先抓住几个主要组成部分分别深入完善，然后进行合理的拼接组合，从整体构成的需要出发，适当调整各组合板块的轻重、主次，注意衔接，突出重点，抓好陪衬。在组合构成中要处理好整体与局部的关系，要协调好广告主题与各部分具体内容的一致，在组合中逐步形成风格特点。用这类方式进行创意，关键在于局部的深化与整体组合的协调。这类创意诉求方式有特色，重点较突出，特别适宜广告主题比较复杂的广告创意。

3. 归类优选式。在电视广告创意过程中，由于思路较宽，思想活跃，思维活动中形象信息十分丰富，呈现一种纷杂多元状态时，不妨重温一下广告主题要求与诉求重点，将现有的各种构想与形象信息进行归纳分类，在几种大的类别中优选最能准确表现广告主题的部分加以确认，由此建立一个创意诉求系统，然后对具体细节进行分类选择，完善这个诉求系统中的子系统及具体细节。将丰富的形象信息进行加工、精选、编排，组建一个具有个性特色的广告诉求逻辑系统。这种方式形成的广告创意，内容具体生动，诉求逻辑性强，但容易出现目标偏离的可能，所以在基本大类的分析归类时，一定要紧扣广告中心，在具体选择时要能忍痛割爱，减去不必要的，不利于表现主题的因素和素材，使整个创意协调一致，主题鲜明，中心突出。

电视广告创意是一个复杂的思维活动过程。创意中有价值的形象信息要从生活中积累的经验中获取。创意的实质就是用严谨的哲理来点化丰富的生活经验，形成诉求目的明确、引人入胜、富有美感的结构形式。

第五节 电视广告创意思维方法

多侧面、多方向的思考是产生优秀电视广告创意的重要基础。

联想，是广告创意常用的思维方法，即从一个基本概念或一个具体事物，沿着一条思路展开想象。人们感知一事物时，总容易引发对于其它相关事物的联想。在生活中看到河就想到船，相到桥，想到水中还有鱼；看到路就想到车，所以就会产生相应的广告语，如"有路必有车，有车必有××车"等。联想是最基本的创造性思维方法之一，是广告创意灵感的重要来源。联想，有的是从质的概念作为基点，联想到相近的事物，如从水可以联想到各种形态的水：河水、海水、雨水、茶水、冰山、雪花、水蒸汽、雾、云彩、瀑布等；有的是从形的概念作为联想的基点进行联想，如看到一个圆圈就想到类似圆的许多事物：太阳、饼、车轮、圆球……。联想是多方面的，综合性的，是从质地、形状、色彩、观念等诸多方面充分联想，然后进行比较、选择、优化、重组，这是在广告创意中较多运用的方法。如在创意中对某一商品展开的多方面联想：品牌的名称、含义、谐音、造型、色彩、品质、价格、使用或消费的心理习惯等，这样联想的结果往往是以一种贴切、恰当的比喻来加强广告的诉求与说服力度。联想的基础是掌握生活中事物多种属性，通过联想来寻找其中某些相似或接近的属性，建立某种广告说服的基点，诱导消费者得到在联想中广告的启示，心目中留下较深的广告印象。通过联想获得的创意，虽然也是形象思维的产物，但逻辑性较强，所以难以有所突破创新，关键在于联想不能停留在一般的水准上，要有深度，将消费者的注意力引向不为人注目的地方，揭示内中蕴藏的哲理。联想的深刻度决定创意的新颖度。

逆向思维。在电视广告创意过程中，可以从事物的各种因素对比中寻找对立、相反的成份进行思考，这也是一种联想，是一种因某一事物所引起的反向对比思维。在中国传统文化中，对对子的文字游戏就具有逆向思维的性质，因此妙趣横生。如有对无，来对往，多对少，大对小等。"多言即无味，寡欲斯有为"，不仅在字面中进行逆向对比，而且还有在含义中进行对比。如："船载石头，石重船轻轻载重。尺量地面，地长尺短短量长。"逆向思维创作的对联不仅文字趣味浓，而且也能阐明较深的哲理，是广告创意中寻找对比衬托形象的有效方法。逆向思维在创意中往往产生意想不到的效果，让人过目难忘。如为了说明酒精有损健康，一位演讲者当众将小虫子放入盛有酒精的容器中，不久虫子便死了。一般人很快会顺着演讲者的逻辑导向得出结论，酒精是有害健康的。但也有人朝着其相反的方向思考，得出了一个也很有道理的相反的结论，酒精是有益于健康的。同样是一个试验，从中可获得二种不同的答案。世上事物都不是绝对的，具有多种属性，特别是具有正负两面的性质特点，在创作思考中要善于全面把握事物的本质。运用逆向思维方法，常常能在对常规的批判中以似乎荒唐离奇的形式创造性地揭示更加深刻的本质与哲理，显示出一种幽默的情调。如1985年获"最佳电视广告奖"的苏伯鲁轿车电视广告《你总是伤害它》，六十秒的广告一反以往汽车广告竭尽全力用最美的灯光、摄影来描述汽车的漂亮造型和良好的性能的惯例。只是记录了人们不珍惜该牌子的汽车的情景：在车顶上超负载捆绑野营用品，行李箱内塞满了东西，关不住的后车盖被使劲往下压，夫妻吵架，车门又成了发泄的道具，被甩得"澎澎"直响。在广告歌曲"你总会伤害你所爱的"烘托下，以逆反的手法创造了一种与众不同的汽车广告形式，最后以旁白点示出广告诉求的要点："人们憎恨他们的车，不好好使用和保护车。但是，从1974年以来登记注册的苏伯鲁轿车百分之九十仍在街上跑着。"成功地在消费者心目中留下了深刻的印象。

侧向思维。顾名思义不是逆向的思维，而是顺着原有的思维方向，在肯定其限定的条件下，寻找逻辑间隙，旁生出新的思路，形成思维方向的转折，产生出预料之外的但又合乎情理的广告创意。欧美广告创意人员比较重视英国心理学家爱得华·戴勃诺博士（Dr. Edward De Bono）提出的水平思考法。他认为，人的思考方法有二种，一种是垂直思考法，即人们依据经验和以往掌握的知识，逐渐积累和产生的想法。这种思想方法产生创意，改良、重复的成份较多。而另一种水平思考法，摆脱旧有的模式和原有的观念，从多方面、多角度来分析、思考，善于运用侧面思考提供的机遇进行思维突进，获得意想不到的创意。戴勃诺曾以一个例子来说明：有一个商人欠高利贷者许多钱，狡诈的高利贷者想得到商人美丽的女儿，就逼着商人还债。他想了一个花招，提出捡黑、白各一颗石子放进袋里，由女孩取出一颗，如果是白的可以免除所有债务，如果是黑的，便以女孩抵债。当高利贷者将石子放入口袋时，女孩看到两颗都是黑石子，女孩面临着选择：（1）拒绝取石子；（2）将两颗同时取出，揭露高利贷者的诡计；（3）顺从地牺牲自我，解救父亲。三种结果都不利于女孩与商人，但这是高利贷者自己提出的承诺，也是一次机会，必须寻找转机。于是女孩从口袋里取出石子，佯装失手掉在地上，混同于许多黑白石子之间，然后说："啊，真对不起！但是看一下袋里剩下的石子，就可以知道我掉在地上的石子是黑的还是白的。"毫无疑问袋里的是颗黑的石子。女孩的思维回避了"取与不取"，而从"剩下的石子"上思考，寻找转机，帮助了父亲，也解救了自己。这就是侧向思维的出奇制胜。"奇"就是意料之外。中国有句名言是对广告创意中侧向思维的一种绝妙写照："山穷水尽疑无路，柳暗花明又一村。"在公益广告宣传中交通安全是重要的一个方面，酒后驾车必然车毁人亡，这类电视广告要拍出新意难度较高。一般创意思维都从"祸"字上挖掘，然而这类创意的镜头画面的惨象实在叫人难以忍受。新加坡有则广告却非常简洁，说明要害，将突破点放在酒杯上做文章：一个灯光灿烂的夜间街景，一只挂着酒的泡沫残痕的酒杯进入画面，遮挡着视线，夜景显得有些模糊了，再叠上一只刚喝完酒的酒杯，画面更模糊了。第三只叠上，已是一片模糊。叠上第四只时伴随着一声巨响，鲜血溅满了镜头。四只酒杯的逐步重叠揭示了酒后驾车的危险，生动含蓄，简单深刻。

第六节　电视广告的结构

电视广告制作运用了文字、摄影、美术、表演、音乐、音响、灯光、剪辑、特技等许多表现技术和艺术构成因素，通过创意向消费者传递广告信息。结构是意念化的创意变为形象化的基础，因此必须构筑与广告创意特点相匹配的结构形式来准确地体现创意。

电视广告结构主要可分为理性诉求与感情诉求两大类型：

一、理性诉求型

理性诉求型结构是针对消费者对商品的理智型购买心理，进行理性说服的广告结构形式。一般消费者购买商品，往往不是一种随心所欲的行为，需要对商品的性能、用途、特点、价格等因素进行了解和斟酌。有些消费者善于控制自己的情绪，不为包装外观、品牌宣传心动，显得理智冷静，善于分析、判断。因此，理性诉求结构的广告注重说理，运用具体的材料、数据进行比较、演示、说明，突出商品的各项优势，进行消费论证与说服，促使消费者采取购买行动。理性诉求的广告特点：广告信息重点突出，详略得当，论述清晰，信息适量。不能平均罗列，堆彻虚词。虽然理智型消费者在购买前权衡再三，优柔寡断，只要理性诉求型广告能传达一定的商品知识，论据充分，理论阐述有深度，逻辑性强，有助于提高消费者判断商品的能力。他们的购买行动就会果断、坚决。这类结构形式的广告可细分为：比较说明型、新闻报导型、操作示范型、名人推荐型等，分别从消费利益的宣传、性能品质的揭示、新闻报导等方面进行广告诉求。

1. 比较说明型。属于商品认知性。此类广告结构重在组合传达各种与商品有关的信息。如外观、质地以及各种技术指标等，通过比较进行说明。俗话说"有比较才有鉴别"，运用电视形象生动的特点进行比较是这类广告劝说的主要策略，通过比较从客观上认识商品；通过比较在主观点接受新思想，接纳新观念，产生好感；通过比较在心理上得到满足，建立消费信心。采用比较方法要谨慎。可以纵向进行比较，如新产品与老型号的比较，横向比较容易引起广告纠纷，尽量回避，即使要用，也要避免直接涉及竞争同行的名声和信誉，严禁诽谤。

2. 新闻报道型。是突出广告宣传的商品新的特点来作为诉求的策略。广告信息传达简明扼要，准确详实，一般用于宣传新的产品和时令商品，宣传新的消费观点。以新来迎合消费者的求新心理。时效性强。以类似新闻报道的形式进行广告信息传播，充分运用新闻报道的五要素来突出新产品的名称、良好的性能、使用方法、适用对象、生产企业以及销售地点等，以新闻报道的简明快捷形式组织广告市场攻势，迅速将新产品推向市场。新闻报道型广告结构简单，制作方便，成本低廉，说服力强。通过电视画面，直接进行商品形象诉求和性能宣传，并以语言与文字结合商品展示进行讲解，树立新的消费观念。利用电视媒体在消费者心目中的权威性来树立商品、品牌、企业的良好形象，增强知名度与信任度，运用新闻报道的快捷，促进市场的消费形势的积极发展。但此类结构广告毕竟不是新闻，多次重复播出，缺乏趣味与美感，容易使消费者在新鲜感消失之后产生厌烦的心理，所以要适当把握广告的时效周期。

3. 操作示范型。由于电视媒体具有视听合一综合表现特点，能够真实再现消费示范的整个过程，使消费者能够亲眼目睹产品的外观造型和功能效果，在亲临现场的感觉中，以"眼见为实"的形式进行消费鉴别。特别是电视还可以运用局部特写的放大拍摄，使消费者观看到比在现实生活中更加具体入微的细节特征，具有较强的说服力。运用操作示范结构类型的广告，一般着重在商品的功效性能展示上发挥电视视听语言与镜头运动的特点，有组织有计划地将操作示范过程组合在镜头画面的连续展示中，保证消费者观看的真实性、完整性、可模仿性。要巧妙利用主观镜头拍摄方法，使消费者在观看时无形中成为操作示范的参与者，以真实可信的表现形式揭示商品的各种特点与优势，满足消费者对商品的了解、求证的心理需求。操作示范结构类广告制作要强调记录的真实性、时间的连续性和空间的统一性。要避免简单记录演示和镜头表现缺少变化造成的乏味。拍摄镜头要多角度、多层面地展现操作示范整个过程和关键内容。此类创意要善于把握消费者在购买前的各种心理。消费者在购买时常常是左看右看，翻来覆去地仔细观察研究，有时还想动手试一下。操作演示类广告可以满足这种购买前的心理，并进一步运用电视广告表现特点，对商品进行深入剖析，真正让消费者感到在现场购物中解答不清的问题在广告的操作示范中得到了充分验证，消除不必要的疑虑，使消费者探究的心理在操作示范展示中得到充分的满足。操作示范结构最能体现电视广告诉求的特点，身临其境的时空氛围，生动逼真的视听效果，深入细致的形象表现手段，电视广告以其特有的传播优势，大大强化了操作示范的广告促销效应。

4. 名人推荐型。消费者除了以亲眼目睹的方式来了解证实商品信息外，也会通过询问周围人士对某一商品的印象和评价帮助自己作出判别，特别是一些值得信赖的有影响的人的看法，更具有权威性与说服力。电视广告中，名人推荐结构充分利用电视的声画同步画面视觉直观效果，增强广告信息诉求的可信性与知名度。知名人士、明星、专家、权威在电视广告中对商品的评价、宣传。使消费者不仅能听到他们富有说服力的言谈话语，而且还能看到他们的具体形象，满足消费者的偶像崇拜心理。使消费者在感情上乐意接受，在理念上愿意相信。名人推荐结构还能利用名人、明星的社会知名度来提高商品的知名度和美誉度，提高商品的消费品位和档次，利用社会上追星、慕名效仿的心理诱发某种流行消费。广告镜头中的明星、名人增加了广告吸引力。但选择对象要与宣传的商品性能、用途、质量有密切的联系，要与社会地位等因素相匹配。明星与美容有关系，可以做高级香皂广告。普通洗衣粉广告请明星就不如请家庭主妇有说服力。请洗衣店的经理或洗涤剂厂的专家也很恰当的。否则非但不能提高商品的品位，反倒贬低了明星在消费者心目中的形象。会产生明星是被广告主收买，广告不可信任的负面影响，令人反感。名人、权威在广告中言行举止也要注意维护自己在公众心目中的形象。评论语言要客观、理性，减少感情用语。仪态自然、亲切，不做作。要贴近生活，贴近消费者，不要有商业气息。重科学，要有凭有据。态度要严谨。阐述深入浅出，以权威结合亲和，以优越结合沟通，以说理赢得最终的信任与好感，使消费者心悦诚服，坚定购买的信心。当然除了名人推荐的结构形式外，理性诉求广告还可以普通消费者的经验之谈来推荐商品，充分说理，平等交流，心理上更具有亲近感，容易沟通，建立在同等生活基础上的诉求与说服，容易达成共识，产生认识上的共鸣，促进形成购买的欲望。

5. 比喻说明结构型。在电视广告制作中有各种广告宣传的内容，有些显得比较抽象，不宜作直白性表述。比喻说明型结构可用具体的事物来说明抽象的观念和思想，使广告内容生动地得到传递，也可以将不宜直接表现的事物借用相应的形象喻以说明。比喻是一种形象生动的理性诉求广告，通过适当的比喻，使消费者对广告主题一目了然。如：中国人民保险公司的一则广告为了说明保险这一内容广泛、主题形象难以集中的广告内容，运用了电视中倒放的特殊表现手法，将保险这一主题比作一只盛满水养着金鱼的玻璃鱼缸，被不慎碰翻，玻璃碎片四溅，水溢满地。然后通过磁带倒放，产生情节返回，图象逆向运动，玻璃鱼缸碎而复圆，金鱼又跳回鱼缸，一切恢复原状，完美无缺。这一广告形象、生动地说明了诉求内容，使人产生难忘的印象，恰如其分点明了恶梦醒来是早晨的这一保险主题。又如有的药物广告，不宜出现病态形象，广告创意就借用杂草复生，要断根除尽来比喻，既说明问题又作出了妥善的形象回避。

理性广告的诉求不论是比较说明型、操作示范型还是名人推荐型，其说明、论证的基础都是真实而具体的各种事实证据。俗话说："实事胜于雄辩"，电视广告要以特有的镜头语言来真实表现各种事实证据，要讲究立竿见影的广告显示效果。

感情诉求类广告。感情诉求广告也是以消费者的心理为依据的诉求方式。电视广告制作中，调动各种制作表现手段，通过提炼和概括，将人的心理上复杂、细腻的情感变化。结合广告宣传的商品的特点、功能以及用途、品质等，以各种动人的情感语言浓缩在广告表现中，诱发消费者相应的情感，进而调节消费者的情绪和消费心态。消费者感情上获得满足，从而认同广告宣传的内容。感情型诉求广告在制作中要注意艺术的感染力，创意要优美，要有趣味，富有情感。形式要新颖，格调要高。要造就一种感人动情的美好气氛，使观众在对美的感受中接受广告诉求，并形成情感上的共鸣，诱发购买欲望。人的美好的感情体现在生活的各个方面，感情诉求类广告有着广阔的诉求空间。中国具有悠久的文化历史，中华民族是个感情丰富细腻的民族，历来重情轻利，富有人情味，感情诉求广告会获得较好的效果。感情类诉求要真实、诚挚、高尚，不能矫揉造作，粗鄙低俗。在注重广告的经济效益同时还要考虑广告的社会影响，否则会引起消费者的反感，反而降低广告的格调，有损商品品牌形象乃至企业形象。

二、感情诉求型

电视广告制作中创意结构可根据不同商品的消费特点，从不同的感情诉求角度进行设定，如生活情趣型结构，广告创意模拟一段真实的生活情景，表现家庭生活和日常工作环境中人与人之间的关心体贴，渲染一种和睦、幸福的温馨气氛，如父母子女之间的深厚感情、朋友之间的友情、同事之间的感情、恋人之间的感情，将广告宣传的商品信息融入生活的常情之中，展示人们对广告宣传的产品的需求，使广告诉求贴近生活，在亲切、自然与轻松的气氛中揭示商品消费对生活的积极意义，在人与人的交往中，体现商品消费带来的方便与情趣，增进人与人之间相互尊重、相互体贴的情谊，将商品消费，物质需求通过广告创意点化为高层次的精神上爱和情的满足。广告在促进商品销售的同时，潜移默化引导 物质消费向积极健康的方向发展，促进社会的文明建设，使商品生产、经营销售和购买消费之间的供需关系得以良好的沟通与协调，将冷冰冰的商品交易通过广告的创意表现，变为温馨的、富有人情味的一种关怀与体贴，消除消费者在购买时心理上的隔阂和距离，在情理相随的艺术境界中，从感情上博得消费者对商品的好感与认同。

1.生活情趣型。不仅在感情的表现上能感动人，而且在情节上也能吸引人。由于是截取生活的一个横断面，是人们日常生活的具体写照，具有浓郁的生活气息。广告中提出的问题也是生活中的热点，广告作出的承诺正是消费者生活中所期盼解决的问题，因此容易引起心理上的共鸣。成功的生活情趣型广告，往往在日常生活中及时提供广告信息，为消费者排忧解难，解决问题，提高生活质量，增强消费情趣。生活情趣型电视广告，由于采用最熟悉和了解的生活情景，所以诉求面广，只要不使用太专业化的言语，无论老人、儿童，或是文化水准不高的消费者都看得懂、听得懂。富有情趣的生活情景都会给他们留下深刻的印象，可能形成潜在的购买力。生活情趣型结构中表现的情节必须与广告宣传的商品有密切的关系，主题要明确，情节要真实感人，环境的设置与人物的表演都要生活化，要合情合理。广告重点要突出，表达语言要精炼、紧凑，创意上要求新求异，避免生活情节的简单模仿。越是大家熟悉的情景，越是难以突破，要善于对生活观察分析，在常情中发掘最感人的情节，在常理中寻找最富有哲理的启迪。

2. 营造气氛型。电视广告的表现特点与其他广告媒体不同，声画同步，形象逼真，色彩艳丽，最易营造生活的情感气氛。此种结构形式将广告宣传商品给消费者带来的利益，通过对消费感受的集中提炼，组织成电视特有的视听画面语言，营造、渲染、烘托广告宣传主题，形成一定的情感气氛。连续切换变化的画面并不一定符合时空逻辑，可能不成为故事，也没有预想的情节，但每一个画面广告目的明确，个性特征鲜明，无论是人物的体态表情、语言动作、节奏、色彩、色调、音乐节奏旋律、音响效果，都凝聚组合成气氛浓郁、感受强烈、重点突出、情调高雅、风格统一的画面。

千方百计以生动逼真的画面以及幸福、愉快、欢乐的美好情感打动消费者的心。它所强调的并不是理性方面的说服，而是感情上的满足。美的商品属性形成视觉上的美、听觉上的美、情趣上的美，综合形成富有感染力的镜头画面气氛。让消费者在电视广告身临其境的视听诉求环境中获得良好感觉，在气氛的诉求中得到感情上的满足。如有的国际饮料公司的电视广告主题明确："挡不住的诱惑","新一代的选择"等。着重气氛渲染,激发消费者内心的情感,并无什么情节,但电视画面丰富生动,视觉冲击力大,容易在市场上形成一种消费时尚与潮流,从而促进商品销售。

3. 故事情节型。电视广告创意围绕广告宣传商品以及广告宣传主题编织故事情节,按情节发展组合认知逻辑,深化广告诉求,创造主动的广告人物形象,设置典型的环境气氛,传达相应的商品信息,是一种电视广告常用的结构形式,符合一般观众与消费者收看电视节目的习惯心理。电视广告中有令人注目的人物,有可看性强的故事情节,配以相应的场景设计,还能了解一些商品历史发展知识、生产工艺、产品性能,重现一些历史典故、民间传说、神话故事。既有知识性,又有娱乐性。广告诉求形象不仅生动有趣,而且有益。通过完整的故事情节的表现,有助于消费者对广告主题的理解,增强对广告的记忆印象,使宣传物质消费的广告富有文学艺术的审美情趣,寓广告诉求于娱乐、科普教育之中,扩大了商品信息宣传的广度和深度。不少传统文化素材被挪作广告故事的情节载体。西方有用"佐罗"、"蝙蝠侠"来作广告,也有用"阿里巴巴"、"埃及女王"的故事来作广告。中国也有用神话故事和文学名著《红楼梦》、《三国演义》来做广告的,如用西游记中孙悟空与猪八戒过火焰山来做空调机广告。不少白酒都用历史传说做广告。自从电影《火烧圆明圆》、《垂帘听政》上映后,近几年用满清皇帝、西太后的传说做广告的亦不少。国际上有的甚至不惜投入大量资金创作卡通故事,用卡通人物配合企业形象建树大中企业品牌("卡西欧"用阿童木的故事,"三菱重工"用森林大帝的故事),在宣传商品的同时,宣传了文化,使广告增加了情趣,更具可看性。电视广告的篇幅受时间限制,在三十秒至一分钟左右的时间里叙述一个商品故事,要求画面语言要有高度的表现力,要精炼,情节要简明,不宜太曲折,但要有吸引力,取材立意是关键。

4. 幽默趣味型。市场经济的发展,广告竞争激烈,形成了广告信息大爆炸。扑面而来的广告已使消费者目不接暇。大量的理性诉求广告，正面突进的广告说服已使消费者的感官与心理几乎达到饱和的程度。过量的广告信息已使消费者"头大"，老太婆式滔滔不绝的广告唠叨已使消费者厌烦，现代生活的工作节奏越来越快，消费者急需的是精神上的放松，于是幽默的相声段子深受欢迎，富有幽默感的戏剧小品掌声不断，幽默含蓄的广告也使消费者在轻松愉快的笑声中将注意力集中到商品广告上来，在忘却烦恼，玩味生活中的俏皮幽默时，消除了戒心，有效地完成了广告的心理渗透，是一种深受消费者欢迎的广告形式。

幽默的广告艺术创意结构运用的手段，是对习惯心理的合理逆向运作，其目的是突破消费者原有的心理定势，形成一种新的更深刻的思维层面，形式上似乎悖理、荒谬，实质上更具说服力度，在否定习惯心理的同时产生了乐趣，在诙谐的情趣中得到的更多有益的暗示是一种较高级的广告创意结构。幽默违反一般心理和表达常规，以有趣的、甚至可笑的情节进行富有感情色彩的广告诉求，在轻松愉快之余给人意味深长的回味。幽默情趣型结构以其标新立异的形式在众多的广告诉求中脱颖而出，卓然不群，广告个性突出。好的幽默广告还可能成为消费者互相交谈的话题，形成口头传播效应，有助于扩大商品广告的知名度和美誉度。广告中的幽默要自然，要与广告主题密切结合，不能为幽默而幽默。幽默不是庸俗的插科打诨，不是装腔作势的油腔滑调。有经验的广告制作人曾警告过"人们不会向小丑买东西"，讲的就是这层意思。广告中的幽默立意要巧，格调要高，形式要新，人物要有风度，情节要有趣，才能在消费者心目中留下深刻的印象。

5. 悬念设疑型。设置巧妙的悬念，促使消费者萌发好奇心，产生惊奇和疑惑，以调动消费者强烈的求知心理来凝聚消费者对广告诉求的浓厚兴趣，在释疑的期待和希望中层层揭示广告宣传的主题，促使消费者对广告信息加深了解，加强印象。因此在电视广告的前几秒内要以最精彩的画面语言、最吸引人的音响、音乐和语言迅速设置一个悬念，诱导消费者进行积极思考，激化其释疑的渴望情绪，将广告的谜底在消费者情绪的高潮之巅最后挑明。整个设疑、释疑的过程，构思要巧妙，要有情有节，要有提供消费利益之情，有科学认知秩序之节，层层深化，紧扣广告主题，突出诉求重点，情感真挚，引人入胜。设疑要符合生活情理，有巧妙乐趣。虽是故意设置，但不露痕迹。要善于创新，立意高尚，故意卖弄就显得情趣低俗。悬念设疑型创意注意认知心理的把握与情趣的调谐，是一种较高层次的创意制作技巧。设疑要合乎生活现实的逻辑，释疑要紧扣广告商品的性能与特点。悬念为的是引人注目，设疑是深入解答广告诉求利益的逆向形式。目的是经过疑问的注意与回答，在消费者的浓厚兴趣中奠定理智消费的信念，并留下深刻的广告印象。生活趣味浓，广告说服深入浅出，在满足消费者心理的同时达到广告的目的，在消费者心目中形成一种直接问答式的逻辑性消费习惯。

6. 警喻说服型。电视广告中常常可以看到以生活中的触目惊心的事实来警戒消费者防止或杜绝不该发生的情况，一般用于健康药物和安全用品类广告。还有其他商品，有的也要用警戒规劝说服结构。此类型广告从人的基本生存条件保障的角度来进行广告诉求，效果是比较深刻的。广告的诉求内容和形式可分为温和型和恐惧型两种。人们本来就对某些事情存在忧虑、内疚、害怕、恐惧，此类创意结构针对这些心理，根据广告主题需要在诉求内容上形成对消费者心理上的影响和压力，达到广告目的。警喻说服结构有的可以采取直白的形式，也可以采用隐喻和象征的方法。有的以严峻的事实形成恐惧感，直接造成心理震撼。有的寓庄于谐，在回味之余存有威吓之感，告白一个可怕严酷的后果，以示警喻。在电视广告中一般采用隐喻的警诫形式，尽可能避免直观性的可怖景象出现在镜头画面中。有的公益广告即便是在表现交通事故中不可避免的可怕事实，也借喻其他象征画面而回避惨不忍睹的视觉真实。又如吸烟有害健康的公益广告，借助一个脱排油烟机上面积存的污垢可以清洗，而长期吸烟造成的体内污染无法清洗干净为形象比喻，深刻地说明了吸烟的危害。只是用引喻来想象，造成人们心理上的恐惧，达到警诫说服的广告目的。

电视广告的表现手法是相当丰富的。广告创意的结构可以根据不同的广告诉求内容和主题自由选择，综合运用，合理搭配。创意内容的广泛性决定了结构形式的多样性。内容决定形式，而对形式的深入认识与规范操作是对内容表达的深化。世上没有一成不变的结构，也没有为规范而规范的形式。就电视广告创意结构来说，变化是绝对的，规范限制是相对的。只有准确完整地传达广告的主题与中心，是电视广告创意的绝对准则。

第七节　电视广告制作的特点

首先广告内容必须具体化、视觉化，以其生动逼真的视觉形象配以适当的声音来传递广告的信息。视觉是通向对事物认知的康庄大道。人的信息百分之八十左右来自视觉的观察。在电视广告中要把广告内容通过静态的或动态的画面表现出来，同时加以必要的文字、语言的说明，使电视广告成为一首言简意赅、富有情趣、优美的视觉短诗。由于电视广告播放的时间限制，广告内容必须简练单纯、集中，强调在开头的五秒钟内能吸引消费者。一般电视广告对商品名称、特色、示范通过陈述、论证、重复、摘要揭示来完成广告说服。电视广告的中心是创意。电视广告的成功与否取决于创意的卓越独特与对广告主题揭示的深度。好的创意广告意味深长，令人难忘。创意的内容是由镜头画面的变化组合体现在视觉传达上。每一组电视广告画面都有一个突出的广告主题中心画面，或可称为主题画面，是视觉内容的主体，也是运动变化的主要依据。

电视的画面可分为静态和动态两大类。

静态画面以平面构成的制作要素突出广告宣传的主题，强调视觉效果，讲究画面组合各构成要素的变化与统一、比例的均称、构图的严谨空灵、色彩的对比、面积的虚实关系、主次关系等等，从而使静态画面形成美的和谐，具有艺术的感染力。

电视广告的重要特征就是镜头画面的运动变化。人的视觉对运动的物体比较敏感，所以电视广告的画面与众不同处，就是以不断变化运动的画面来吸引消费者。动态镜头画面的构成在画面的变化中表现广告的空间结构形态，在运动变化中将广告创意的情节层层展开，在运动变化中营造广告诉求气氛。电视广告通过三维的空间运动变化在时间的轴线上延伸展开，形成四维时空结构的广告诉求形式。

动态镜头画面由多种动态因素构成。(1) 镜头画面中物体的变化动态（如人的动作、神态变化）和运动着的各种物体（飞翔的鸟类、飞机、前进的车船、奔跑的动物、天上飘动的白云、水中的游鱼、奔腾的江水）等。(2) 静态物体在拍摄过程中由于镜头的运动变化而形成的动感画面，以及对运动的物体运用镜头变化强化动态感。一般在拍摄中镜头的"推、拉、摇、移"都能强化运动变化的镜头画面对广告主题表现的效果。(3) 在电视广告后期制作中剪辑镜头画面形成的广告画面运动变化。(4) 其他拍摄因素形成的镜头画面的变化，如拍摄速度的变化和照明灯光的移动形成的画面动态变化，都会形成一定的视觉效果，有利于广告主题的体现。运动变化的画面在视觉心理上能形成具有审美意义的节奏感和韵律感，传达特定的情绪。缓慢的速度变化，体现一种抒情、舒展、安逸、静谧等情绪，容易形成宁静、迟缓等气氛，有时还带有神秘感。而快速、剧烈的变化则体现一种爆发的力度，激昂、热烈的情绪，圆弧型曲线运动给人流畅、优美的感觉，表现一种活泼轻松的情绪，形成欢快的气氛。斜线的运动、动荡的变化是不安的情绪体现。容易形成紧张的气氛。通过拍摄镜头的运动变化，尤如观看者从不同角度仔细深入进行观察，具有逼真的参与感，能满足消费者的视觉心理要求。有利于展示产品的特点。

有些商品在运动变化的画面比静止的画面更形象逼真，更具有广告说服力，运动变化能充分展现商品的主要特点和性能，使广告诉求充满诱惑。如刚切开的甜橙，橙黄色的果汁滴滴汇入杯中，新鲜诱人；琥珀色的啤酒从瓶子中倒入玻璃酒杯，泡沫翻腾，溢出杯口，白色细腻的泡沫沿杯壁慢慢流淌，令人垂涎欲滴。有的广告宣传的商品在运动变化的画面中，不仅展现其漂亮美观的外观造型，还深入展示其内部结构的科学合理以及选材的讲究，以生动具体的画面形象，满足消费者的探究心理，增强其消费的信心。有不少功能性商品在操作示范中，直接表现人与商品的关系，用人的行为来协助展示商品的性能。

电视广告制作中的色彩构成。是电视广告的重要表现手段之一。电视能生动逼真地再现自然界丰富的色彩，使电视广告画面充满生机与活力。电视广告画面中的色彩不仅能真实地展示商品形象的真实面貌，而且可以通过运用色彩的对比衬托，强化主体形象的色彩视觉冲击力度。同时色彩还能通过主观设计意图，进行有目的的组合搭配，渲染广告画面的气氛，也可以根据广告的不同定位需要，相应强调某种色彩倾向，青年人喜欢鲜艳、热烈的色彩，上年纪的消费群体喜欢稳重、平和的色彩，不同文化层次，不同性别都有不同的色彩的倾向。色彩与商品的品位格调定位也有着密切的关系，商品、品牌、个性、特点与广告画面色彩基调要协调统一。电视广告色彩构成要讲定位、讲主题、讲个性、讲格调。

电视广告制作中的听觉构成。电视广告是视听合一的电子传播媒体，听觉是一大构成要素，具有很重要的作用。一般认为人的视觉在信息接受中占百分之七十，听觉占百分之三十。然而有许多广告画面和情节，如果没有语言进行阐述和点化，就令人费解。有些镜头配上音乐就具有非凡的感染力。所以电视广告中的视听合一，决不是一加一等于二，而是相辅相成，互相衬托、互相点化的更深层次的融合。

电视广告中的听觉因素有对白、独白、旁白、主题旋律或主题广告歌、背景音乐和音响效果。

电视广告中尽管运动变化的镜头画面具有相当的表现力。但是由于时间的局限，对于广告宣传的商品功效，消费的体验以及有些属于理念性的诉求，必须配以语言辅助说明，而且还必须选择与广告中的商品信息相符的语音形象。语言的风格也要与广告创意结构形式相吻合。语调语音的处理要与画面气氛一致，使整个广告在表现形式上达到统一和谐。语言尽可能精炼简短，具有个性特点。情感要真诚，不能造作。要生活化，有亲近感，能集中体现广告的主题思想，有些旁白甚至成为规范的广告口号或标志性语言。

电视广告制作中的音乐是广告煽情的重要手段。音乐有助于渲染气氛风格的形成，有助于消费者的心理调谐。也有助于对广告消费者形成记忆印象。背景音乐也传达一定的信息，同时也可以对一系列镜头或场面产生联结作用。广告音乐与歌曲在内容上、风格上、节奏上要与广告主题、内容、创意形式、镜头画面的变化相符。可以选用现成音乐作品中的章节、旋律，也可以专门作曲录制。电视中的广告歌曲一般是根据广告主题，诉求重点专门制作的，歌曲具有很强的广告表现力，在传达广告信息的同时，渲染了广告的气氛，也塑造了具有个性特征的广告形象，还可以传唱流行，形成广告的口头传播效应。电视广告歌曲制作，旋律要简单优美，符合广告内容风格，歌词内容要准确传达广告信息易于记忆，朗朗上口，便于传唱，从内容到节奏要配合镜头画面和字幕，口号。

电视广告制作中心音响效果起着增加画面真实感、烘托气氛、加强广告镜头画面表现力等作用。它告诉我们的，要比我们看到的多。音响在剪辑中起着重要的连接作用。镜头可以分切，但音响要延续。如在一个裁缝店，可以拍上十几个镜头，每个镜头反映不同的事物，但连续不断的缝纫机声可以提示我们事件发生的特定场所，点示了环境又连接了画面。电视广告中的音响，可以运用真实的声音效果，也可以用模拟的声音。近来广告片中较多运用电子合成的音响配合电脑三维图象画面，以全新的视听概念进行广告的信息传播，画面新颖，现代感强，令人耳目一新。但过多运用这种形式，也容易形成新的俗套，且缺乏生活气息，技术性的形式感强，人情味的亲近感弱。新的形式的广告一时冲击力强，各广告主相竞模仿，但是由于不够成熟完善，不久消费者即感到厌倦而失去原有的新鲜感与吸引力。

第八节　电视广告文字脚本与故事画版制作

电视广告制作，从市场调研、产品分析、消费群的分析到竞争对手的分析，从广告主题的确立、广告诉求策略的制定到广告创意重点的明确，将电视广告制作前期准备工作的努力，全部聚集为创意的具体体现——电视广告创意文稿的撰写，并辅以电视广告镜头画面图版的绘制，通常称之为电视广告文字脚本和电视广告故事版。

由于电视广告制作集多种传播技术和艺术表现手段体现广告主题，是一个较为复杂工作过程。所以必须有一个详尽的拍摄脚本，用电视画面的方式进行思维，用文字具体表达电视广告创意的结构形式、具体内容、广告诉求的情节发展的安排、环境气氛的设定、要求演员表演的动作提示、演员的造型形象标准、旁白解说、演员独白具体内容以及对镜头画面的文字叙述说明、镜头画面的顺序、拍摄的镜别处理、镜头运动的要求以及影调、色彩、灯光照明、音乐、音响效果的说明。还要将后期剪辑的效果作详细的说明，文字脚本中的情感倾向、基本叙述和描写都应当能在电视广告画面中体现出来。文字脚本是电视广告创意的具体体现，也是拍摄工作的重要依据，是复杂的电视广告制作中第一道关键的工序。好的电视广告创意文稿为整个电视广告的拍摄奠定了成功的坚实基础。

电视广告创意的文字脚本在拍成电视广告之前，必须将文字脚本中的情节内容分成一个个连续的镜头画面，并标明画面的形象和声音的处理要求，将场景、人物动作、气氛彻底形象化、具体化，成为整个拍摄制作的精确蓝图，一般称之为电视广告故事画版（西方广告公司称之为 Story board 或 Continuity）。根据广告创意的文字脚本绘制的故事画版，是对广告创意构思在内容形式上的再深化，将意念符号性的文字转化为具体的声像镜头画面，是一项非常细致深入的创造性工作。在绘制具体形象的过程中，要具体解决许多实质性的问题。如拍摄的景地环境要求、具体时间要求、布景道具、色彩、字幕、特技、主配角人物造型、编辑处理内容、演员动作、旁白、对白、独白内容，语调、语音、音乐、音响说明、镜头编号、景别（特写、近景、中景、远景、全景等）、拍摄的运动方式、角度的选择（如仰拍、俯拍、推近、拉远、摇拍、移拍等），以及每个镜头的时间长短、音乐音响的配合等。故事画版的制作是电视广告案头准备工作中最精彩、最出效果的工作，也是最具体、最细致、最复杂的工作。故事画版使文字创意更真实、更具体、更全面，初步形成电视广告形象诉求的雏形。电视广告创意故事版要求每幅画面都符合声像传播的逻辑，是广告创意情节的集中体现。视觉感受上要流畅，要有美感，在整体上能准确完整表达广告主题与创意特色。电视广告文字脚本与故事画版是电视广告创意的完整体现，不仅是拍摄制作的依据，也是广告制作人员与广告主协调、定稿的根据。广告主可以根据提供的文字脚本和故事版以及广告制作人员的阐述和说明，预测电视广告的诉求效果，也可以在此基础上提出修改的意见进行协商、修改，在对故事画版以及文字脚本的研究讨论中达成共识。从广告经营的角度上来看，故事画版的绘制是广告制作人争取客户、体现制作水准的关键，不少广告公司的电视广告故事画版的制作越来越精致，装裱也越来越讲究。有的是手绘的，有的是用照片制作的，也有用幻灯片制作的。制作好的故事画版不仅能赢得客户，也可以宣传自己。由于在绘制中对于广告拍摄中的具体细节都有所预测和把握，因此，在拍摄时就能够明确、干净、利落地完成拍摄制作工作。既能缩短工作周期，又能降低制作的费用。

第九节　拍摄的速度频率与镜头画面的时间变化

电视广告在具体制作实施前要制定制片计划，明确制作程序、时间要求、作业内容、作业方式、确认事项、标准要求。一般电视广告的制作程序为：电视广告诉求定位，广告创意构思，广告文字脚本撰写，广告故事版绘制，与广告主协调定稿，确定制作计划。摄制前准备，具体拍摄录制，后期编辑合成，审片修改，定稿播放。在时间上对拍摄的演员、场景选择、布景道具、摄制进程、灯光照明、音乐、音响、设备使用、服装化妆、剪辑合成等作出计划安排，如个专业人员到位，技术设备到位，制作经费到位，时间规划到位。

电视广告要充分运用拍摄技巧，配合广告创意表达广告主题，以拍摄的速度变化来调谐放映成像的速度，运用高速摄影、低速摄影、逐格摄影、停机再拍以及倒放等来获得特定的镜头画面变化，使镜头画面产生特殊的表现效果。

高速拍摄，通常被称为慢镜头。高速拍摄以超出正常的拍摄几倍的速度对运动的物体进行拍摄，捕捉运动中物体的瞬间变化，再通过正常速度放映，减缓了运动物体的运动速度，充分展显运动中每一个动作细节，使平常不易被观察到的细微变化详尽地呈现出来，或将日常生活中被忽略的事物变化展现出来，令人耳目一新，呈现出特有的动态魅力，充分体现广告商品的品质与功能。如以高速拍摄饮料、液体的倾泻、涌动飞溅的水滴、喷溢的泡沫，播放时以缓慢的速度将其运动变化表现得淋漓尽致。优美的运动线条，飘逸活泼的镜头画面，配以诱人的色彩，使广告形象格外生动逼真，充满了诱惑力。有的体育用品和运动鞋广告同样用高速摄影来拍摄。体育竞技的剧烈运动，百米冲刺、快速滑雪、水中搏击、球场决战、空中翱翔……，把扣人心弦的快速动作慢放展示，显得更加优美矫健、轻盈潇洒，配以产品和品牌的特写镜头使广告更具艺术韵味，主题更加明确，给消费者留下美好而深刻的印象。

低速摄影，也是电视广告拍摄常用的技巧。用低于正常播放的速度来拍摄运动的物体，在正常播放中就会使物体运动的速度相应变快，俗话称之为"快动作"。快动作既展示了物体运动的完整过程，又压缩了物体运动过程的时间，浓缩了现实生活的时间流程。完美而丰富地再现了生活中的真实，增加了速度带来的镜头画面的趣味。产品生产的复杂工艺过程被缩短了，镜头中原本正常的动作、姿态和表情变化变得急速而显得滑稽有趣。生活中平淡枯燥的场面、平常普通的动作都改变了原来的面貌，被强化了，个性更加突出，更加夸张：汽车行驶如飞，轮船快得令人惊异，优闲飘浮的白云变得急躁翻滚，在天上快速运行，行走中的人摇晃得厉害，磕头的动作比捣蒜还快。一切虽夸张但不唐突。虽不符合现实的时间规律，却符合人们认知的逻辑。消费者在惊异中接受了广告虚拟的时间真实，并留下了深刻的广告印象。

逐格拍摄，是一种超低速的拍摄方法。正常的拍摄速度是每秒钟拍二十四个画面，连贯起来播放就能表现生活中正常的时空变化。而逐格拍摄将摄影机固定在某一位置，对拍摄对象进行逐个画面的拍摄。每幅画面的时间间隔根据具体需要而定，一秒、几秒、几分钟、几十分钟、几个小时甚至更长的时间。可以是平均间隔，也可以根据所摄对象具体变化而定。把长时间缓慢变化发展的景物运动现象以抽样选点的方式，完整地拍摄下来。当以每秒二十四格画面的速度连续放映时，事物运动变化的过程被高度浓缩。将缓慢的运动变化变为强烈的运动态势，形成镜头画面的动感刺激：播下的种子在数秒钟内生根、发芽、生长、开花。在逐格拍摄的表现中，从日出东海，阳光普照，中日当头，立杆无影到日落西山、星空灿烂仅仅是几秒钟的变化，极度夸张了时间的变化，形成了一种在真实生活基础上的浓缩夸张的艺术表现效果。逐格拍摄在展示性广告制作中特别有效。逐格拍摄必须坚持三不变，即机位固定不变，照明条件固定不变，被摄主体位置不变，保持拍摄画面的一致性效果。对最终画面效果包括变化后拍摄的构图要有充分的估计、预测。停机再拍是将机位、机身、镜头的景别全部固定，拍摄环境也固定不变，在拍摄一段画面后，根据广告创意的要求，对被摄物体的位置、数量进行调整、移动或增减，然后再开机拍摄，依次重复。当以正常速度连续放映时，镜头画面中的景物会出现神奇的变化。原来存在的静止的物体都逐个不翼而飞或发生移位变化。相反，原来不存在的东西却一样样神奇地出现在画面中。在没有运用其他特技设备的条件下，仅仅改变拍摄方式就能产生特殊表现效果，使存在的物体消失了，本来没有的物体却出现了，静止不动的物体变活了。无疑，这种镜头画面变魔术般的神奇变化，增强了电视广告表现的艺术感染力，成为电视广告制作中常用的手法。

第十节　拍摄镜头的运动变化与镜头画面的空间变化

电视广告拍摄的镜头运动，通过机位的移动和焦距的变化，形成镜头画面不同的空间范围变化，给消费者以新鲜有趣的视觉感受的同时，有效地表现了广告宣传的商品的外型与结构的特点。

拍摄的镜头也可以模拟消费者的主观视觉功能，通过镜头画面造成身临其境的心理感觉。通过机位的移动和推拉，可以远距离通观较大的场景，也可以近距离局部表现细节。镜头由拍摄的内容、长度、景别、角度以及运动轨迹等因素构成，要善于根据广告创意需求选择运用各种不同的镜头，一般常用的不同种类的镜头可分为：

特写：摄影机在很近的范围内拍摄，取景范围小，画面主体形象被放大，显得非常突出，细节部位也十分清晰。电视广告中被用来深入描写商品的结构、质地或者是广告模特的脸部细腻表情等等。把表现对象从周围环境中强调和突出出来，造成特别清晰和强烈的视觉冲击，是最有魅力的表现手段，从技术上讲是电视广告中最有用的镜头语言。

近景：摄影机在中距离与特写之间，镜头画面能反映一些细节。

中近景：场面比较完整，相对比近景远些，取景范围大些，可以较全面地展示系列商品的各种类型和消费操作示范。

中远景：远景与近景之间，电视广告中较少使用。

远景：取景范围最大，拍摄完全的、无所不包的布景或风景。在电视广告制作中多半用于气氛渲染和色调渲染，抒发某种心理情绪，制造某种意境。

全景：不是距离的概念，是镜头画面对拍摄内容的全部包容。有时场面很大，要较大的取景范围，有时只是较小的视域，距离也不必很远。

　　推拉摄影：推和拉的拍摄运动方向正相反。在被摄对象不动的情况下，摄影机由远而近推进拍摄，镜头的取景范围由大变小。画面中次要的部分逐渐被框在画面的外面。主体形象越来越突出。拉的拍摄是由近而远地进行，镜头范围越来越大，镜头画面形象内容也由少变多，由局部变为全部。这两种拍摄方法摄影机的镜头轴心与移动的方向始终不变。推的镜头由整体到局部，突出画面中人物的动作表情和物体的细节局部，具有深入刻划、细致、描述的作用，能在视觉传达上满足消费者注目窥探心理。拉拍则着重描写被摄物体与环境及周边事物的关系，意味着视觉的兴趣从一个单一的物体转移到全景或环境关系上去。

　　摇镜头：是在机位不移动的前提下，借助拍摄脚架的活动底盘作上下、水平转动拍摄，用于描述、介绍环境空间。左右横摇常常用来表现大场面，上下直摇中仰拍来表现物体的雄伟或险峻。近距离用摇拍也可以连续分别介绍单个物体，如拍摄队列队伍、圆桌会议等，可以表现各人的姿态、表情等。

　　跟镜头拍摄：是摄影机跟随被摄对象一起移动进行拍摄。由于跟拍始终跟着运动着的物体，表现被摄对象的动作和情绪变化，可以着重深入刻画广告主体形象。如有些电视广告中用跟拍来表现明星迷人的情态，镜头画面满足消费者中追星的心理。也可以用跟拍表现使用中的广告商品，展示消费，给消费者带来好印象。跟拍给消费者创造了一个利用拍摄镜头跟踪观察、体验的体会，广告画面视听现场感比较强烈。

　　移动拍摄：是摄影机移动机位进行拍摄。有时被摄对象是静止的，而由于采用移动拍摄，形成的镜头画面是运动的。如对某一物体进行环绕拍摄，可以从各个不同的视线角度来描述被摄对象。移动拍摄并不一定跟随某一对象，类似生活中人们一边行走一边观看，好象走马观景一般。水平方面的移动拍摄，镜头画面构图的不断变化，能表现出各个对象间的空间关系。可以突破画面的画框局限，尤如观看中国画中的长卷的意境，有一种浏览的视觉观赏趣味。

变焦距镜头的拍摄：在摄影机推拉拍摄中，一般都需要铺设摄影机的移动轨道。有时也可以运用变焦距镜头拍摄，造成急骤推拉的效果。变焦距镜头由许多块可以调节之间距离的透镜片组合而成，通过镜头内各组透镜间距离的变化来改变镜头的焦距，只需变动镜头的焦距，便可产生模拟推拉效果。快速的镜头画面的变化能在观众的心理上产生急促紧迫感，也可以通过不断变化镜头焦距产生被摄对象缓缓进退的动感效果。变焦摄影不同于摄影机推拉拍摄效果，它是通过改变透镜焦距的方法来造成画面中物体的运动幻觉，所以变焦镜头画面中的纵深是不变的，容易让人产生平面感和人为感，但有时也因此产生一些特殊的视觉画面效果。变焦距拍摄与一般运动拍摄以及推、拉、摇、移等结合在一起运用，可以增强电视广告的真实性、生动性和艺术性。

电视广告制作中蒙太奇的运用：蒙太奇起源于建筑学，走红于影视界，成为影视制作中著名术语。其原意是指建筑中的结构、装配，在影视中是指镜头画面按一定的结构程序组合。蒙太奇是影视构成的独特镜头表达语言，是影视结构的章法。画面与声音的组合、声音与声音的组合、画面与画面的组合，根据不同的电视广告创意，可以顺着一般的视听习惯组合构成，也可以逆向组合构成。只要合乎创意表达的内在逻辑，都能产生连贯对比、联想等效果。蒙太奇是人们观察感受中自觉形成的一种习惯体现。生活中人们观察事物不会把视点固定在某一地方，也不可能一下子看清较大范围的全貌，只能根据主观心理的需要，将视线注意力依次集中进行观察。由点到面，有里及表，将局部观察的感受综合形成完整的概念。同样，电视广告通过镜头画面的组合，有所侧重，有所剪裁，组合构成表达一部观众能理解的具有广告主题内涵的完整电视广告片，这些都需要运用蒙太奇。蒙太奇基本可分为叙事蒙太奇：将一系列具有情节内容的镜头画面，按时间顺序和一般逻辑连接起来，叙述完整的情节进展。另一种是表现蒙太奇：在镜头与画面之间，在内容与形式之间进行重新组合排列。着重揭示事物本质的联系，使消费者在艺术上、哲理上产生联想和推理，形成更为深刻的印象。

蒙太奇可分连续式、倒置式、交叉式、平行式等。

连续式在电视广告中运用最为广泛，按一般事物发展的时间顺序表现动作与情节，层次分明，条理清楚。

倒置式的组合常常插入倒叙、说明、回忆等镜头。电视广告因受时间限制较少运用。

交叉说明式在同一广告主题下同时分两头说明，交叉组接。动作内容强调同时性与密切性。通过分头表现，多侧面地进行广告诉求。

平行分叙是在表现发生的动作内容时，在分叙中提供给消费者不同的比照。

蒙太奇的影视表现手法在电视广告制作中可以起到隐喻、抒情、释疑的作用。蒙太奇是电视广告的构成语言，是创意基本框架的体现。蒙太奇产生于创意之中，完成于剪辑台上。

第十一节　电视广告制作中节奏的把握

节奏是任何一种艺术表现形式都具有的特征，电视广告也不例外。艺术作品的节奏感好，能满足人们的审美心理需求，产生良好的艺术感染力。因此，电视广告制作必须讲究节奏的把握。

电视广告的节奏，是通过镜头画面、组成的时间和空间以及在运动中形成的各种关系体现出来的。形成这些关系的主要因素有以下几种：(1) 镜头的长短，即同一镜头拍摄时间的长短。短镜头容易使观众产生紧张感。短时间内不断变换着不同镜头画面，使人目不暇接，来不及反应。视听感觉上没有喘息的机会。长镜头视听感觉就比较缓慢舒展，但镜头过长会使观众产生等待、焦虑和压抑等情绪。由于电视广告时间较短，一般短镜头较多，制作时要顾及广告主题的表现与视觉心理之间的协调。(2) 镜头景别的运用和变化。特写镜头能强化视觉感受的力度，造成强烈的戏剧性。如果从全景直接推向特写，通过镜头画面的变化还能表现心理上急切、紧张的突然变化。如突然发现期盼以久的事物，目光迅速投去，以探个究竟。从而造成某种节奏上的变化。(3)镜头画面中各种构成因素的变化,如构图的变化、光的变化、物体造型和色彩的变化等都会形成感觉上的节奏感。(4)镜头画面中的音响、音乐的音色、音质、音调在情绪上的变化,力度、速度在空间上(远近)的变化,其特征与音乐一样,形成在听觉上的节奏变化。电视广告的节奏,一是镜头画面之间的组接形成画面运动的节奏,一是镜头内部的组合构成形成的画面的节奏。这一般称之为外部形成变化的节奏。而通过镜头画面表达的事物的关系、情节发展的连贯、形式与递进的速度等被称作为内部节奏。内部节奏的变化特征决定了外部形式变化的节奏,也就是内部的体现通过外部的各种视听元素的构成变化来实现。在电视广告制作中,广告主题、广告宣传的具体内容、广告的创意决定电视广告的表现节奏。在电视广告故事版的绘制中,已初步体现了具体的节奏变化。

第十二节　电视广告制作中的综合创作因素

电视广告制作中的导演。电视广告制作是一项综合性的艺术制作工作,要把广告创意具体化为视听画面形象,需要各个方面的艺术家来共同合作,必须要有高水平的导演进行组织,协调摄影、美术、录音、作曲、演员、灯光照明、服装化妆、道具等工作。同一个创意,不同的导演可以拍出不同艺术风格的广告。导演是广告创意具体表达的保证,是广告主题的表现与艺术形式风格统一完整的保证。电视广告导演,必须谙熟市场,了解消费者心理,具有熟练的电视镜头画面语言的表达技巧,懂得电视广告信息传播的基本特性,懂得如何将广告信息有机地融入电视广告的人物形象和产品形象的塑造中去。对整个电视广告制作有统筹,组织领导能力。对制作技术设备有充分的熟悉和了解。对制作体现的效果有充分的把握。国外有句流行的话:"一流导演拍广告,"足见电视广告制作中导演的重要。

电视广告制作中的广告演员。好的产品信息,好的广告创意要由好的演员通过表演来传达体现。演员的选择是电视广告制作的关键一环。电视广告演员除了要有好的表演技巧外，还要对广告宣传的商品有所了解，明确广告宣传的重点。导演与美术设计师、化妆师要根据具体广告创意设定广告演员角色形象：(1) 从产品功能特点来选择合适的演员形象，如体育用品广告当然选择有表演才能的运动员，最好是有名的体育明星。(2) 从广告创意定位要求的年龄、相貌、体形等方面来选择演员，要贴近生活，贴近消费者的心理。(3) 为了提高广告的知名度，可以挑选明星来当广告演员，提高产品的品位，让消费者效仿明星。有的香皂就是用不同国家的青年女影星来做广告。但请明星演员费用高，而且有局限，一个明星做几家广告就成了厂家为明星做广告了。(4) 选择一些有才华的、没上过镜头的演员，会给消费者面目一新的感觉。不少明星是做广告成名的，在国外有不少先例。对于影视新人来说，拍广告是一种成名捷径。因为广告播放频率高，传播面广，产品出名了，明星也脱颖而出了。

电视广告制作中的摄影（摄像）操作。电视广告是通过连续的镜头画面的组合，从空间展示时间的延续来展现广告的诉求内容，塑造广告形象。由于电视广告播放时间有限，广告信息传达在较短的时间内就会在屏幕上消失。因此电视广告摄影必须充分了解广告的诉求策略与诉求重点，着重表现广告的中心内容和主体形象。镜头画面必须简洁明了，重点突出。摄影要充分运用各种拍摄技巧，发挥镜头语言的特点，按照电视广告导演的构思，用镜头画面去具体表现广告创意。要制订出拍摄计划，并画出拍摄机位图。要善于运用空间造型的方法摄制各种镜头画面，从构图、用光、色彩、动态、情节的配合等方面表现广告的具体内容。要掌握电视广告的镜头画面组合的连贯与匹配原则和动态镜头衔接的完整性与流畅性，多视角、多层面、多环节地表现广告主题，在画面构成方面使电视广告在表达广告信息时更为全面、深刻，更具有审美情趣。

电视广告制作中的美术设计是非常重要的。美术设计要对整个电视广告的画面形式、色彩、风格缜密构思，作出整体规划，还要对广告拍摄的环境、道具、人物造型、商品形象等作出统筹安排。在拍摄环境、具体场景、人物的典型性、商品的设计体现上要根据广告的主题和诉求对象的要求，体现地域、民族、文化的特征。在形象设计体现上要真实可信，要吸引人，要有艺术的魅力。美术设计师是整个电视画面的美容师，美术设计师不仅要根据广告创意绘制故事画版，还要设计绘制每一拍摄场景的设计图、平面图、气氛图，人物造型图（包括服装设计图）、道具制作图，还要协调灯光照明，从光的运用方面来加强环境气氛的渲染与景物的造型。要检查落实布景制作装置的到位，提供各种拍摄所需的标题、文字、表格、插图、照片等。

电视广告制作中的灯光照明。照明布光是电视广告制作的一个基本条件。有时虽然在室外拍摄可以利用自然光，但为了加强镜头画面中的形象的立体感以及特征的表现、气氛的渲染，仍然要借助人工的布光。电视广告制作中的布光不仅为摄影提供足够的照明，而且是塑造和突出被摄对象、创造镜头画面的空间深度、表达一定情绪和气氛效果的极其重要的艺术手段。国外一位著名摄影师曾举例说明不同的光线造成的影调气氛：设想一个很简单的场面，在一间卧室里躺着一个生病的孩子，其母已彻夜未眠。如果在表现这个场面时用具有恐吓意味的长长的阴影投射在墙壁上，造成一种沉重的色调，你会感到这个孩子病情严重，甚至可能没有指望康复。但是，这间卧室光线明亮轻松，阳光从窗外照射进来，你会感到孩子即将痊愈。可见不同的照明布光可以产生不同的情绪和气氛。所以，采用不同的布光，有助于情节的展开、形象的塑造、广告主题的突出和广告创意的体现。

电视广告的照明和普通摄影用光一样，也可以分为主光和辅光两大类。主光是物体的主要照明光源，一般投向被摄物的前上方；辅光是照射物体的正面、侧面、正上方或背后的光线，用来辅助主光塑造物体形象，勾画物体的轮廓，表现商品、物体的质感、形状特征等。主光、辅光的运用，都要考虑光的强度，光的方向和光的性质。强光能造成明朗、乐观、宏伟等情绪效果。暗弱的光线给人的感觉是压抑、哀伤、危险、恐怖。在布光照明方向确定时，既要符合客观特定环境中的光源（如镜头中的光的来源，窗外射进来的阳光，场景中的道具灯的位置方向）还要根据人物表演的需要（性格的体现，情绪的表达，气氛的渲染以及外型特征的表现）进行布光设计。光的性质是指光的集中照射和分散照明的区别。集中直接投射的光能使被摄物体轮廓形象鲜明突出，明暗反差较大，形象感觉强烈。辅助光设置越多，形象感觉越柔和，层次越细腻，明暗反差不大。明暗的反差大小在电视广告中经常被用来渲染不同的气氛，构筑镜头画面的不同风格。电视广告制作中，灯光照明除了熟悉运用各种摄影灯光器材外，还要掌握机位的安排与变化，据此规划灯位与数量、型号，以及照明的亮度。由于电视广告由运动的画面构成，摄影机和演员都会产生各种运动和移位，因此要画出拍摄表演区域的灯光照明的安装平面图与布景操作表，并组织指导灯光操作人员安装灯具与对光调试，以达到设计用光的要求，保证镜头画面的灯光效果。在电视广告正式开拍前，要配合布景、演员进行排练演示。根据监视器的观察效果进行必要的设计修改与调整，使照明光线能塑造出一个典型的气氛环境，准确体现广告创意的内意特征。

电视广告制作中的化妆与道具分类。电视广告制作中的化妆主要是根据广告创意对拍摄的人物进行形象修饰。电视广告中的人物都有一定的形象要求，除了从表演技巧方面来塑造，还要从外观来加以完善。脸部化妆、服饰色彩、式样都要与广告创意、环境气氛、情节展现、镜头画面的构成协调起来。必要时美工还要对拍摄的广告商品在外观形象上和包装上作适当的修饰，保持形象外观的完美，对物体的修饰，也算是电视广告制作中的特殊化妆。

电视广告拍摄中，除了人物和布景外，其他一切陈设、用具、演员携带的物品都是道具。基本可分为以下几种：

（1）大道具：体积较大，不易搬动的物件，如沙发、桌子、钢琴、大型家用电器等。

（2）小道具：体积较小，移动方便的物件，如盆花、台灯、电话、电扇、座钟、文具用品、镜框、古董等。

（3）随身道具：演员随身携带的物品、提包、手表、戒指、钢笔、打火机、名片盒等。

（4）机械道具：体积较大，用在机械操作的如汽车、游艇、摩托车、自行车、起重机等。

（5）活道具：拍摄中需要的动物之类，如鸡、鸭、狗、猫，有时广告拍摄还需要虎、熊猫、大象等动物。

第十三节　电视广告拍摄制作的方法

电视广告根据创意的具体要求可以采用多种拍摄方法。一般可分为野外拍摄和室内拍摄，我们称其为实景拍摄或现场拍摄。特别是宣传产品的生产工艺过程、营销规模状况、宣传企业形象等都可以进行实地拍摄，广告表现真实，现场感强，制作成本相应低，速度快。

有的广告创意对于拍摄环境气氛要求比较特殊，这就需要在摄影棚内搭景拍摄。通过置景、灯光、道具等各方面的配合，营造一个符合广告创意要求的拍摄环境，摄制人员可以从容作业，外界的干扰少，可以充分利用设备优势（隔音设备，灯光设备等）进行拍摄。进行多机位拍摄时，可以根据需要变换灯光照明的方向与亮度，在营造环境气氛时也可以不受外界干扰进行创造发挥，充分表现广告的创意和广告形象，但制作成本较高，工作周期较长。

随着科技的发展，电视广告进入电脑制作的时代，广告创意人员只要将广告创意文稿或广告故事版交给电脑图象制作人员，就可以运用电脑来绘制电视动画广告，不受环境条件的局限和影响，可以充分表现广告创意的内容，揭示产品的内部结构和精细变化，以最大的画面形象和创意的自由度来表达广告主题，将抽象的道理以形象来阐述，将想象的意念变为具体的图象，比较适合理性说服性广告，色彩鲜艳形式感强、变化多、感情少，制作费用较贵。

电视广告制作中的编辑。电视广告以镜头画面连续的运动变化来表现广告创意的意图和广告产品的形象，宣传商品的性能和优点，强调商品消费与消费者的利益关系，强调广告对消费者的诉求。因此，电视广告编辑要根据广告主题，结合具体创意的结构形式特点，运用镜头画面剪接组合的技巧，力求意念表达的深刻，镜头画面衔接的流畅，富有节奏，真实生动的向消费者传达广告信息。所以电视广告中的编辑也是一种表达创意、体现思想与感情的艺术手段。

　　电视广告的编辑要对拍摄大量的素材进行选择和重组，然后按照创意要求连接成为对消费者有一定广告诉求力的电视短片。电视广告中的镜头画面本身是独立的，画面中的情节、内容表现是持续的，人们希望通过持续运动变化的画面，在内涵上得到完整的概念，在形式结构上得到视听流畅的感受与审美的愉悦。电视广告的剪辑，不仅仅是镜头画面的简单连接，必须根据一定的顺序，经过粗剪、细剪、精剪到最后的加工，在形式结构上，对镜头画面及其组合形式进行修饰与调整。可以按照发生、发展、高潮到最后结局，以一般的情节发展顺序规律进行剪辑，使镜头画面之间、场景之间、段落之间不出现零星的跳跃和阻隔，形成镜头画面运动变化的流畅感，电视广告中较多采用这种剪辑形式。也可以按照一定的广告目标诉求需要，突出某种心理与情绪，重新组建相应的结构剪辑镜头画面，大量采用跳接。但是不论采用什么方式进行剪辑，都是以"时间、空间""视觉、听觉"作为构成的基本依据和要素。为了达到特定的表现效果，可以根据主观需求将生活中的时空关系和正常的视听关系按一定的认知逻辑进行重组，产生奇妙的效果，增强电视广告的诉求魅力。生活中的回忆，只能在思维中进行。只有意念而没有具体形象，只是一种心理活动，不能具体再现。而电视剪辑中的回忆，可以通过闪回、插入，形成具体的形象生动的画面再现。生活中的视听感受是同步的，如看见汽车开过，就听到发动机和电喇叭的声音。而电视镜头的剪辑合成中可以声画错位，产生特殊的富有联想的艺术表达效果。如一则交通安全广告，镜头画面是往酒杯中不断地倒酒，而画面配置的声音却是汽车引擎的发动和奔驰行进的声音。酒越倒越多，引擎声也越来越高，当酒倒满溢出杯口时，伴随的是紧急刹车的尖嚣和严重车祸的巨大撞击声，然后镜头画面呈现一片血红色。以声画错位的编辑合成，深刻而又新颖地表现酒后驾车的危险。这一广告主题，给人留下难忘的印象。

在电视广告的制作中编辑可以运用镜头画面语言标点符号来加强其表达能力。文章中的词语和句子用标点来划分、联接，使语句的表达层次分明，言明意达。然而电视镜头画面语言的标点符号就是各种镜头画面组接的技巧。正是凭借着这些组接技巧，才把单个镜头画面连接成场面、段落，又通过场面段落的组接构成整部广告片。这些"标点符号"不仅能在形式上帮助组接成完整的广告电视片，而且对广告故事情节发展的连续性和完整性起到了积极作用。同时，还对广告主题的深入表现、强化广告诉求视听力度、镜头画面运动节奏的形成起着决定性作用。但是它们毕竟不同于文章中的标点符号，是编辑人员在对广告创意在理解基础上创造性的画面思维活动的体现，不仅要在内容、情节、场面、段落的具体表达上充分发挥作用，而且还要考虑全片的节奏、风格、样式的形成，没有具体的固定的规定，全凭具体镜头画面的结构、运动、变化与表现内容需要而定，有时就是凭上下画面的关系而定，没有具体操作条文可依，却有创作规律可循。并发挥着重要的诉求功能。如不认真对待，就会削弱广告的艺术感染力与说服力，也可能造成广告信息对消费者的误导。打个比方，有三个镜头，一个人在大笑，一支枪口指向他，他低下了头，顺着这个秩序编接，此人是个懦夫，面对枪口低下了脑袋。如果倒过来编接，当枪口指向他时，他反而面对枪口临危不惧，放声大笑。他就成了个好汉。

在电视广告编辑中"切"是最多使用的画面组接标点符号，在编辑中也可以称为"切换"。从一个镜头画面到另一个镜头画面，变换前一个镜头画面的末尾，最后一帧称为"切出"，后一个镜头画面的开头第一帧称为"切入"。由于空间时间转变快，意味着两个镜头之间没有多余的时间消逝。切换的编辑起源于电视胶片的粘接。法国影评专家马尔丹说"电影就是在人们懂得把分别拍摄的片段粘接起来的那一天起，成为一种艺术的。""切"

的手法简洁、明快、紧凑，可以使镜头画面节奏加快。

"淡"比较"切"镜头画面，变换显得抒情优美。"淡"有"淡入"、"淡出"之分。图像在画面中慢慢显现称之为"淡入"，图象慢慢消失、隐去称之为"淡出"。这种图像在镜头画面中的渐显渐隐，使镜头画面的变化运动的节奏显得舒缓从容。在电视制作中，这种"淡入"、"淡出"效果可以在拍摄时获得（有的摄像机有这个功能），也可以在后期编辑时运用特技设备制作。在电影拍摄时可通过逐渐打开和关上摄影机上的遮光器取得"淡入"、"淡出"效果。在影片冲洗时，也可以运用一种叶子板，使灯光产生强弱变化，改变曝光来获得这两种效果。

"溶"是将前一个场景到后一个场景叠印在一起的逐渐融合，显现出第二个场景，形成一个短时间里两个镜头重叠的现象。用来表示时间的流逝或地点的决定性改变，以渐变的手法转换电视中的时间、空间的关系。有些与"淡"化相同。不同之处是用在不完整的段落，场面或情节发展的分隔和连接上。如表现同一型号的产品更新换代的变化，多半用此手法。如同电视中常用的一个孩子的脸变化为成人的脸，说明多少年过去了，孩子长大了。在情节上是一种柔和的发展和过渡的表现形式，对回忆、幻想等可以多次叠化。

"划"在转折中用一个镜头画面很快取代另一个画面，给人的感觉有点象翻画片一样。"划"不同于"切"，在同一镜头画面中可以出现两个画面的交替，也不同于"溶"、"化"，显得明快、清晰。多种多样的"划"入"划"出，如"圈"的形式和"帘"的形式在电视广告中运用较为普通，节奏畅快而不生硬，形式感强也吸引人。

随着电视制作技术的发展，电视广告可以运用现代化的电视特技制作设备，制作各种新奇形式，使广告镜头画面更生动，更丰富，更吸引人。早期电视广告制作为了获得高质量的图象，采用电影胶片拍摄，然后再转成磁带播放，一般习惯称为"胶转磁"，制作图像清晰度高，彩色艳丽，层次细腻丰富，但制作成本较高，工序复杂，工作周期长。现在有低照度，高清晰度摄录设备，不少电视广告直接进行电视拍摄制作，图象色彩效果都不错，制作过程简化，周期缩短，成本降低。电视广告不仅在市场营销方面有着美好的前景，在技术制作方面也大有发展前途。

第十章 展示广告制作

在商品交易中，商品的展示是最古老的也是最有效的广告形式。俗话说：耳听为虚，眼见为实。亲眼目睹的东西是可以具体评价的。从古代的"抱布贸丝"到现在的大型国际性商品贸易展览会，都是以实物的展示来进行贸易的。现代市场经济越来越发达，社会文明程度相应提高，商店的销售方法也在逐步发生变化。商品陈列开架销售，不仅可以亲眼目睹，而且可以亲手触摸，不少商店、商场实行开架后，销售额增长了许多。过去的闭架商店，看的比买的多，现在情况不一样，在开架"超市"几乎没有一个人会空手出来，买的人多了，这就是展示的在销售上的魅力所在。所以，实物展示为现代营销所重视，商店开架销售、举办商品交易展览会、制作精美商品展示橱窗、在营销场所大搞售点广告（POP）撑起各种商品搭起各种商品展台等，吸引消费者。为了取得市场竞争中的成功，企业商店等广告主不惜化上巨资搞大型展示广告，因为这将会给他们销售带来数倍的经济效益。八百多年前德国莱比锡的集市已经发展成为世界著名博览会，每年春秋举办两次，影响较大。国际上著名的博览会还有巴黎、里昂、米兰、萨格勒布、波兹南、蒙特利尔、大马士莱、阿尔及尔、卡萨布兰卡、大阪等国际展览会。为了促进我国与世界各国之间的贸易，从 1957 年春季在广州举办第一届大型的综合性的贸易例会"中国出口商品交易会"，每年春秋举办两届，规模较大，每年展出商品数万种，有一百多个国家和地区的客商来此交易，每届达数十亿美元的贸易额。各种贸易展览会都公开展示实物样品、图象资料、标本模型等，对公众进行宣传，促进销售，包括 POP 现场广告，都以现场展览为手段，结合销售介绍企业，介绍商品。展览会的陈列布置与交易会、洽谈会和订货会有所不同，更加注重展示现场的效果，也就是现场广告促销的视觉效果和气氛对消费者心理的作用。

展示广告是在广告目标的指导下，有目的、有计划的制造一个多彩多姿的广告促销环境，通过对企业品牌的形象宣传，全方位地将广告信息传递给消费者，达到促进消费的目的。现代商业广告展示的形式是十分丰富的，主要可分为店铺展示、橱窗展示、商业展览、购物环境、商业公关活动等。

第一节　展示广告的基本特点

展示广告是在一定的环境范围构筑一种对顾客富有吸引力的营销氛围。强调企业品牌商品与众不同的个性，必须创造一种与内涵相符的独创形式，在准确传递信息的同时，具有强有力的吸引力。广告展示强调标新立意，追求新观点，新意境，新趣味，使用新手段，新材料，创造出新形式。在90年代瑞士欧米加手表大做人类登月展示活动，并进行手表展示史上前所未有的全球巡回展览，通过人类登月的登月舱、月球车、宇航服等图片和录像的展示，吸引了千万人的注意力：欧米加是人类第一块跨出地球随太空人登上月球的尖端技术制造的手表，将老牌名表又镀上了一层神秘的宇航高科技的光彩，阿姆斯特朗登月照片成了欧米加手表的促销招贴，一块美元背面的白头雕登月形象成了欧米加超霸型手表的神韵再现，这种展示似乎小题大作，手表在人类登月活动中只是一个极小部分，但是事实。广告人在展示策划中把手表作为点睛之笔，这就是强调形式感的神妙之处，欧米加手表登月展示活动重新塑造了传统手表的形象，加深了消费者的了解，以一个崭新商品观念来改变消费者的看法，毫无疑问，也激发了消费者的好感和信任。有效的展示形式可以积极引导消费行为。

展示广告要求诱惑力强，在广告展示传播中如果只有美丽的形式那也只是一件漂亮的衣衫，还要以利益来吸引消费者，在宣传企业品牌商品形象之时，要给消费者实实在在的利益与承诺，不能夸大。不能为增强诱惑而作虚假的承诺广告。诱惑力是建立在企业品牌的良好信誉与真实品质的基础上而展示的魅力，要根据商品品牌的特点制造富有吸引力的形式，商场上摸奖，是以利诱惑的形式，但是消费者通晓其中的概率，已称为一种诱惑力不大的习惯形式，是一种几十年一贯的老套子，没有趣味。在德国，有一家海鲜餐馆，店辅门口并没有生猛海鲜的模型和霓红灯广告，每天仅仅在木桩上漉滤渔网，散发着海水的咸腥味，不难想象，其海鲜的鲜活程度耐人寻味。很有吸引力。路特牌胶水在销售现场把金币用胶水贴在墙上，广告语："谁能把金币掰下来，金币就归谁所有，"太有诱惑力了，由此说明路特牌胶水的良好性能。

展示广告强调商品与消费者之间的亲近感。在广告展示的特定环境中，将商品从货柜中解放出来，缩小了人与商品的距离，进而使品牌具有亲切感，所有的视听环境气氛，应该是商家的亲切可信的诉说与恳求，在消费者愉快信任的情绪中接受广告的信息传递。品牌与商品成为消费者与商家结缘的桥梁，商家通过商品体现了对消费者的关怀和帮助，而消费者则通过品牌商品体现对商家的理解与信任。商家通过展示商品的特点与好处来激发消费者的要求心理，通过展示活动说明一些品牌产品由于其他媒体的形式局限而不能说明的细节特点，来塑造消费者心目中完美的形象。美国可口可乐公司在莫斯科的一次展示活动中，商家请前苏联总书记赫鲁晓夫喝可口可乐，特别说明这是用莫斯科的水调制的，赫鲁晓夫当时非常高兴。在感情上缩短了与西方公司的距离，导致可口可乐公司非常顺利地在苏联开设了分公司，拓展了市场。在展示广告活动中，能使消费者有参与感，那么这种亲近感的效果就显得更强烈，所以在不少展示活动中还提供暂时性的免费的使用服务，在一定氛围中的亲切交往增强了消费者对产品性能的了解，增强了对品牌，对企业的信任与好感。

广告展示创造一个美的商业环境，艺术感要强，法国人认为广告已成为第八种艺术，既是信息传播，又是享受消遣，因此，在展示中要充分运用视听艺术、空间艺术的手段，在明确的广告主题指引下，制造一个特有的艺术整体环境，充分利用视觉艺术点、线、面、色彩等元素的组合，运用现代科技手段，讲究气氛，讲究节奏，讲究造型、色彩，讲究声光，使产品更完美，更具直观性，使品牌企业形象得到提升。这是一个消费者与企业的精神、产品品牌之间进行交流沟通的特定环境，通过美的视觉提示，使消费者在其艺术魅力的感召下有所得益，有所启示，有所感受，接受特定的信息有意识的引导。

第二节　展示广告的分类

展览会、展销会、POP广告都是展示广告类，都是在一定的时间、空间内，运用各种展示表现因素对商品生产的企业的情况、商品的特点、性能、造型、色彩作多方面充分的展示表现，从而扩大市场的占有份额，取得目标经济效益，所以，世界各大企业集团、各产品经销商无不在展示广告制作上投入较大的资金，运用科学、文化、艺术的各种手段，对广告受众在局部有限的空间中集中进行广告信息的全方位的传播，从人的五官感受来进行有效刺激，可视、可听、可嗅、可尝、可触摸，从而使展示广告制作成为一门集多种学科的新兴广告制作专业。

展示广告制作是在特定的广告目标的指导下，根据其展示的企业情况、特点、商品性能、用途、外部造型，有计划、有目的、合理地运用空间规划、平面布置、立体设计、灯光控制、音响控制、色彩设计等技巧，有效地将宣传内容展现给消费者，使消费者在精心设定的时间、空间以及良好信息传播氛围中全面、真实地了解、接受各种形式的广告信息，使消费者形成良好的消费心态，留下深刻的印象，诱发购买行为。

展示广告的特点。展示广告信息能多方位显示商品特性和功能，特别是实物展示丰富多彩，真实感强。可以在展示现场进行操作示范、商业表演，消费示范性强，消费者在一定空间内可看、可听、可触摸，空间自由性强。

展示广告信息集中、全面，从商品的特点、性能、制造原料工艺水平，创企业历史，位着规模、管理水准、服务宗旨……，消费者能在一定时间、空间内集中地、全面地了解这些信息，有助于促成其消费决心的形成。广告信息传播方式多样，有文字说明、图片、实物、标本模型、录象资料、现场操作介绍，也有模特示范表演，有平面的，有立体的，还有印刷资料、广告礼品赠送，各种广告方式各显其能。

展示广告形式活泼、生动，广告趣味性强，表现手段丰富，平面广告（二度空间展版广告）主体构成展台、展架、灯光照明、音响播放、机动模型、图象放映等，广告形式丰富，广告诉求对消费者冲击力较大。

展示广告由于多式样，多手段地在一定的时间、空间内进行广告信息集中传播，造就了一种良好的广告诉求氛围，形成了展示广告的又一特点：广告传播环境气氛的浓郁性与广告传播的规模效益性。消费者的消费心态调协与环境气氛有很大的关系，良好的广告环境气氛无疑给消费者一个美好的印象，形成一种促进自觉消费的良好心理基础。展示广告产生的视、听等全方位的广告诉求具有相对集中的规模效益，是其它广告形式所不可能具有的。一个成功的较大规模的展览会留给消费者的印象，有时是长期的、终身难忘的，这就是展览会越办越大、越大越有人去参观、越大越有人去举办的原因。

第三节　展示广告的制作原则

1. 信息原则。任何展示广告不仅是形式的陈列，而是通过形式有目的、有条理地展现广告的各种信息内容，进行广告传播。展示广告的诉求效益来自有限时间内的尽可能长的诉求时效。电视广告、电台广告接收时间短促，展示广告相对传播时间较长，作为每个消费者在参观中可以尽情尽兴地了解商品的信息，展示环境是个信息集中的环境，传递给消费者的信息量大。由于展示环境构筑的形式，表达的广告目的明确，各种手段的充分运用，提高了广告信息的传播有效性。

2. 重点突出原则。每一个展示广告都有一个表达的主题，都有不同的重点，所有的构成元素都要为传达主题作多种铺垫，形成中心注目点。如果什么都重要，那么什么都显得不重要，到处是重点就没有了重点。不重要不是不要，但重要的就是要突出，才能使观众、消费者产生强烈的印象。有的展示是突出产品形象，有的是突出企业形象，有的是突出技术，有的是突出产品内部结构……。有了重点才有风格，不同的重点形成展示广告的风格多样，好的风格能产生好的环境氛围。

3. 科学与审美相结合的原则。展示广告注重空间的分割与重建，符合信息传播规律和立体构成规律，符合建筑学、人体工程学，材料学，以及光电，音响技术规律，在优美，舒适的环境中进行有效的广告信息传播。

展示广告是为消费者制造一个具有广告诉求功能的空间环境，要讲究美感，要强化产品自身的造型美、性能美，各种手段的辅助配合产生效果美，空间分割、立体构成形成的结构美，尺寸、比例得当，形成的形式美，整体色彩构成色调美和环境气氛格调美。

展示广告在生活中比较普遍，种类基本可分为展览会类：博览会、展销会、专业展览会；橱窗类：广告橱窗、商品陈列橱窗；另有专题陈列展示型，多为某一产品企业一家所用，重点系列介绍该企业的商品或者配以企业的理念宣传。销售点促销广告类（POP、即 POINT OF PURCHASE ADVENRTISING 的缩写）是在商品销售和购买活动的场所做广告，有吊挂型（有平面和主体的两种）、立式陈列型、柜台陈列型、小型现场展示型、店面 POP 等，还有庆典礼仪环境、时装表演等。

第四节　展示广告制作的法则

展示广告制作主要是在有限的时间空间内有效地传达有关的广告信息，在空间分割上要充分提供进行传播活动的空间，观众参观方便。讲究分割的合理性。同时要运用平面构成、立体构成和色彩构成的视觉表现技巧来增强广告信息传播的有效性。无论是空间分割还是平面、主体、彩色构成，在展示广告制作中都体现于点、线、形基本构成要素的组合运用。

1. 圆。圆是点的放大，是最饱满的形，是张力的临界状态。在展示广告制作中圆可以是圆形、球形、椭圆形、扇形、螺旋形、半球形等，视觉效果良好，与其它几何形体的视觉对比强烈。圆形的商品排列、椭圆形的装饰、球形的道具等合理组合运用可以获得生动、活泼的展示效果。

2. 曲线。在视觉感受中优美、自由、活跃、不同的曲率形成的曲线，视觉效果不同，产生不同的联想。平缓的似流水，随着起伏变大成土坡、丘陵、峻岭崇山。曲线常被用来丰富表现力，活跃构成形式。

3. 直线。是运用最普遍的视觉要素，有视线的导向作用，具有组织视觉秩序的作用，有视觉分割作用。斜线有不稳定感和放射感，水平线有引导、延伸感，垂直线有分割、坠落感，利用这些元素特征，可在展示版面、道具、商品陈列、图形文字组合、展示空间分割等方面加强展示广告的表现力。

4. 矩形。分正方形和长方形。正方形在展示制作中较少独立运用，因为缺少变化，方正有余，一般配合其他几何形组合运用，但是，如果有特别创意，也能取得别致的效果。而长方形在展示广告中运用普遍，由于许多商品单体造型并不规则，以长方形作为背景形，较能突出。由于生活中的窗户和画框都是长方形，所以长方形在展示中常被用来对视觉中显得散乱的图形作框限组合作用，使之变散乱为整体。

5. 三角形。有等边三角形与等腰三角形，还有其他三角形，平放的三角形呈稳固、庄重感，有山的联想和金字塔的联想。展示中三角形除了在版面制作中运用外，常常把商品排列成三角形或直接堆砌成金字塔形。可以多视角观看，而且具有稳重感，三角形也可以发展成圆锥体。但是倒置的三角形呈不稳定感，特别是倾斜的三角形，视觉刺激力强，形成强烈的注目点，三角形在立体造型和平面构图运用上都是展示广告制作中构成的重要元素。

6. 比例。是展示广告制作中的要素之一。版面的制作、空间的分割、立体造型，展品的陈列等都有着尺寸比例的掌握问题。形与形的对比构成统一形式，也存在着一定的比例关系，色彩的配置也有比例的分寸，展示广告中各种构成要素的不同比例形成对比所产生的效果也会导致各种不同的平衡与统一，形成不同的和谐。视觉中的节奏与韵律的效果也是构成中强弱、明暗、快慢、大小、疏密等不同的比例组合所形成的。比例是不同的数与量之间的比率，展示广告制作是根据具体广告宣传要求和视觉心理规律，采用各种要素的不同比例，构筑平面或立体的广告诉求样式，在视觉有序、心理有序的基础上求真、求新、求奇、求美，以达到最佳广告效果。

第五节　展示广告制作程序与内容

广告主题确立，广告诉求策略明确。根据具体广告内容（包括各种文字、图片、实物资料以及目标消费者的具体情况）及展示的环境条件，明确展示广告制作的目的、展示的重点、展示策略、展示规模、展示时间、展示形式、环境、氛围要求等，写出广告展示总体制作规划的文字脚本，在对展示内容、材料其他有关材料的再确认的基础上，确定总体制作规划的与可行性，并写出主标题下部分标题与文字内容，配以图片和实物等资料，勾出制作草图，注明所需照明要求、色彩要求、材料要求、尺寸要求、技术要求、空间要求等。

明确各种有关的尺寸与数据。展示广告制作除了对广告内容和广告对象的具体情况把握外，还要掌握布展空间的实际尺寸：长、宽、高、柱数、柱距、门窗的尺寸与间隔距，门窗的开启形式，建筑顶棚结构，供电方式及原有电源位置，灯具位置及负荷总量，地面负荷及铺设状况，还有产品的具体尺寸，可配置的展台、展架、展板等具体规格，其他制作材料的质地、性能、规格、尺寸等，另外一个不可忽视的重要数据就是人的正常流动活动的空间范围尺寸，平视视线的一般高度，因距离远近造成的视域范围的大致尺寸等。

展示广告的案头制作工作。在展示内容、空间及相关尺寸数据明确后，就可以开始进行案头制作，根据具体创意将展示主题具体化、形象化，将文字规划转化成为各种具体的可视图形规划或示意模型，按比例精确绘出布展平面图，要明确尺寸和参观导线。彩色展示空间效果图和展板编排画稿要标明色彩、用料尺寸。照明灯光布灯图，要标明光源、灯型，还有水、电管线图，辅助设备配置地位图。绘制大道具制作图（包括尺寸、彩色）一般还需制作会标、会旗画稿、制服图稿、吉祥物造型画稿、广告礼品图稿以及各种引导性、指导性、限制性标志的图形稿（见彩图11）。

展示广告制作中对商品、实物、展览版面及道具的布置陈列要疏密得当，过密容易造成视觉疲劳，展览时也易人多堵塞，过疏会显得空乏。要注意人的视野与视觉距离的关系疏密是个相对性的感觉，同周边因素有关，如展示场地的高度、人流的多少等等。陈列高度也是一个重要的问题，我国人体的标准高度一般定为167cm，受视角限制，所以垂直展示陈列通常从距地80cm起到高为可视区域。如果，视觉距离大些，可放高至350cm。视觉比较舒服的区域是180～250cm的范围。陈列区域最佳范围是距地127～87cm之间，是重点展示区域。

展示广告中的参观导线安排是很重要的，有规定路线与自由路线二种。规定路线是通过间隔展版的分割和指示路标，有规定、按顺序的参观路线，展览内容组成逻辑性强。自由路线，展出内容各部分相对独立，参观者可按兴趣，自由选择，自由路线还可以扩展到展览摊位内。参观路线的安排与观众通道有关系，自由路线相对要求通道要宽些。人流以股为单位，每人流股为60cm，展示空间通道最窄处应能通过三至四股人流，最宽处可通行八至十股人流。中心展台的展示物需要环视，周边的通道至少要有2m以上的通道。

参观路线的合理安排能使观众在流动中，有效地、全面地接受广告诉求。

空间的合理规划、分割还要结合展示的具体内容、特点，分别主次、轻重，作合理的配置，并作相应的装饰。

展示的方式很多：(1) 壁面展示。在展版和商店橱窗的壁面上进行展示陈列布置与装饰。(2) 地面展示。在地面上利用展台和积木、展架、道具支架、模特模型多层次、多变化排列组合展示商品。(3) 柱面展示。利用店内、展馆内的建筑立柱进行陈列布置，直接吊挂或用展架、陈列橱围柱展示陈列，也可以在柱基拼以展台、积木布置展览。(4) 高位展示。高于参观者平视线，需要仰视来看的陈列布置，以展示大视觉效果的产品或企业、品牌标识。(5) 低位展示。参观者平视线以下的陈列展示，如地面陈列、橱窗床面陈列、展台、积木陈列等，一般用于精致细小的产品，参观者俯视效果好的产品。(6) 吊挂型展示，一般用于纺织品、服装、轻型个体形象特征美的商品，形式活泼，富有动感。(7) 特写型展示。以模型、图片，或其他特别模型（内部结构剖面模型）等，以局部放大的形式，置放在显眼地位，运用照明强化表现，造成特写效果，诉求效果强烈。

展示广告制作组合物品可选用系列（配套）陈列：展示主题明确，诉求对象明确，如妇女用品专版陈列、儿童用品专版陈列，信息单一，诉求集中，有特色。关联陈列：以某些产品为主，同时展出与此相关的数种产品。季节陈列法：按春、夏、秋、冬的时令组织相应的商品陈列，形式特征强，有趣味，有特色。节日陈列法：运用节日气氛来渲染展示环境，适用于有喜庆、节庆的商品、品牌。我国有红双喜品牌的商品就比较合适这种陈列。专题系列陈列：如体育用品、文化用品等比较适合，主题单一，但内容丰富。

展示广告制作中的色彩，主要指展示空间界面（墙面、地面、天花板）的色彩，展版的色彩，道具的色彩以及因照明光源产生的色彩。色彩对展示内容起衬托作用，对消费者（参观者）的心理起积极的调节作用。色彩明度高，使人感到空间宽广、活泼、明快。明度低给人的感觉严肃、沉重。中间色调使人觉得和顺、平稳。为了突出展示的内容物品，取得参观者的平和情绪，许多展示的色彩基调运用中性带灰的柔和色调。色彩对展示主题也具象征意义，冷色常用于金属工业制品的主题象征，暖色常用来标识食品主题。近来由于环保意识较强，人们对绿色的概念有所变化，纯净的绿色被用来作生命与无虫害的象征。展示广告色彩运用还应注重消费者对色彩的时尚心理。社会流行的色彩欣赏口味会形成潮流，如服装"流行色"的社会效应。要把色彩的视觉功能、心理功能、社会影响功能等因素综合起来，协调好空间界面、版面、道具灯光、展品的色彩关系，以取得整体统一、和谐的色彩气氛。

展示广告的道具运用。展示广告中的商品实物、模型等都需要展示道具来辅助展示。如展架、展板、展台、展框、积木等。展示的空间也需要用屏障或展板、护拦等进行分割。不同展示道具的造型和色彩的选择会形成不同的展示效果与风格，尺寸、规格的合理运用也有助于不同广告商品内容的展现。自60年代起，不少厂家设计制作了多种式样、多种规格的标准道具与装配零件供展示广告所用。可拆装展架，由管件、杆件（一般都有构漕，适用于镶嵌展板玻璃，还可勾挂展品等）、连接组合接插件（类似于三通、四通，有的更多接头，六头以上有球节螺栓，球上有二十一个可接插螺眼，结构变化余地大）等，可通过脚手架式、插接式、沟漕镶板式等来搭建展示框架、展台，配置照明灯具，勾挂各种展品。近来较多运用球节螺栓构建多变化、有特点的空间造型。

展示广告制作中，展台、展板、展框的选择与规格。展台在运用中可根据具体要求选用标准型展台，方形、长方形，圆柱型展台，异型展台，还有特殊造型展台。为了突出展示商品的外观造型特点还可选用旋转展台，如直升机、汽车展示等，可方便观众，以免饶着圈子参观，大小规格可根据商品体形而定，但该展台技术要求高，旋转要慢要匀，不可抖动有噪声，有时上面还要站模特。隔墙展板一般长150～240cm，高度240～360cm。如要裱糊纸张，或贴即时贴，最好选用与裱贴材料规格相应的展板。

镶在展架上或吊挂在墙上、立在地面上的展板，宽和高尺寸可小些。版面的制作除尺寸要求外，平整度要求高，也讲究强度，但不能太厚。展柜，有平面柜、斜面柜、矩形柜、六角柜，圆形柜等。矮柜是俯视型柜，高度从 105～120cm 为宜，高柜分层依物品高度而定。服装展示还要用胸架、模特模型、衣架、书架、屏障、屏风，有座屏、联屏，插屏等，有隔绝与透空之分，此外还有帷幕、护拦，标牌立座等道具。有的道具需要专门制作，特殊规格道具制作要有详细的尺寸和色彩制作图，目前较多使用胶合板、钙塑板、塑料块、玻璃钢、木材等材料，用喷漆、乳胶漆、丙稀颜料着色，有的还用制作家具的防火彩塑板等贴面，制作精良，追求平挺。

展示广告制作中的照明控制。照明，是展示广告不可忽略的重要表现手段，能增强展品的展出效果，渲染营造周边气氛，除了实用性外，还具有艺术性。展示照明在陈列区域必须配以足够的照明度，要调好角度，尽可能不要出现眩目的现象。灯光的色温要准确，保证展品色彩的真实体现。常用光源有：荧光灯、碘钨灯、汞灯、钠灯、霓虹灯、白炽灯、卤素灯等。根据展示需要在保证基本照度基础上对局部区域作调整，封闭式展柜内的照明要均匀，要注意散热，减少眩览，陈列区域强些、集中些，重点部位用射灯加强，运用光照的强弱引导参观者。霓虹灯等较吸引人，与柔光、色光综合使用能出气氛，硬光、强光容易出效果。

展版制作。展版既是展品的一部分，又用作空间分割屏障，同时还用作背景衬托，对于整个展示的风格和基调的形成起着重要的作用。展版规格统一，有单面，有双面。展板造型要求美观、挺括，看上去舒服。具体制作注意两个方面：（一）整体风格与版式形象。展示广告的总体风格和基调式样取决于广告主题与具体内容，具体内容又体现于每块展板编排在总体风格下要求形式的编排具有相对的完整性与整体的统一性。展板制作中色彩、标题的位置、字体的选用、图片的形式等都要通盘考虑。色彩配置要统一，文字语言要有逻辑，编排形式要成系列，总体展示才成风格。（二）文字制作中的标题、口号、小标题、说明文字、数据等都要按视觉的规律，选择合适的字体、字号、字距、行距及编排形式。标题用字以个性特征为主，讲究形式上的意义。如宋体字显得庄重、老派，黑体字有力度、严肃，其他字体如楷书等比较活泼。标题用字不宜太花俏。参观者距展板有一定距离，说明文字以清晰为主，笔画清秀较好，但要注意与标题文字的协调。图片是版面中的重要构成因素，人们喜欢看图，直觉性强，排版时要注意图片的色彩与底色的关系，太接近时要镶边，要与文字配合编排，要注意图片中形象的特征与色彩等因素，构成形式要有特点，要生动，要有变化。

展板制作中的裱贴，上色。展板一般用胶合板制成，要求表面平整、光洁，板形挺直。有的在上面还贴一层带色防火胶塑板，更加光挺美观。有的直接用腻子嵌平，刷油漆或乳胶漆，常用的是板面上刷广告水粉色或者丙烯颜料，用底纹笔刷色是比较理想的工具，刷出来的底色平、匀。也有用喷枪喷涂，干后表面有浮着的细微颜色颗粒，不宜粘贴文字和图片。大面积的板面，还可以用粉刷墙面的滚筒来滚涂。上色前一定要调配好颜料，要匀，量要足，才能保持版面色彩的统一。不然，第二次调配就很难配成一致，造成色差。配制颜色要控制好，颜料中胶水少，附着力不强，在制作中容易损伤颜色层；胶过量，颜色不宜涂匀。刷水粉、丙稀的板面需要裱湖纸张，宣纸等薄质纸张可以直接刷浆糊上裱，纸质硬、厚的，如绘图纸、牛皮纸、书面纸等要先用水润透（用喷雾潮湿或用排笔刷清水）后再进行裱糊。上裱后纸下气泡要挤尽，纸有光、毛两面，毛面向外，容易上色均匀。

展板上粘贴文字、图片要定位准确。目前，文字较少直接书写在版面上，普遍采用电脑切割的不干胶纸的文字，字形规整、统一、方便、字体多样，关键是要计算确定字数、字号、字距、行距，要回避在排列中行首出现标点符号和标点符号垂直成行。电脑刻出来的字，有的笔划不连，一定要用转移膜（透明单面有胶性的薄膜）转贴，先揭去字体以外的胶纸，再用转移膜覆盖在字的正面，将字从即时贴的衬底纸上揭下，对准版面的相应位置贴上字，贴牢后再揭去转移膜。

展板上有些空白处，可略作装饰，弥补编排的不足，可产生装饰效果，使版面活泼、有趣。切勿喧宾夺主，造型、色彩要配合整体的色调与风格。

第六节　POP 广告制作

现在的社会，消费行为已从简单购买到选择购买，随着商品种类的丰富，选择余地较大，从发展的趋势来看，感情的偏向和冲动型的购买，所占的比例越来越高。生活中有许多商品信息通过大众媒体如报纸、杂志、广播、电视、路牌等进行广泛的传播。但当消费者进入商场后，这部分广告只是记忆，而最直观最贴近消费行为的，是在形成购买前进行的促销广告。诉求就是销售点广告，POP 广告，从形象概念出发，也可以称为销售现场广告，是消费者在购买前所能看到的最后一次广告，POP 广告已发展成为现代广告设计制作的重要部分之一，而被称为广告的终点。POP 广告的形式十分丰富如发行广告传单、各种规格的广告招贴、悬挂或陈列的展示广告、即时的广告表演、现场播放的视听产品广告资料、光源广告、广告模特等。

POP 广告是消费者、销售商、生产商在不同的需求和共同利益共同驱使下参与发展形成的，是商品销售中讲究感情气氛的广告形式。消费者通过 POP 广告在购买现场进一步被告知商品信息与产品说明，并结合商品实物进行分析比较，得到有效的消费指导，在直接的广告诉求下增强购买信心，并在轻松自由的消费气氛中享受富有情调的购买乐趣与实惠。销售商通过 POP 广告能有效利用店铺空间具体指导销售，激发消费者的购买冲动，在增强消费现场融洽气氛同时，提高销售人员的工作效率，促进销售额的增涨，在消费者心目中，树立良好的销售形象。生产厂家则通过 POP 广告直接与消费者沟通信息，详尽说明一般大众传媒因篇幅等局限难以表述的产品性能和使用方法，以及售后服务的具体内容等，并作现场示范，给消费者的购买使用带来方便，直接体现企业的经营理念与服务宗旨，有效的在销售商消费者中树立企业品牌的形象，增强企业与品牌的市场竞争力。POP 广告对于厂商来说如体育竞技百米赛跑中的最后冲刺，是商战中的短兵相接，是竞争中企业素质和实力的体现，也是企业在营销中魅力与魄力的体现。POP 广告如同一个在销售现场不断劝说消费者的令人喜欢的推销员，以最实际的方式进行说服，达到促销目的。

一、POP 广告制作的特性

POP 广告制作要求在统一的整体营销目标和广告计划指导下，制定出相应的 POP 广告战略与具体实施策略，使 POP 广告成为广告战役中互为联动的重要环节。在销售现场的各种广告形式务求造型、文字、色调、光线、音响的协调，体现与广告主题的一致性和完整性。

POP 广告制作要求在企业、品牌个性的指导下，根据具体销售环境与消费对象，制作出最具吸引人的富有独特个性的广告形式，来引起消费者的注意

POP 广告制作要求整个广告战役的广告主题，广告形象与广告口号标语的一致性和衔接性。POP 广告与其他大众传媒的广告形式不同，环境不同，采用的材质不同，规格不同，但主体形象与广告口号标语要保持一致性与衔接性，包括企业的品牌的标识、企业的标准字体与企业标准色、广告宣传的基调风格等，保证广告战役的完整性和系统性，

POP 广告制作要求根据不同的销售空间力求广告传播方便、管理方便以及运送方便，力求实用和美观，方便实用的广告才能使销售商乐意采用，协助搞好促销。

POP 的形式和宣传物十分丰富，主要有招牌广告、柜台广告、包装广告、橱窗广告、地面或墙面广告、灯光广告、悬挂广告、动态广告等，有许多种类可以另外单独立项。在一般的概念中，POP 可分为包装 POP、柜台展示 POP、店内悬挂 POP、店内陈列 POP，以及其他礼品 POP 等。

1. 销售包装 POP。

营业员替顾客包装商品所用的包装纸、包装盒和购物手袋，

这是购买中最常用的普遍的一种 POP 广告媒体，也最经济实惠，既方便又省钱，一举两得。一般在包装纸、包装盒、手袋上印有图案标识，有的制作比较简单，有的则精心设计，制作精良，形式新颖，有一定的实用价值给消费者以好感，购物后也舍不得轻易丢弃，广告效果较为持久，这类 POP 广告物上印有标识和商品、品牌，经营服务内容以及商品性能特点介绍、联系地址电话号码等。比较讲究的还根据不同的经营特色设计制作具有个性风格的广告形象。在节庆时，还制作专用包装，这类广告近年来发展比较快。包装纸的广告历史，在中国相当悠久，中国历史博物馆，所藏的北宋济南刘家功夫针铺的四寸见方的雕刻印刷铜版，就是用来印刷包装纸的，在新疆及内地其他地区不断有类似的古代包装纸。包装纸、包装盒、购物手袋也需要精确的广告定位，首先要收集有关企业的资料，（消费群体的特性、文化背景竞争对手、POP 实施情况），还要在设计制作中突出广告主题，由此设定此类广告的形式、色彩、图案、结构、风格、规格，市场上不同的企业产品和不同类型的商家的包装纸、包装盒、购物手袋的制作各有所长，化妆品、妇女用品、儿童用品、文化用品、服装、钟表首饰、土特名产，都可根据经营特点设计制作。一些老名牌老字号更注重传统风格。制定此类广告时，要顾及到包装后的成型效果，广告视觉信息传达的各个立面的编排，商标、文字简洁明快，图案、色彩要适合不同方向折叠，连贯构成，形成完整美观的视觉印象。还要具有包扎方便和适合粘贴的功能。制作这类广告，材料选用是个重要因素。根据包扎特点，可以分别采用各种质地的纸张、薄膜塑料、纸版塑料、纺织品等轻质牢固的材料。中药店在销售散装的药材时，包装纸除了字号名称、通讯联系信息外，有的还印有药物保存、煎熬的方法。较为名贵的药材，如人参等，配有精美的包装盒，可作为礼品馈赠。有的书市展销，为了方便读者，在售书时配赠设计简洁明快布料书袋，印上较有特色的图形与警句名言，较受读者喜欢，广告效果比较好，时效性长。在商品销售的竞争中，一些名牌厂商，特别是时装名店在销售时配赠制作精美、用料讲究的手袋作为实用包装广告，用以在顾客心目中建立企业的形象，提高品位及品牌知名度。自选商场还配有自己制作的包装手袋，俗称为马甲袋，质地通常选用塑料薄膜。这类广告首先要按比例制作设计稿，表明所需色彩与尺寸，文字要简单明了，除了品名店名外，还可以排上广告标语，但字数不能多，要顺口有韵味，不超过 14 个字，便于记忆，便于传播。图形可以用色彩简洁别致的图案装饰，也可以用放大的企业标志，或品牌商标。可以使用彩色摄影照片，但主题形象要突出，图形整体感要强，编排要有特色（见彩图 12）

包装纸与包装盒的画稿制作同其他平面广告画稿制作一样绘制。包装盒要制作实体模型，包装手袋除了绘制出主体正面效果外，还要画出其他几个面的效果。同时手提袋带子的材质、安装的方式、负荷强度结构等都要说明，这些都在制作考虑的范围中，一般先制作实物模型，最好是同材质，同规格。

2. 柜台展示 POP

柜台展示 POP 是直接协助销售的无声推销员。柜台是展示商品、买卖成交的关键部位，由于各种不同的商品特点出现各种各样柜台 POP。有的小商品采用实物展示操作示范，有的是制作小的转动货架以便顾客挑选，如领带、仿金首饰等，都有小的旋转的支架，有的化妆品销售在柜台上制作一个小型陈列台，组合一部分化妆品，方便消费者试用和销售人员示范，而有些商品则需要作产品结构解剖，说明功能、特性。巧妙制作的这类广告，就非常吸引人，比如不会积水垢的蒸汽电熨斗的柜台广告，用硬质纸版与彩色逼真的照片印刷制作模型，供消费者翻开电熨斗内部结构，作积水垢与不积水垢的比较，免除了将商品拆装的麻烦，具有商品的科普教育功能，形式也较为别致。这类广告的设计制作如同其他印刷广告一样，在制作方面讲究折叠、结构的巧妙。

利用销售现场中的可利用空间制作悬挂式 POP 广告，吸引消费者的注意力，具有较好的环境装饰功能，容易营造促销气氛。这类广告的制作形式多样，比较活泼，有的简单强调产品形象，突出品牌个性，如纸质、布料制作的小吊旗，大一些的布帘，还有用纸折叠成立体模型和用质轻的气球模型作广告的。有的悬挂 POP 可用手摇动，让顾客参与，兴趣感较强。只要对促销有利，悬挂的 POP 形式，可以广泛的选择制作。

3. 悬挂 POP

悬挂 POP 的制作形式有：（1）强化商品个体形象型；（2）利用明星形象组合型；（3）色彩鲜艳形象夸张的卡通型；（4）轻质商品的编排组合；（5）用简练文字强化体现型；（6）可活动型、趣味型；（7）灯光效果型；（8）立体构成型。

4. 陈列 POP 利用有限的空间陈列体积较大或数量较多的商品，合理组合，充分发挥空间功能，突出商品形象，突出品牌特性，方便消费者的选购与销售人员的管理。利用不同材质制成不同式样的货架，配合其他广告手段的运用。有些大型商品如：彩电、音响、洗衣机、冰箱等，在组合时还要考虑技术操作、演示的方便和效果。对于大型家具商品的陈列要配以合适的道具、灯光，桌面上摆放鲜花和小摆设，空荡荡的玻璃厨内放置精致的工艺品或漂亮的餐具等，营造一种模拟的生活环境，讲究气氛情调，给人以亲近温馨的感觉，POP 广告在实施中有整体组合加强综合效应的特点，由于 POP 广告形式较多，可利用销售的现场的不同部位，根据感官认知的心理过程，富有创意的布置不同形式的广告物体，形成广告诉求的兴奋点，使销售空间活跃起来，充满生气，让消费者在商场内感受强化了的商品信息，在亲切、美好的氛围内进入购买的兴奋状态，加上营销人员的热情的接待，使销售现场成为一个整体促销的环境，达到良好的广告促销目的。

二、POP 广告发布的部位与形式

（1）销售现场出入口，可布置广告看板或广告屏，以及商品放大的实体广告、广告导购牌等。

（2）销售现场的空间可悬挂促销广告吊旗、小型商品模型、气球广告、可活动的结构型广告、灯光广告等。

（3）销售现场局部地面空间，可放置 POP 广告促销构件，如几何形体的展台，及各种造型的货架、货柜等。

（4）销售柜台可放置各种较为小巧精致的柜台 POP 广告，如台卡、台面展架等。

（5）销售现场的墙面可以布置促销海报、告示牌以及简明的商品说明文字等。

（6）销售现场内的货架、货柜上可布置小型的 POP 广告，如价目卡、展示卡、商品广告模型等。另外还可以制作专用促销货架，这类货架的结构造型有一定的要求，以达到吸引目标消费者。

（7）销售现场可发送 POP 广告品，如精致的广告传单，广告日历卡、有广告内容的学生课程表、广告小礼品、广告气球等。

（8）销售现场促销人员广告服饰头饰，如有企业标识、名称的工作服、帽子等，

三、POP 广告制作流程

1. 明确 POP 广告促销目标阶段

（1）确定广告促销产品、品牌。

（2）明确广告促销时间区域、具体场所、规模，要作实地勘察，掌握具体资料。

2. POP 广告策划阶段

（1）分析商品，分析市场，分析同步广告实施情况，了解竞争品牌和厂商的有关资料，分析销售现场的各种情况及销售机会，写出调研报告。

（2）制定 POP 广告的促销战略与实施策略，写出策划报告。

3. POP 广告创意设计阶段

（1）文案创意方案定稿，广告宣传明确重点。

（2）广告标语、促销口号的确定。

（3）确立视觉广告诉求策略，规划视觉设计要素，设计广告主体形象。

（4）广告式样、制作材质、技术实施方案的设定。

（5）设计图稿、印刷画稿、制作材质、制作工艺、广告模型、布置方案等的再确认。

4．费用核算阶段

（1）设计、材料、制作技术、制作周期、运输、包装、布置安装、调试等费用估算。

（2）选定制作公司，定样、定量、定工作周期、定价。

5．POP广告确认阶段

（1）模拟整体合成，机能型广告操作演示，平面广告样稿再确认。

（2）制作数量、制作工时周期、实施计划的认定。

6.POP广告实施阶段

（1）正式投产制作，按广告计划分选销售现场，装置发表。

（2）广告实施期间监测调整。

（3）收集广告，反馈信息，写出广告活动实施报告。

第七节　广告剧制作

随着广告制作的发展，在经济日益发达今天，越来越多的艺术传播形式被注入广告信息，因而形成广告信息载体日趋多样化。特别是在销售现场，历来是商家必争之地，是直接争夺消费者注意力的商战拼搏之处。戏剧的概念是在一个主题或某一目标指导下，通过环境的设定和气氛的渲染，由演员面对观众以自身真实可信而又富于感染力的性格化表演，使观众感受到艺术反映生活的生动、深刻、完美、理想，而得到精神上的满足。广告剧恰恰是利用这一有效的艺术表现形式，运用戏剧手段进行广告诉求。公众欣赏艺术表现时得到精神上的快感，激起消费欲望。这一诉求形式具有形象地指导消费的功能，比电影、电视更直接，更真实，更亲切的传达广告信息。特别是演员的身形、神情和富有魅力的表演，可将产品的性能、特点等表达到淋漓尽致的地步，博得消费者的认同。目前已有企业商家在实际运用这一形式，广告剧的创造者，通过富有商业促销思想的艺术行为引起观众的思索，进而完成对消费的诉求，实现广告目的。广告戏剧无疑是一种相当精致的指导性消费示范模型。广告剧的文字脚本写作是广告剧的根本。广告剧的形式多样，如曲艺、歌剧、舞剧、话剧小品等，根据广告主题，针对目标消费者的特点，构思与广告内容有密切联系的吸引人的情节式样，可以是故事形式，也可以是舞剧曲艺等形式，在戏剧情节变化之中通过演员的表演和场景、道具的配合，展示商品的价值与特点，并对产品的消费方式与好处作适当的示范。广告剧脚本是目的明确的广告故事与舞台提示结合的戏剧作品。广告剧脚本的特点是广告目的明确，广告信息相对集中，剧情不易太长太复杂，要简洁，富有情趣，形式丰富多样，操作简单，诉求力强，可以是演示型，幽默型，感情型等。广告剧的演出场地，一般在商场或展览会内，有的还搭建舞台，方便消费者观摩。选择广告剧演员，要根据广告诉求形式的特点及广告具体宣传的内容以及消费者的偏好等因素，确定形象标准。广告剧一般配有道具、布景，主要根据广告的具体商品、品牌所必需的环境提示以及剧情变化中为演员所提供的舞台活动支点而制作。广告剧布景可以用木料、胶合板、布料以及其他材料制作，可以用彩色涂料或粉质颜料调和胶水绘制，也可以用丙烯颜料和油漆绘制。如果舞台灯光照明角度较多，油漆绘制的布景就容易产生反光（一般不用光度高的油漆），而且绘制过程中干的慢，成本较高。较理想的是丙烯颜料，牢固，防水，色彩也较鲜艳。

布景可根据舞台演出空间分室内景与室外景，又可分近景、中景、远景等层次，也可以根据需要制成硬景片、软景、网景、天幕幻灯等。制作时首先要画出舞台演出气氛图与具体布景制作尺寸图，还有布景装置平面图，供舞台木工施工制作。

舞台灯光可根据具体环境以及剧本提示进行布光，首先要求演出区域光照均匀，有条件可通过顶光、逆光、测光勾勒形象，渲染意境气氛。舞台灯光的安排，要根据灯光设计的灯位实施。并在演出前对每个灯的照射角度、高低进行调试。化妆与服饰也要根据剧本的提示和人物形象的具体要求，进行设计制作，要有特色，并与环境相称，有利于形象的塑造。

音响效果与环境的渲染、情绪的表达、主题的揭示有着密切的联系，要注意节奏贴切，必要时，还需要旁白提示（附：舞台平面图和灯位图）。

我国广告的历史悠久，但作为现代广告概念的广告事业还处在起步阶段，但是近年来发展速度较快。特别是随着科学技术的高度发展，社会文化艺术素质的不断提高，广告制作的水准越来越高，越来越多的新设备、新材料、新技术介入广告制作的领域，使广告制作的概念、方式等发生很大的变化。但是广告制作发展的根本因素是从事制作的人的素质的提高，在制作的硬件条件发展形势下，相应对人员的素质要求也提出了更高的标准。传统的制作方法显得有些落后，但确是培养、提高素质和技能的必不可少的基础训练。电脑图像制作被广泛运用于广告制作，操作人员除了熟练掌握计算机使用技术外，很重要的就是必须具备较好的绘画基础与广告制作的审美素质。好的广告必须要有好的制作来体现，好的制作必须要有具有好的素质的人员来操作。随着我国广告事业的发展必将造就一批卓越的广告专业人才，对此，本书所作的努力将为我国广告事业添砖加瓦。

彩图1

彩图2

彩图3

彩图4

彩图8

彩图9

彩图5

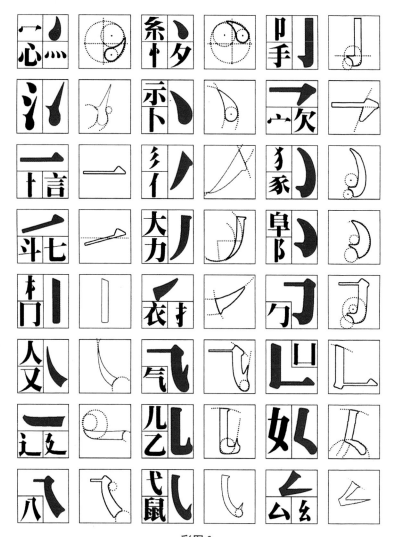

彩图6

彩图7

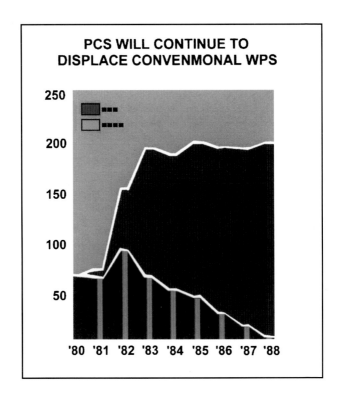

彩图10

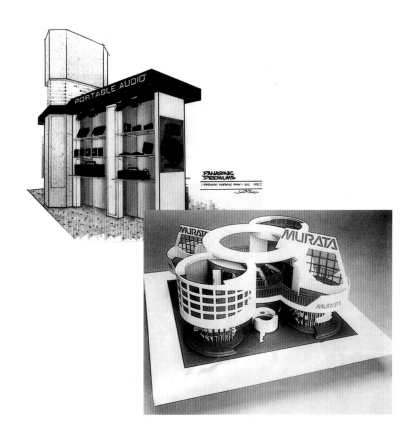

上：展示设计画稿。
中：展览设计模型。
下：展览现场。

彩图11

彩图12